21世纪普通高等院校系列精品教材

统计学学习指导与练习

主　编　李康荣

副主编　陈晓红　张　谦　吕　玲

西南财经大学出版社

中国·成都

图书在版编目(CIP)数据

统计学学习指导与练习/李康荣主编;陈晓红,张谦,吕玲副主编.—
成都:西南财经大学出版社,2023.4
ISBN 978-7-5504-5338-8

Ⅰ.①统… Ⅱ.①李…②陈…③张…④吕… Ⅲ.①统计学—高等
学校—教学参考资料 Ⅳ.①C8

中国国家版本馆 CIP 数据核字(2023)第 020882 号

统计学学习指导与练习

TONGJIXUE XUEXI ZHIDAO YU LIANXI

主　编　李康荣

副主编　陈晓红　张　谦　吕　玲

策划编辑:王　琳

责任编辑:向小英

责任校对:周晓琬

封面设计:张姗姗

责任印制:朱曼丽

出版发行	西南财经大学出版社(四川省成都市光华村街 55 号)
网　　址	http://cbs.swufe.edu.cn
电子邮件	bookcj@swufe.edu.cn
邮政编码	610074
电　　话	028-87353785
照　　排	四川胜翔数码印务设计有限公司
印　　刷	郫县犀浦印刷厂
成品尺寸	185mm×260mm
印　　张	17.5
字　　数	412 千字
版　　次	2023 年 4 月第 1 版
印　　次	2023 年 4 月第 1 次印刷
印　　数	1—2000 册
书　　号	ISBN 978-7-5504-5338-8
定　　价	45.00 元

▶▶ 目录

第一章

统计学概论

第一节　知识结构

（1）统计学。统计学是搜集数据、整理数据、显示数据和分析数据的科学，其目的是探索数据内在的数量规律性，被称为"数据的科学"。

（2）统计的基本含义包括统计工作、统计资料和统计学三层含义。

（3）统计学产生的三大源头：英国经济学家威廉·配第的《政治算术》；英国约翰·格朗特的《关于死亡公报的自然与政治观察》；法国人布莱士·帕斯卡和皮埃尔·费马等的古典概率论。

（4）统计学的发展经历了古典统计学、近代统计学、现代统计学三个发展阶段。古典统计学出现在 17 世纪中叶，又分为国势学派、概率论学派和政治算术学派。近代统计学出现在 19 世纪初叶，又分为描述随机现象的数理统计学派和描述变量的社会统计学派。现代统计学出现在 20 世纪初叶一直发展到今天，典型的事件是 1950 年美国首次将统计学设为独立学系，1955 年颁授统计学高级学位，到如今统计学和各学科融合，形成了理论统计学和应用统计学分支。

（5）统计学科发展的趋势：研究问题更加复杂；定性和定量融合发展；学科渗透交互发展。

（6）统计学的分类。

①根据研究方法分为描述统计和推断统计；

②根据研究内容分为理论统计和应用统计。

（7）统计数据的类型。

①根据数据性质分为定位数据、定量数据、定性数据、定时数据；

②根据大数据维度分为结构化数据、半结构化数据、非结构化数据；

③根据数据测量尺度分为定性数据、定量数据；

④根据数据时空状态分为时序数据、截面数据、面板数据；

⑤根据数据表现形式分为绝对数、相对数、平均数；

⑥根据数据来源分为实验数据、观测数据。

（8）统计数据源于直接数据和间接数据或者一手数据和二手数据，其中直接来源包括普查、抽样调查、重点调查、典型调查、统计报表。

（9）统计数据的质量是指数据的一组品质标志满足用户需求的能力的综合。统计数据质量的主体是数据，质量的客体是用户；质量控制的主体是用户，质量控制的客体是数据；质量控制的本质就是主体满足客体的能力的综合。

（10）统计数据误差分为抽样误差和非抽样误差。抽样误差无法避免但可以计量和控制。非抽样误差可以避免，包括填报错误、抄录错误、不完整抽样、被调查者不配合、虚报瞒报等，可以通过加强统计人员责任心、科学抽样等方式避免。

（11）统计总体是客观存在的，是在某一性质基础上结合起来的许多个别事物的整体。总体单位是构成总体的每一个个别事物。样本是由从总体中抽取的部分总体单位构成的整体。

（12）总体分为有限总体和无限总体；总体具有大量性、同质性、差异性三大特性；总体和样本具有集合性，总体单位具有个体性；总体、总体单位、样本具有相对性。

（13）参数是描述总体特征的概括性数字度量，是研究者想要了解的总体的某种特征值，对一个总体而言，参数是确定的但未知的。统计量是用来描述样本特征的概括性数字度量，是根据样本数据计算出来的量，统计量是变化的但可计算的，对不同的样本具有不同的统计量，统计量是抽取样本的函数。

（14）标志是总体各单位普遍具有的属性或特征，是各单位属性特征和数量特征的名称。标志是统计研究的起点，也是统计研究调查的项目。

（15）标志表现是标志特征在各单位的具体表现，是标志的具体的值，是统计调查的具体结果，通过调查或观测收集和测量。

（16）标志根据性质分为品质标志和数量标志，根据表现分为不变标志和变异标志。品质标志表现一般用文字表示，数量标志表现为一个具体数值，也称标志值。可变的数量标志也称为变量，分为离散变量和连续变量，其对应的标志表现也称为变量值。

（17）统计指标是反映统计总体数量特征的概念和数值，一般包括指标名称、统计数值、计量单位、统计时间和空间位置四个基本要素。由若干个相互联系的统计指标组成的整体称为指标体系。

（18）统计指标分类。

①根据说明内容分为数量指标和质量指标；

②根据表现形式分为总量指标、相对指标、平均指标；

③根据功能分为描述指标、评价指标、预警指标。

（19）指标体系分类。

①根据反映的范围分为宏观指标体系、微观指标体系；

②根据反映的内容分为国民经济指标体系、社会指标体系、科学技术指标体系；

③根据指标体系的作用分为基本指标体系、专题指标体系。

第二节 习题集锦

一、单项选择题

1. 构成统计总体的个别事物称为 (   )。
   - A. 报告单位
   - B. 标志值
   - C. 品质标志
   - D. 总体单位

2. 对某城市工业企业未安装设备进行普查，总体单位是 (   )。
   - A. 工业企业全部未安装的设备
   - B. 工业企业每一台未安装设备
   - C. 每个工业企业的未安装设备
   - D. 每一个工业企业

3. 下列选项中属于统计总体的是 (   )。
   - A. 某地区的粮食总产量
   - B. 某地区的全部企业
   - C. 某商场全年商品销售额
   - D. 某地区全部职工人数

4. 在全国第七次人口普查中 (   )。
   - A. 男性是品质标志
   - B. 人的年龄是变量
   - C. 人口的平均寿命是数量标志
   - D. 全国人口是统计指标

5. 下列选项中指标属于质量指标的是 (   )。
   - A. 社会总产值
   - B. 产品合格率
   - C. 产品总成本
   - D. 人口总数

6. 指标是说明总体特征的，标志是说明总体单位特征的 (   )。
   - A. 标志和指标之间的关系是固定不变的
   - B. 标志和指标之间的关系是可以变化的
   - C. 标志和指标都是可以用数值表示的
   - D. 只有指标才可以用数值表示

7. 某工人月工资 7 500 元，工资是 (   )。
   - A. 数量标志
   - B. 品质标志
   - C. 质量指标
   - D. 数量指标

8. 下列选项中属于数量标志的是 (   )。
   - A. 职工的年龄
   - B. 职工的性别
   - C. 政治面貌
   - D. 籍贯

9. 研究某市工业企业生产设备使用状况，统计总体为 (   )。
   - A. 该市全部工业企业
   - B. 该市每一个工业企业
   - C. 该市全部工业企业每一台设备
   - D. 该市工业企业全部生产设备

10. 要了解某班 40 个学生的学习情况，总体单位是（　　　）。

　　A. 40 个学生　　　　　　　　　　B. 每一个学生

　　C. 每一个学生的成绩　　　　　　D. 40 个学生的成绩

11. 某学生某门课程考试成绩为 90 分，则成绩是（　　　）。

　　A. 品质标志　　　　　　　　　　B. 变量值

　　C. 变量　　　　　　　　　　　　D. 标志值

12. 为了估计全国高中学生的平均身高，从 20 个城市抽取了 100 所中学进行调查。在该项调查中，研究者感兴趣的总体是（　　　）。

　　A. 100 所中学　　　　　　　　　B. 20 个城市

　　C. 全国的高中学生　　　　　　　D. 100 所中学的高中学生

13. 划分全面调查与非全面调查的标准是（　　　）。

　　A. 资料是否齐全　　　　　　　　B. 调查单位是否全部

　　C. 调查时间是否连续　　　　　　D. 调查项目是否齐全

14. 统计研究的基本特点是（　　　）。

　　A. 从数量上认识总体单位的性质和规律性

　　B. 从数量上认识总体的性质和规律性

　　C. 从性质上认识总体单位的性质和规律性

　　D. 从性质上认识总体的性质和规律性

15. 统计学的基本方法包括有（　　　）。

　　A. 调查方法、整理方法、分析方法、预测方法

　　B. 调查方法、汇总方法、预测方法、实验设计

　　C. 相对数法、平均数法、指数法、汇总法

　　D. 实验设计、大量观察、统计描述、统计推断

16. 统计总体的特点是（　　　）。

　　A. 大量性、同质性、差异性　　　B. 数量性、综合性、具体性

　　C. 数量性、社会性、工具性　　　D. 数量性、同质性、差异性

17. 要考察全国居民的人均住房面积，其统计总体是（　　　）。

　　A. 全国所有居民户　　　　　　　B. 全国的住宅

　　C. 各省市自治区　　　　　　　　D. 某一居民户

18. 总体有三个人，其工资分别为 7 645 元、7 655 元和 7 665 元，其平均工资 7 655 元是（　　　）。

　　A. 指标值　　　　　　　　　　　B. 标志值

　　C. 变异度　　　　　　　　　　　D. 变量

19. 下列各选项中属于连续变量的是（　　　）。

　　A. 产值　　　　　　　　　　　　B. 职工人数

　　C. 电视机台数　　　　　　　　　D. 设备数量

20. 一个统计总体（　　　）。

　　A. 只能有一个标志　　　　　　　B. 只能有一个指标

　　C. 可以有多个标志　　　　　　　D. 可以有多个指标

21. 下列指标中，属于质量指标的是（   ）。
    A. 产量
    B. 人口数
    C. 销售额
    D. 出勤率

22. 我国现行的统计报表制度搜集资料的方法是（   ）。
    A. 报告法
    B. 直接观察法
    C. 采访法
    D. 实验法

23. 对某品牌电视机的平均寿命进行调查，应该采用（   ）。
    A. 普查
    B. 抽样调查
    C. 典型调查
    D. 重点调查

24. 调查工业企业经济效益时，各工业企业是（   ）。
    A. 调查对象
    B. 调查单位
    C. 报告单位
    D. 调查单位和报告单位

25. 在对总体现象进行分析的基础上，有意识地选择若干具有代表性的单位进行调查研究，这种调查方法是（   ）。
    A. 普查
    B. 抽样调查
    C. 重点调查
    D. 典型调查

26. 下列调查中，最适合采用重点调查的是（   ）。
    A. 了解全国钢铁生产的基本情况
    B. 了解全国人口总数
    C. 了解上海市居民家庭的收支情况
    D. 了解某校学生的学习情况

27. 对一批商品进行质量检验，最适宜采用的调查方法是（   ）。
    A. 全面调查
    B. 抽样调查
    C. 典型调查
    D. 重点调查

28. 对全国各铁路交通枢纽的货运量、货物种类等进行调查，以了解全国铁路货运概况。这种调查属于（   ）。
    A. 典型调查
    B. 重点调查
    C. 普查
    D. 抽样调查

29. 要对某工厂生产设备状况进行调查，则某工厂"全部生产设备"是（   ）。
    A. 调查对象
    B. 调查单位
    C. 报告单位
    D. 调查项目

30. 统计调查对象是（   ）。
    A. 总体各单位标志值
    B. 总体单位
    C. 现象总体
    D. 统计指标

31. 推断统计的主要功能是（   ）。
    A. 应用总体的信息描述样本
    B. 描述样本中包含的信息
    C. 描述总体中包含的信息
    D. 应用样本信息描述总体

32. 下列选项中不属于描述统计问题的是（   ）。
    A. 根据样本信息对总体进行的推断

B. 感兴趣的总体或样本

C. 图表或其他数据汇总工具

D. 对数据模式的识别

33. 根据样本计算的用于描述总体特征的度量工具被称为（　　　）。

A. 参数　　　　　　　　　　　　B. 总体

C. 样本　　　　　　　　　　　　D. 统计量

34. 某班学生的考试成绩分别是 65 分、71 分、87 分，这几个数字是（　　　）。

A. 指标　　　　　　　　　　　　B. 标志

C. 变量　　　　　　　　　　　　D. 标志值

35. 工人的劳动生产率是（　　　）。

A. 品质标志　　　　　　　　　　B. 数量标志

C. 质量指标　　　　　　　　　　D. 数量指标

36. 下列选项中属于数量指标的是（　　　）。

A. 某地区人口出生数　　　　　　B. 某工厂计划产量完成程度

C. 某单位职工出勤率　　　　　　D. 某作物的亩产量

37. 下列选项中属于质量指标的是（　　　）。

A. 产品的产量　　　　　　　　　B. 产品的出口额

C. 产品的合格品数量　　　　　　D. 产品的平均价格

38. 标志的具体表现是指（　　　）。

A. 标志名称之后所列示的属性或数值

B. 如性别

C. 标志名称之后所列示的属性

D. 标志名称之后所列示的数值

39. 构成统计总体的必要条件是（　　　）。

A. 差异性　　　　　　　　　　　B. 综合性

C. 社会性　　　　　　　　　　　D. 同质性

40. 指标是说明总体特征的，标志则是说明总体单位特征的，所以（　　　）。

A. 指标可能成为标志，但是标志不能成为指标

B. 指标用数值表示，标志不一定

C. 指标和标志之间不存在关系

D. 指标和标志之间的关系是固定不变的

41. 统计总体有三种含义，其基础含义是（　　　）。

A. 统计学　　　　　　　　　　　B. 统计活动

C. 统计方法　　　　　　　　　　D. 统计资料

42. 一个统计总体单位（　　　）。

A. 只能有一个标志　　　　　　　B. 只能有一个指标

C. 可以有多个标志　　　　　　　D. 可以有多个指标

43. 以某市全部中学生作为统计总体，则总体单位是该市（　　　）。

A. 每一所中学　　　　　　　　　B. 每一所中学的全体学生

C. 每一名中学生 　　　　　　　　　D. 全体中学生

44. 某班学生数学考试成绩分别是 65 分、71 分、80 分和 98 分，这四个数字是（　　　）。

　　A. 指标 　　　　　　　　　　　　B. 标志

　　C. 变量 　　　　　　　　　　　　D. 标志值

45. 要了解全国的人口状况，总体单位是（　　　）。

　　A. 每一个自然村 　　　　　　　　B. 每一个家庭

　　C. 每一个建制村 　　　　　　　　D. 每一个人

46. 下列属于质量指标的是（　　　）。

　　A. 产品的产量 　　　　　　　　　B. 产品的出口额

　　C. 产品的合格率 　　　　　　　　D. 产品的出厂价格

47. 下列属于数量指标的是（　　　）。

　　A. 某地区人口出生率 　　　　　　B. 某工厂计划产量完成程度

　　C. 某单位职工出勤数 　　　　　　D. 某作物的亩产量

48. 统计规律性主要是通过运用下列哪种方法整理、分析后得出的结论（　　　）。

　　A. 统计分组法 　　　　　　　　　B. 大量观察法

　　C. 综合指标法 　　　　　　　　　D. 统计推断法

49. 对某班学生的生活状况进行统计调查，则下列标志中属于不变标志的是
（　　　）。

　　A. 年龄 　　　　　　　　　　　　B. 学习习惯

　　C. 专业 　　　　　　　　　　　　D. 个人爱好

50. 下列选项中属于离散变量的是（　　　）。

　　A. 职工的工资 　　　　　　　　　B. 商品的价格

　　C. 粮食的亩产量 　　　　　　　　D. 汽车的产量

51. 数量标志的具体表现是指（　　　）。

　　A. 标志的名称之后所列示的属性

　　B. 标志名称之后所列示的数值

　　C. 标志名称之后所列示的数值和属性

　　D. 如性别

52. 统计总体和统计样本之间的关系是（　　　）。

　　A. 包含关系 　　　　　　　　　　B. 属于关系

　　C. 一致关系 　　　　　　　　　　D. 集合关系

53. 指标是说明总体特征的，标志则是说明总体单位特征的，所以（　　　）。

　　A. 指标和标志存在转化关系和汇总关系

　　B. 指标和标志都是可以用数值表示的

　　C. 指标和标志之间不存在关系

　　D. 指标和标志之间的关系是固定不变的

54. 描述统计的主要功能是（　　　）。

　　A. 应用总体的信息描述样本 　　　B. 描述样本中包含的信息

　　C. 描述总体中包含的信息 　　　　D. 应用样本信息推断总体

55. 下列选项中不属于推断统计问题的是（　　　）。

    A. 根据样本信息对总体进行推断

    B. 根据班级部分学生推测全班情况

    C. 图表或其他数据汇总工具

    D. 利用病人诊疗效果推测药效

56. 在下列叙述中，关于推断统计的描述是（　　　）。

    A. 一个饼图描述了某医院治疗的癌症类型，其中 2% 是肾癌，19% 是乳腺癌

    B. 从一个果园中抽取了 36 个橘子的样本，用该样本的平均重量估计果园中橘子的平均重量

    C. 一个大型城市在元月份的平均汽油价格

    D. 反映大学生统计学成绩的条形图

57. 下列选项中叙述错误的是（　　　）。

    A. 可以从公开发表的资料中获取数据

    B. 最主要的调查类型之一是普查

    C. 在医疗试验中，参加试验的个人通常被分成若干组

    D. 从调查中获得的数据通常比从试验中获得的数据更加可靠

58. 最近发表的一份报告称，"由 150 部新车组成的一个样本表明，外国新车的价格明显高于国产新车的价格"。这是一个（　　　）的例子。

    A. 随机样本   B. 描述统计

    C. 总体   D. 统计推断

59. 一个研究者为了揭示在车祸中受伤的类型是否与系统安全有关，在图上绘制了它们之间的关系。这个例子中使用的统计属于（　　　）。

    A. 推断统计   B. 描述统计

    C. 既是描述统计也是推断统计   D. 既不是描述统计也不是推断统计

60. 一个学生对寄居在邻家的一窝燕子感兴趣，他每天观察并记录燕子飞出飞进的时间，以及它们喂养小燕子的习惯。在这个学生的研究中，描述这些燕子最准确的统计术语是（　　　）。

    A. 总体   B. 样本

    C. 抽样   D. 调查

61. 经常性调查与一次性调查的划分依据是（　　　）。

    A. 调查的组织形式

    B. 调查登记的时间是否连续

    C. 调查单位包括的范围是否全面

    D. 调查资料的来源

62. 统计调查是进行资料整理和分析的（　　　）。

    A. 基础环节   B. 中间环节

    C. 最终环节   D. 关键环节

63. 重点调查中的重点单位是（　　　）。

    A. 标志总量在总体中占比较大的单位

B. 具有典型意义或代表性的单位

C. 那些具有反映事物差异的品质标志的单位

D. 能用来推算总体标志总量的单位

64. 人口普查的调查单位是（   ）。

    A. 每一个城市   B. 每一户居民

    C. 所有的人   D. 每一个人

65. 国势学派对统计学的主要贡献是（   ）。

    A. 证明了小样本理论   B. 引入了大数法则

    C. 采用了数量分析方法   D. 提出了"统计学"这一名词

66. 对某社区 10 000 名居民的生活状况进行调查，其总体是（   ）。

    A. 10 000 名居民   B. 10 000 名居民的生活支出

    C. 每一名居民   D. 10 000 名居民的收入

67. 统计学的研究对象是（   ）。

    A. 各种现象的内在规律   B. 各种现象的数量方面

    C. 总体和样本的关系   D. 统计活动过程

68. 研究某企业职工的工资水平时，该企业职工的工资总额是（   ）。

    A. 质量指标   B. 数量标志

    C. 数量指标   D. 品质标志

69. 就总体单位而言（   ）。

    A. 可以有多个标志   B. 可以有多个指标

    C. 只能有一个指标   D. 只能有一个标志

70. 下列选项中标志属于不变标志的是（   ）。

    A. 城市居民身高   B. 高校教师收入

    C. 企业职工年龄   D. 部队军人身份

71. 统计有三种含义，其基础是（   ）。

    A. 统计资料   B. 统计学

    C. 统计方法   D. 统计活动

72. 对一次统计活动来说，一个完整的认识过程依次为（   ）。

    A. 统计设计、统计整理、统计分析

    B. 统计调查、统计设计、统计分析

    C. 统计调查、统计整理、统计分析

    D. 统计设计、统计调查、统计整理

73. 下列各选项属于流量的是（   ）。

    A. 商品库存量   B. 商品销售量

    C. 企业设备台数   D. 人口数

74. 某工业部门对所属工业企业的现有汽车进行普查，总体单位是（   ）。

    A. 工业企业的全部汽车   B. 工业企业的每一辆汽车

    C. 每个工业企业的全部汽车拥有量   D. 每一个工业企业

75. 某大学的一位研究人员希望估计该大学一年级新生在教学资料上的花费情况，

为此，他观察了 200 名新生，发现他们每个学期在这方面的平均花费为 300 元，该研究人员感兴趣的总体是（　　）。

  A. 该大学的所有新生   B. 所有的大学生

  C. 该大学一年级所有新生 D. 研究人员观察的 200 名新生

76. 某大学停车越来越难，学校保卫处希望掌握学校教职工在校园找到停车位的平均时间。一个管理人员跟踪了 50 名教职工并记录了他们的停车时间，该大学感兴趣的总体是（　　）。

  A. 管理人员跟踪过的 50 名教职工

  B. 各个大学在校园停车的教职工

  C. 在该大学校园停车的所有教职工

  D. 在该大学校园停车的教职工和学生

77. 某手机厂商认为，如果流水线上组装的手机出现故障的比率每天不超过 3%，则组装过程是令人满意的。为了检验某天生产的手机质量，厂商从当天生产的手机中随机抽取了 30 部进行检测。手机厂商感兴趣的总体是（　　）。

  A. 当天生产的全部手机   B. 抽取的 30 部手机

  C. 3% 有故障的手机   D. 30 部手机的检测结果

78. 某大型企业集团有 300 家子公司，现以子公司作为调查单位，那么（　　）。

  A. 每一子公司职工的子公司名是质量指标

  B. 每一子公司职工的平均年龄是数量指标

  C. 每一子公司的职工人数是指标

  D. 每一子公司的职工人数是标志

79. 某植物研究机构试图确定成年柏树的高度，于是随机抽取了森林公园 250 棵成年柏树并测量高度后进行分析。该研究的数量标志是（　　）。

  A. 森林公园中柏树的年龄 B. 森林公园中柏树的数量

  C. 森林公园中柏树的品质 D. 森林公园中柏树的周长

80. 某高校的一位教师，为研究该校学生消费情况，采用问卷方式调查了 500 名学生，发现他们每个月的平均消费支出是 1 520 元。这位教师在研究学生消费中所指的变量是（　　）。

  A. 每名学生月消费支出额 B. 全校学生月消费支出总额

  C. 500 名学生月消费支出总额 D. 500 名学生月均消费支出额

81. 某机构十分关心小学生每周上网时间。该机构请求 300 名小学生家长对他们的孩子每周上网时间进行了估计，结果表明，这些小学生每周上网时间为 8 小时。该机构搜集数据的计量尺度是（　　）。

  A. 定类尺度   B. 定序尺度

  C. 定距尺度   D. 定比尺度

82. 为了确定医生在近 5 年因医疗事故被投诉的人数比例，研究机构从全国所有医生的名单中随机抽取了一些医生名单作为样本。在该项研究中，感兴趣的标志是（　　）。

  A. 被投诉的医生   B. 被抽取调查的医生

C. 被抽取医生的专业 D. 被抽取医生的数量

83. 质量控制工程师从生产线上抽取样本并记录它们的重量，以保证产品重量不超出客户规定的误差范围。产品重量被称为（ ）。

A. 品质标志 B. 数量标志

C. 离散变量 D. 连续变量

84. 某地区为了掌握本地区水泥生产的质量状况，拟对占本地水泥总产量80%的5家大型水泥厂的生产情况进行调查，这种调查方式是（ ）。

A. 普查 B. 典型调查

C. 抽样调查 D. 重点调查

85. 人口普查规定统一的标准时间主要是为了（ ）。

A. 避免登记的重复与遗漏 B. 确定调查的范围

C. 确定调查的单位 D. 登记的方便

86. 某地进行国有企业的经营状况调查，则调查对象是（ ）。

A. 该地所有企业 B. 该地所有国有企业

C. 该地每一个企业 D. 该地每一个国有企业

87. 统计调查所搜集的资料可以是原始资料，也可以是次级资料，原始资料和次级资料的关系是（ ）。

A. 原始资料来源于基层单位，次级资料来源于上级单位

B. 次级资料是由原始资料加工整理而形成的

C. 原始资料与次级资料之间无必然联系

D. 原始资料和次级资料没有区别

88. 通过调查大庆、长庆、胜利等油田，了解我国石油生产的基本情况。这种调查方式是（ ）。

A. 典型调查 B. 重点调查

C. 抽样调查 D. 普查

89. 统计调查的基本任务是取得原始统计资料，所谓原始统计资料是（ ）。

A. 统计部门掌握的资料

B. 对历史统计资料整理后取得的资料

C. 直接向调查单位登记所取得的资料

D. 统计年鉴或统计公报上发布的资料

90. 调查某市工业企业职工的工种、年龄、文化程度等情况的（ ）。

A. 填报单位是每个职工 B. 调查单位是每个企业

C. 调查单位和填报单位都是企业

D. 调查单位是每个职工，填报单位是每个企业

91. 总体和总体单位不是固定不变的，是指（ ）。

A. 随着客观情况的变化发展，各个总体所包含的总体单位数是在变动的

B. 随着人们对客观认识的不同，对总体与总体单位的认识也是有差异的

C. 随着统计研究目的和任务的不同，总体和总体单位可以相互转化

D. 客观上存在的不同总体和总体单位之间，总是存在差异

92. 下列选项的总体中，属于无限总体的是（　　　）。
    A. 全国的人口总数　　　　　　　　B. 水塘中所养的鱼
    C. 城市年流动人口数　　　　　　　D. 工业中连续大量生产的产品产量

93. 标志和指标的区别之一是（　　　）。
    A. 标志是说明总体特征的，指标是说明总体单位特征的
    B. 指标是说明总体特征的，标志是说明总体单位特征的
    C. 指标是说明有限总体特征的，标志是说明无限总体特征的
    D. 指标是说明无限总体特征的，标志是说明有限总体特征的

94. 变异标志是指（　　　）。
    A. 标志的具体表现不同　　　　　　B. 标志和指标各不相同
    C. 总体的指标各不相同　　　　　　D. 总体单位的标志各不相同

95. 对某停车场里的每辆汽车进行一次性登记，调查单位是（　　　）。
    A. 全部汽车　　　　　　　　　　　B. 每辆汽车
    C. 一个停车场　　　　　　　　　　D. 所有停车场

96. 在统计调查阶段，对有限总体（　　　）。
    A. 只能进行全面调查　　　　　　　B. 只能进行非全面调查
    C. 既能进行全面调查也能进行非全面调查
    D. 既不能进行全面调查也不能进行非全面调查

97. 统计报表一般属于（　　　）。
    A. 一次性全面调查　　　　　　　　B. 经常性全面调查
    C. 经常性非全面调查　　　　　　　D. 一次性非全面调查

98. 区别重点调查和典型调查的标志是（　　　）。
    A. 调查单位数目不同　　　　　　　B. 搜集资料的方法不同
    C. 确定调查单位的标准不同　　　　D. 确定调查单位目的不同

99. 非全面调查中最完善、最有计量科学依据的方式方法是（　　　）。
    A. 重点调查　　　　　　　　　　　B. 典型调查
    C. 抽样调查　　　　　　　　　　　D. 非全面统计报表

100. 问卷调查法是（　　　）。
    A. 直接观察法　　　　　　　　　　B. 询问法
    C. 报告法　　　　　　　　　　　　D. 一次性调查

二、多项选择题

1. 在第七次全国人口普查中（　　　）。
    A. 人口的平均年龄是统计指标　　　B. 每一个人是总体单位
    C. 全部男性人口数是统计指标　　　D. 全国人口总数是统计总体
    E. 每个建制村是调查对象

2. 一个国家或地区的人均粮食产量属于（　　　）。
    A. 平均指标　　　　　　　　　　　B. 相对指标
    C. 强度相对指标　　　　　　　　　D. 质量指标
    E. 总量指标

3. 连续不断的网络数据总体属于（   ）。

    A. 抽样总体   B. 有限总体

    C. 无限总体   D. 具体总体

    E. 特殊总体

4. 要了解某地区全部成年人口的就业情况，那么（   ）。

    A. 某人职业是教师，教师是标志表现

    B. 成年人口就业率是统计指标

    C. 职业是每个人的特征，职业是品质标志

    D. 全部成年人数是研究的总体

    E. 某企业就业人数是指标

5. 下列选项中变量属于连续变量的是（   ）。

    A. 商品零售额   B. 零售价格指数

    C. 商品库存额   D. 耕地面积

    E. 地区工业产值

6. 下列各选项是对某地区工业生产进行调查后得到的资料，统计指标有（   ）。

    A. 某企业亏损 20 万元   B. 全地区产值 3 亿元

    C. 某企业职工人数 2 000 人   D. 全地区有工业企业 3 万家

    E. 全地区拥有各种工业设备 6 万台

7. 社会经济统计的特点，可以概括为（   ）。

    A. 数量性   B. 同质性

    C. 总体性   D. 具体性

    E. 社会性

8. 在工业普查中（   ）。

    A. 机器台数是统计指标   B. 机器台数是离散变量

    C. 工业总产值是离散变量   D. 工业总产值是指标

    E. 每个企业是总体单位

9. 变量按其取值是否连续分为（   ）。

    A. 确定性变量   B. 随机性变量

    C. 连续变量   D. 离散变量

    E. 常数

10. 下列选项关于品质标志和数量标志的说法中，正确的是（   ）。

    A. 数量标志可以用数值表示

    B. 品质标志可以用数量表示

    C. 数量标志不可以用数值表示

    D. 品质标志不可以用数值表示

    E. 品质标志和数量标志都可以用文字表示

11. 总体和总体单位不是固定不变的，随着研究目的不同，下列选项中说法正确的有（   ）。

A. 总体单位可以转化为总体　　　　B. 总体可以转化为总体单位

C. 总体和总体单位可以相互转化　　D. 只能是总体单位转化为总体

E. 只能是总体转化为总体单位

12. 下列标志中，属于数量标志的有（　　　）。

    A. 性别　　　　　　　　　　　　B. 工种

    C. 工资　　　　　　　　　　　　D. 民族

    E. 年龄

13. 在说明和表现问题方面，正确的定义有（　　　）。

    A. 标志是说明总体单位特征的　　B. 指标是说明总体特征的

    C. 变异是可变的品质标志　　　　D. 变量是可变的数量标志

    E. 变量值是变量的数值表现

14. 社会经济统计认识社会时具有数量性的特点，是因为（　　　）。

    A. 要通过对社会经济现象数量方面的研究来认识客观世界的本质

    B. 要运用一系列的统计数字资料来反映现象的发展变化情况

    C. 要研究社会经济现象数量方面的数量关系、联系与发展趋势等

    D. 是纯数量的研究

    E. 是从社会经济现象质与量的辩证统一中研究其数量的表现

15. 统计指标根据作用和表现形式不同，可分为（　　　）。

    A. 数量指标　　　　　　　　　　B. 总量指标

    C. 相对指标　　　　　　　　　　D. 平均指标

    E. 质量指标

16. 普查属于（　　　）。

    A. 非全面调查　　　　　　　　　B. 专门调查

    C. 全面调查　　　　　　　　　　D. 经常性调查

    E. 一次性调查

17. 下列选项中，属于非全面调查的有（　　　）。

    A. 重点调查　　　　　　　　　　B. 抽样调查

    C. 典型调查　　　　　　　　　　D. 非全面统计报表

    E. 统计报表

18. 乡镇企业抽样调查中，抽取的每一个乡镇企业是（　　　）。

    A. 调查主体　　　　　　　　　　B. 调查对象

    C. 调查单位　　　　　　　　　　D. 调查项目

    E. 填报单位

19. 全国工业企业普查中（　　　）。

    A. 全国工业企业数是调查对象　　B. 每个工业企业是调查单位

    C. 每个工业企业是填报单位　　　D. 全国工业企业是调查主体

    E. 全国工业企业数是统计指标

20. 下列选项中，属于一次性调查的有（　　　）。

    A. 人口普查　　　　　　　　　　B. 职工家庭收支变化调查

C. 单位产品成本变动调查 D. 全国实有耕地面积调查

E. 大中型基本建设项目投资效果调查

21. 统计调查按照搜集资料的方法，可以分为（   ）。

A. 采访法 B. 抽样调查法

C. 直接观察法 D. 典型调查法

E. 报告法

22. 重点调查是在调查对象中选择其中的一部分重点单位所进行的调查。重点单位的特征有（   ）。

A. 是在总体中举足轻重的单位

B. 在总体单位数中占有很大比重

C. 在总体中的数目不多

D. 是能够反映出总体的基本情况的那些单位

E. 就调查的标志值来说，在总体中占有很大比重

23. 重点调查（   ）。

A. 可用于经常性调查 B. 不能用于经常性调查

C. 可用于一次性调查 D. 不可用于一次性调查

E. 既可以用于经常性调查，也可以用于一次性调查

24. 专门组织的调查包括（   ）。

A. 典型调查 B. 统计报表

C. 重点调查 D. 普查

E. 抽样调查

25. 在统计指标设计中，确定统计指标的名称（   ）。

A. 要以相应学科的理论为依据 B. 不可能完全按照学科理论确定

C. 要考虑统计实践的可操作性 D. 不需要考虑学科理论

E. 按照方便原则确定即可

26. 统计指标体系设计的基本要求是（   ）。

A. 目标明确 B. 指标科学

C. 可以度量 D. 纵横可比

E. 多样设计

27. 下列调查中属于专门调查的是（   ）。

A. 统计报表 B. 抽样调查

C. 普查 D. 典型调查

E. 一次性调查

28. 下列选项中调查属于一次性调查的是（   ）。

A. 2020 年第七次全国人口普查

B. 某省对全省农民 2020 年收入情况的调查

C. 某企业开展的广告信息反馈调查

D. 我国对大型骨干企业产品质量的调查

E. 全国农业普查

29. 典型调查的主要作用表现在（　　　）。

    A. 可以弥补全面调查和其他非全面调查的不足

    B. 可以用来研究新生事物

    C. 在一定条件下可以粗略估计总体指标

    D. 可以反映总体的标志总量

    E. 可以对总体情况进行推断

30. 某地对集市贸易个体户的偷税漏税情况进行调查，1月5日抽选了5%的样本进行检测，5月1日抽选了10%的样本进行检测，这种调查为（　　　）。

    A. 非全面调查　　　　　　　　　B. 一次性调查

    C. 全面调查　　　　　　　　　　D. 连续调查

    E. 重点调查

31. 统计研究的基本过程包括（　　　）。

    A. 搜集数据　　　　　　　　　　B. 整理数据

    C. 分析数据　　　　　　　　　　D. 解释数据

    E. 剖分数据

32. 古典统计学的三大学派是（　　　）。

    A. 国势学派　　　　　　　　　　B. 概率论学派

    C. 政治算术学派　　　　　　　　D. 数理统计学派

    E. 社会统计学派

33. 根据统计研究方法不同，统计学可分为（　　　）。

    A. 描述统计学　　　　　　　　　B. 应用统计学

    C. 推断统计学　　　　　　　　　D. 理论统计学

    E. 归纳统计学

34. 数据按照其性质分为（　　　）。

    A. 定类数据　　　　　　　　　　B. 定序数据

    C. 定比数据　　　　　　　　　　D. 定距数据

    E. 定性数据

35. 数据按时空状态分为（　　　）。

    A. 时序数据　　　　　　　　　　B. 结构化数据

    C. 截面数据　　　　　　　　　　D. 非结构化数据

    E. 面板数据

36. 数据按照表现形式分为（　　　）。

    A. 绝对数　　　　　　　　　　　B. 定性数据

    C. 定量数据　　　　　　　　　　D. 相对数

    E. 平均数

37. 抽样调查的基本形式有（　　　）。

    A. 整群抽样　　　　　　　　　　B. 随机抽样

    C. 等距抽样　　　　　　　　　　D. 分层抽样

    E. 重复抽样

38. 下列选项中关于误差的说法正确的是（　　　）。

　　A. 非抽样误差实际就是错误，可以避免

　　B. 抽样误差不可避免但可以控制

　　C. 抽样误差和非抽样误差都可以避免

　　D. 登记性误差属于非抽样误差

　　E. 抽样误差是指用样本统计值与被推断的总体参数出现的偏差

39. 按照指标的表现形式可以分为（　　　）。

　　A. 总量指标　　　　　　　　　B. 平均指标

　　C. 相对指标　　　　　　　　　D. 时点指标

　　E. 时期指标

40. 按照指标功能可以分为（　　　）。

　　A. 宏观指标　　　　　　　　　B. 微观指标

　　C. 预警指标　　　　　　　　　D. 描述指标

　　E. 评价指标

三、判断题

1. 统计学是一门研究总体数量方面的方法论科学，所以它不关心也不考虑个别现象的数量特征。（　　　）

2. 三个同学的成绩不同，因此存在三个变量。（　　　）

3. 统计数字的具体性是统计学区别于数学的根本标志。（　　　）

4. 统计指标体系是许多指标集合的总称。（　　　）

5. 一般而言，指标总是依附在总体上，而总体单位则是标志的直接承担者。（　　　）

6. 大量观察法，是指必须对研究对象的所有单位进行观察调查。（　　　）

7. 统计总体具有大量性、同质性和差异性三个基本特征。（　　　）

8. 质量指标是反映总体质量的特征，因此可以用文字来表述。（　　　）

9. 数量指标由数量标志汇总而来，质量指标由品质标志汇总而来。（　　　）

10. 指标和标志一样，都是由名称和数值两部分组成。（　　　）

11. 某工商银行的职工人数、工资总额都是离散变量。（　　　）

12. 数量指标可以用数值表示，质量指标不能用数值表示。（　　　）

13. 许多统计指标的数值都是由数量标志汇总而来的。（　　　）

14. 在人口普查中，某人是女性是品质标志，36岁是数量标志。（　　　）

15. 统计工作和统计资料是统计活动过程和统计成果的关系。（　　　）

16. 统计方法中所采用的大量观察法，指必须对研究对象的所有单位进行调查。（　　　）

17. 标志是说明总体特征的，指标是说明总体单位特征的。（　　　）

18. 在全国工业普查中，全国工业企业数是统计总体，每个工业企业是总体单位。（　　　）

19. 标志分为品质标志和数量标志两种。（　　　）

20. 品质标志表明单位属性方面的特征，其标志表现只能用文字来表现，所以品质标志不能转化为统计指标。 （　　）

21. 统计指标和数量标志都可以用数值表示，所以两者反映的内容是相同的。

（　　）

22. 因为统计指标都是用数值表示的，所以数量标志就是统计指标。 （　　）

23. 品质标志和质量指标一般都不能用数值表示。 （　　）

24. 社会经济统计工作的研究对象是社会经济现象总体的数量方面。 （　　）

25. 对某市工程技术人员进行普查，则每个人员的工资收入水平是数量标志。

（　　）

26. 统计研究所关注的是个体数量特征而非总体数量特征。 （　　）

27. 样本中所包含的个体数称为样本个数。 （　　）

28. 从广义来说，可变标志、指标都是变量。 （　　）

29. 统计学是研究总体数量方面的规律的，所以不需要做定性研究。 （　　）

30. 数量标志是用数值表示的，而质量指标是用属性（文字）表示的。 （　　）

31. 统计研究事物的量是从对社会经济现象的定性认识开始的，必须以事物质的规定性为基础。 （　　）

32. 统计是研究现象总体的，个别事物对总体不一定有代表性，因此不需要对个别事物进行调查研究。 （　　）

33. 社会经济现象与自然科学技术问题不同，站在不同的立场，持有不同的观点，运用不同的方法，可以得出差别较大的结论。 （　　）

34. 我国城市社会经济调查队只是调查部分家庭的生活状况，这部分家庭的生活状况对全国的城市居民家庭总体不具有代表性。 （　　）

35. 统计是研究总体的，统计分组法是将总体划分为若干个部分或组，所以统计分组法不是统计工作的基本方法。 （　　）

36. 我国的企业有工业企业、商业企业、金融企业等，在工业企业中还有钢铁企业、建筑企业、轻纺企业等，因此我国所有的企业不能构成总体。 （　　）

37. 当我们把全国的工业企业构成总体进行研究时，每一个工业企业的"工业总产值"是一个可变标志。 （　　）

38. 学生的学习成绩既可以用定距尺度分析，也可以用定序尺度分析。 （　　）

39. 将工业企业划分为国有企业、集体企业、股份制企业、私营企业等类型是运用了定类尺度。 （　　）

40. 定距尺度与定比尺度的区别是：定距尺度中的"0"，表示"没有"或该事物不存在、未发生；定比尺度中的"0"表示一个有特定内涵的数值，不表示"没有"。

（　　）

41. 统计调查是整个统计工作的基础环节。 （　　）

42. 全面调查只适用于有限总体，调查内容应限于反映国情国力的重要统计指标。

（　　）

43. 凡属于反映一定时期内事物发展过程累积总量的指标，其资料都需要通过一次性调查来取得。 （　　）

44. 在统计调查中，不同的研究目的和任务，决定着不同的调查内容和范围，调查单位的确定取决于调查目的和调查对象。　　　　　　　　　　（　　）

45. 在工业企业生产设备普查中，每个企业既是调查单位，也是报告单位。

（　　）

46. 如果调查的是时期现象，统计调查方案中需要明确规定统一的标准时点。

（　　）

47. 在社会经济生活中，抽样调查主要用来搜集某些不能够或者不适宜用定期全面统计报表搜集的统计资料。　　　　　　　　　　　　　　　　（　　）

48. 在重点调查中，一般地讲，选出的单位应尽可能少，而其标志值在总体标志总量中所占比重应尽可能大。　　　　　　　　　　　　　　　　（　　）

49. 重点调查的资料能推断总体，抽样调查的资料不能推断总体。　　（　　）

50. 根据认识社会经济现象的需要，典型调查既可研究量的方面，也可研究质的方面；既可以进行非全面调查，也可以进行全面调查。　　　　　　（　　）

51. 典型调查是根据调查目的和要求，在对被研究总体做全面分析以后，随机地从中选择少数具有代表性的单位进行深入调查研究的一种非全面调查。　（　　）

52. 重点调查是在调查对象中选择一部分样本进行的一种全面调查。　（　　）

53. 统计学是从质与量的对立统一中研究社会经济现象总体数量特征的。（　　）

54. 统计学是一门研究现象总体数量特征的方法论科学，所以它不必关心、也不考虑个别现象的数量特征。　　　　　　　　　　　　　　　　　（　　）

55. 差异是统计存在的前提，没有差异就没有统计。　　　　　　　　（　　）

56. 统计研究中的变异是指总体单位质的差别。　　　　　　　　　　（　　）

57. 统计学数字的具体性是统计学区别于数学的根本标志。　　　　　（　　）

58. 总体单位是标志的承担者，标志是依附于总体单位的。　　　　　（　　）

59. 综合为统计指标的前提是总体的同质性。　　　　　　　　　　　（　　）

60. 数量指标是由数量标志汇总来的，质量指标是由品质标志汇总来的。（　　）

第三节　答案解析

一、单项选择题

1. D。【解析】总体单位就是每一个被调查单位，是构成调查对象的每一个单位，也称调查单位。

2. B。【解析】总体单位强调个体性，该研究关注的是设备，因此总体单位是每一台未安装设备。

3. B。【解析】统计总体一定是实体，不是具体的数量；总体的量的描述是统计指标。

4. B。【解析】性别是品质标志，男性是标志表现；变量是可变的数量标志；人口的平均寿命是表达总体的量的特征，是质量指标；全国人口强调实体，是总体。

5. B。【解析】质量指标一般用相对数表示，数量指标用绝对数描述。

6. B。【解析】指标和标志具有两层关系：一是汇总关系，某些指标是由标志汇总而成的；二是转换关系，某些指标和标志因为研究对象不同而发生变化。

7. A。【解析】工资是属性名，是标志，具体的 7 500 是属性值，是标志表现。

8. A。【解析】数量标志是可以量化的标志，可以用定比数据或者定距数据表达。

9. D。【解析】统计总体具有集合性，强调全部个体组成的集合，本研究关注的是生产设备，即全部市场设备是本研究的统计总体。

10. B。【解析】该研究中总体是全部学生，每一个学生是总体单位，学习情况是调查内容，可以理解为属性或者调查项目。

11. C。【解析】成绩是一个数量标志，也称为变量，具体的分值 90 是标志表现，即变量值。

12. C。【解析】调查对象是全国高中学生，调查项目是学生的身高，20 个城市 100 所中学是抽样范围。

13. B。【解析】根据调查单位是否全面分为全面调查和非全面调查；根据调查时间是否连续分为一次性调查和经常性调查；根据统计调查的组织形式划分为统计报表和专门调查。

14. B。【解析】统计研究侧重于从数量方面认识事物，更多的是关心总体情况，而不在于研究具体的每一个总体单位（个例）。

15. D。【解析】从大的方面看，统计学的基本研究方法有：实验设计法、大量观察法、统计分组法、综合指标法、统计模型法、统计推断法、时间序列法、指数分析法、相关分析法等。

16. A。【解析】统计总体的基本特点包括大量性、同质性和差异性；即统计总体是由大量个体组成的，组成统计总体的各个个体具有某一方面的同质，在同质之外的其他方面具有差异。

17. A。【解析】考察居民住房面积，应该以户为单位，所以总体是居民户，住房面积只是一个考察内容（项目），是一个标志。

18. A。【解析】描述总体数量特征的概念和具体数值是指标，7 655 元是三个总体单位组成的总体的一般性水平，即指标。变异度是反映个体差异大小的指标。

19. A。【解析】变量分为连续变量和离散变量，从表现形式上看，只能用整数表示的是离散变量，但离散变量不一定只能用整数表示。离散变量一般可数，连续变量不可数，属于无穷变量。

20. D。【解析】标志是针对总体单位的，指标是针对统计总体的，一个统计总体可以有多个指标，一个总体单位也可以有多个标志。

21. D。【解析】数量指标是反映社会经济现象总规模水平和工作总量的统计指标，一般用绝对数表示。统计指标按其所反映总体现象的数量特性的性质不同可分为数量指标和质量指标。质量指标是反映总体相对水平或平均水平的统计指标，一般用相对数或平均数表示。

22. A。【解析】统计报表采用报告的方式填报国民经济基础数据。

23. B。【解析】对产品质量调查一般都采用抽样调查。

24．D。【解析】调查单位就是构成调查总体的每一个单位，调查总体中的个体，也就是在调查过程中应该登记其标志的那些具体单位。调查单位可以是个人、企事业单位，也可以是物。根据不同的调查目的，调查单位与报告单位，两者可能一致，可能不一致。调查单位的确定，取决于调查目的与调查对象。在确定调查对象时，要明确调查单位与报告单位（也称为填报单位）的区别，调查单位是调查登记的项目的承担者。报告单位则是指负责向上级提供调查资料的单位。调查单位与报告单位有时一致，有时不一致。

25．D。【解析】典型调查和重点调查的区别在于，典型调查是从质上区分，重点调查是从量上区分。一个总体单位可能是典型单位也可能是重点单位，也可能两个都是，也可能两个都不是。

26．A。【解析】重点调查一般在需要了解调查问题基本情况的时候采用，主要看在数量方面占绝对优势的调查单位在调查问题中的基本情况，以推测整个调查问题的初步情况。

27．B。【解析】在众多的调查方法中，对产品质量抽检一般采用随机抽样调查。

28．B。【解析】交通枢纽属于业务量方面占绝对优势，是重点调查。

29．A。【解析】调查对象是指根据调查目的、任务确定的由那些性质相同的众多调查单位所组成的总体，即统计总体。调查单位是调查登记的项目的承担者，一般可理解为总体单位。报告单位则是指负责向上级提供调查资料的单位。调查项目是调查的具体内容，就是标志。

30．C。【解析】统计调查对象就是要研究的调查总体或者现象总体全部。

31．D。【解析】推断统计是通过样本信息对总体进行推断，总体参数难以确定，需要通过样本进行估计或者假设。

32．A。【解析】描述统计是对总体或样本数据进行统计性描述，推断统计是利用部分样本信息对总体进行推断。

33．D。【解析】由样本计算的各种指标称为统计量，一般用于对总体进行推断，描述总体的各种统计指标称为参数。

34．D。【解析】数量标志又称为变量，数量标志表现又称为变量值或者标志值。

35．C。【解析】指标是描述总体的，标志是描述总体单位的，工人的劳动生产率是一个指标，反映工人劳动效率高低，归属于质量指标。

36．A。【解析】数量指标描述总体的规模或者水平，一般用绝对数表示。

37．D。【解析】质量指标反映总体性质方面的数量特征，一般用相对数或平均数表示。

38．A。【解析】标志的具体表现有数量标志表现和品质标志表现，数量标志表现是数值，品质标志表现是属性。

39．D。【解析】多个总体单位要形成总体的基本条件是在某一方面具有相同的性质。

40．B。【解析】指标和标志之间具有汇总关系和转化关系。标志加总就形成指标，当总体变成总体单位或总体单位变成总体时，指标变成标志或标志变成指标。

41．B。【解析】统计的三个含义分别是统计活动、统计资料和统计学。统计活动是基础，统计资料是统计活动的成果，统计学是统计活动形成的经验和科学。

42．C。【解析】一个统计总体单位可以有多个统计标志，一个统计总体可以有多个统计指标。

43．C。【解析】本研究主体是中学生，总体单位强调个体性，所以该研究的总体单位应该是该市每一名中学生。

44．D。【解析】学生的考试成绩是数量标志，可变的数量标志也称为变量，每名学生的具体成绩是数量标志表现，数量标志表现也称为标志值。

45．D。【解析】全国人口调查是以个人为调查对象开展的，总体单位应该是每一个人。

46．C。【解析】判断质量指标和数量指标的基本方法看表现形式，一般质量指标主要表现为相对数和平均数。合格率是相对指标故属于质量指标。

47．C。【解析】人口出生率、计划完成程度、作物亩产量都是相对指标，属于质量指标，职工出勤数是绝对指标，属于数量指标。

48．B。【解析】统计规律可以通过多种统计方法实现，最主要的方法是观察研究。

49．C。【解析】不变标志是每个总体单位表现值相同，变异标志是总体单位表现不完全相同。

50．D。【解析】可变的数量标志称为变量，变量分为离散型变量和连续型变量，离散型变量是有限可数的，连续型变量无限不可数。

51．B。【解析】数量标志的具体表现就是标志所体现的具体的数值。

52．A。【解析】统计总体是集合，样本也是集合，样本是统计总体的一部分，是包含关系，总体单位是集合的具体元素。

53．A。【解析】指标和标志根据总体和总体单位的相对性可以相互转化。

54．C。【解析】描述统计主要是通过对总体数据描述寻求事物规律。

55．C。【解析】推断统计是用局部样本信息推断总体情况，统计图表既可以用于描述统计也可以用于推断统计。

56．B。【解析】统计图表是统计数据描述工具，平均汽油价格是一个统计指标。

57．D。【解析】从数据质量来看，统计调查和试验都可以获得可靠的统计调查数据信息。

58．D。【解析】该研究是一个典型的由部分推断总体的推断统计问题。

59．B。【解析】事物之间的相关分析属于描述统计研究范畴。

60．A。【解析】该研究中，学生关注的总体是这一窝燕子。

61．B。【解析】根据调查的组织形式分为统计报表和专门调查；根据调查登记的时间是否连续分为经常性调查与一次性调查；按照调查单位的范围分为全面调查和非全面调查；按照调查资料的来源分为直接观察、报告、采访问卷调查等。

62．A。【解析】统计研究的基本过程是搜集数据、整理数据、分析数据、解释数据，统计调查主要目的是搜集数据，是数据整理和分析的前提和基础，数据整理和分析是统计调查的继续。

63．A。【解析】重点单位是在量上占绝对优势的单位，在一项研究中，可能有一个重点单位也可能有几个重点单位，也可能没有重点单位。

64. D。【解析】调查单位是在某项调查中登记其具有特征的单位，即调查项目的承担者，是调查对象的具体单位；调查单位是所要进行调查的全部单位中的每个具体单位；实际上就是总体单位。一般和调查对象对应，调查对象就是调查总体。填报单位是负责填写和报送数据的单位，可能和调查单位一致，可能不一致。

65. D。【解析】政治算术学派采用了数量分析方法；数理统计学派引入了大数法则；现代统计学时期出现了小样本思想；国势学派提出了统计学概念。

66. A。【解析】每一名居民是个体；居民收入或生产支出是调查项目。

67. B。【解析】统计学是指导统计活动的科学，也就是要为如何获取数据、表达数据和分析数据提供理论方法。其研究对象为各种各样客观现象的数量方面。

68. C。【解析】标志是用以描述或体现个体特征的名称。指标是反映现象总体数量特征的概念及其数值。质量指标表明现象所达到的相对水平、平均水平、工作质量或相互依存关系。数量指标表明现象所达到的总规模、总水平或工作总量。

69. A。【解析】对于任何一个标志，总体或样本容量有多大，标志表现就有多少个。一个总体单位可以有若干标志，一个总体可以有若干指标。

70. D。【解析】不变标志是指每个个体的标志表现都完全相同的标志。

71. D。【解析】统计的三种基本含义是统计学、统计资料和统计活动。统计活动是最基础的搜集数据信息的工作。

72. C。【解析】一个完整的统计活动应该是统计调查、统计整理、统计分析和统计应用。

73. B。【解析】流量是指一定时期内发生的某种经济变量流动的数值，它在一定的时期内测度，其大小有时间维度；与之对应的存量，是在某一时点上测度的，其大小没有时间维度。存量和流量的关系可以理解为时点数列和时期数列的关系。

74. B。【解析】本研究调查对象是汽车，总体单位强调个体性，应为每一辆汽车。

75. C。【解析】该研究调查对象为大学一年级新生，总体是全部个体的集合，应该是全部新生。

76. C。【解析】该研究调查对象为全校所有教职工，总体应该为全体教职工，总体单位是每一位教职工。

77. A。【解析】该研究调查对象为某天生产的所有手机，所以总体应该为全部手机。抽取的部分手机为样本。

78. D。【解析】子公司作为调查单位，也是总体单位，每一个子公司名称、平均年龄、职工人数都是标志。

79. A。【解析】该研究的统计总体是植物园的柏树，每一棵柏树是总体单位，柏树的年龄属于数量标志，柏树的品质属于品质标志，柏树的数量和种植面积属于统计指标。

80. A。【解析】该研究的总体是该高校的全体学生，研究内容是消费情况，所以消费支出额是变量，消费支出总额、平均消费支出额都是统计指标。

81. A。【解析】数据分为定类数据、定序数据、定距数据、定比数据。该研究关注小学生上网时间，属于类别数据。

82. A。【解析】该研究主要关注被投诉的医生情况，其标志应该是被投诉的医生。

83. B。【解析】产品重量是可以量化的，可以用数值型数据计量和表示的，是数量标志。

84. D。【解析】重点调查是调查在数量上占绝对优势的总体单位，本研究中5家大型水泥厂总产量占比高达80%，属于重点单位。

85. A。【解析】一次性调查一般需要确定统一的调查标准时间，主要目的是避免重复登记和遗漏。

86. B。【解析】调查对象实际上就是调查总体，也称调查总体，本研究主要对象是该地区国有企业。

87. B。【解析】调查数据包括一手数据和二手数据，也称为原始资料和次级资料。原始资料经过整理加工就成为二手资料。

88. B。【解析】大庆、长庆、胜利油田是我国大型油田，属于重点单位，对其进行的调查是重点调查。

89. C。【解析】原始统计资料是直接向调查单位登记所取得的资料，或者事件发生第一时间第一地点获取的数据资料。

90. D。【解析】调查单位是总体单位，填报单位是进行数据填报的单位，两者可以相同可以不同。本研究调查单位是每一位职工，填报数据单位是每一个工业企业。

91. C。【解析】总体和总体单位具有相对性，一个总体单位在这个研究中是总体单位，在另一个研究中可能成为总体，两者是可以转换的。

92. D。【解析】有限总体和无限总体的最大区别就是是否具有可数性，工业中连续生产的产品产量理论上是可数的，但如果理解为连续变量，就是无限总体。

93. B。【解析】标志和指标的区别表现在标志是说明总体单位的，指标是说明总体的，标志可以是数量标志和品质标志，指标只能是数值描述。

94. A。【解析】变异标志是每个总体的标志表现不完全一样。

95. B。【解析】调查单位就是总体单位，该研究的总体单位是每一辆汽车。

96. C。【解析】统计调查无论是有限总体还是无限总体，都可以采用非全面调查，但无限总体不能开展全面调查。

97. B。【解析】统计报表可以是全面报表也可以是非全面报表，一般情况下采用全面报表，而且是周期性的经常性报表。

98. C。【解析】重点调查和典型调查的最大区别就是调查单位的标准是重点单位还是典型单位。

99. C。【解析】抽样调查不带有任何主观性，是成本最低、效果最好的调查方式，也是推断统计的重要调查方法。

100. D。【解析】问卷调查法一般是一事一调查，针对不同研究设计不同问卷，属于一次性调查。

二、多项选择题

1. ABC。【解析】在人口普查中，全部人口是调查对象，每一个人是总体单位，人口的平均年龄是统计质量指标，全部人口总数是统计数量指标，分类人口数是统计指标。

2. BCD。【解析】人均粮食产量是相对指标中的强度相对指标；是质量指标。平均指标和强度指标的区别：平均指标是总体标志总量与总体单位总量之比，对比对象是同一总体，强度相对指标是两个不同类别事物对比。

3. AC。【解析】网络数据属于抽样总体，无限总体。

4. ABC。【解析】了解人口情况调查中，该区全部成年人是研究总体，每个成年人是总体单位；职业是品质标志，就业率是指标，具体职业类型是标志表现。

5. ABCDE。【解析】连续变量一般可以用小数表示，无法一一枚举。商品零售额、价格指数、库存额、耕地面积、地区工业产值都是无法枚举的连续变量。

6. BDE。【解析】统计指标是描述总体的，该研究总体是该地区，某企业只是该地区经济个体单元。

7. ACDE。【解析】社会经济统计的特点包括数量性、总体性、具体性、社会性。

8. ABDE。【解析】工业普查中全部企业是总体，每个企业是总体单位，工业总产值是连续型数量指标，机器台数是离散型统计指标。

9. CD。【解析】变量按取值连续性分为连续型变量和离散型变量。

10. AD。【解析】根据性质可以将标志分为数量标志和品质标志，数量标志可以用数值表示，品质标志可以用文字表示也可以用文本型数值表示。

11. ABC。【解析】总体和总体单位可以相互转化，总体可以转化为总体单位，总体单位也可以转换为总体。

12. CE。【解析】数量标志可以量化，题目中可以量化的只有工资和年龄。

13. ABDE。【解析】标志是说明总体单位特征的，指标是说明总体特征的，可变的数量标志称为变量，变量的数值表现也称为变量值，可变标志的属性或数值在不同总体单位的表现称为变异。

14. ABCE。【解析】社会经济统计认识社会是通过数量研究、探究数量规律来认识客观世界的。

15. BCD。【解析】统计指标根据表现形式分为总量指标、相对指标和平均指标；根据性质分为数量指标和质量指标。

16. BCE【解析】普查属于全面的一次性调查，也是专门性调查。

17. ABCD。【解析】根据调查对象是否完全将调查分为全面调查和非全面调查，一般普查和统计报表是全面调查，其余都是非全面调查，当然统计报表也有非全面报表。

18. CE。【解析】乡镇企业调查中，全部乡镇企业是研究总体也是调查对象；每一个乡镇企业是总体单位也是调查单位，同时也是填报单位。

19. BCE。【解析】在工业普查中，全部工业企业是调查总体，每个工业企业是总体单位，也是调查单位，同时也是填报单位，全国工业企业总数是数量指标。

20. ADE。【解析】根据调查登记时间是否连续分为一次性调查和经常性调查。只要不是每天连续登记调查的都是一次性调查。

21. ACE。【解析】统计搜集资料的方法有采访、观察和报告。抽样调查、典型调查、重点调查是具体的调查方法。

22. ACDE。【解析】重点单位是在总体中数量上占绝对优势的少数单位，体现出调查内容量上的比重大，可以用于了解总体基本情况。

23. ACE。【解析】无论哪一种调查方法都可以用于一次性调查也可以用于经常性调查。

24. ACDE。【解析】专门调查指为研究某些专门问题，由调查单位专门组织进行的一种调查方式。一般有普查、重点调查、抽样调查和典型调查四种基本形式。

25. ABC。【解析】确定统计指标的名称应遵循学科理论、考虑实践可操作性。

26. ABCD。【解析】统计指标设计应该目标明确、指标科学、度量准确、具有可比性。

27. BCD。【解析】专门调查包括普查、重点调查、抽样调查和典型调查四种基本形式。

28. AE。【解析】一般普查是一次性调查。对收入情况、产品质量、信息反馈等需要连续一个周期或多个周期调查。

29. AC。【解析】典型调查主要是粗略估计总体情况，用以辅助其他调查。

30. AB。【解析】抽样检查是非全面调查也是一次性调查。

31. ABCD。【解析】统计研究的基本过程是搜集数据、整理数据、分析数据、解释数据。

32. ABC。【解析】古典统计学三大学派是国势学派、概率论学派和政治算术学派。

33. AC。【解析】根据研究方法不同，统计学可分为描述统计学和推断统计学，根据研究内容，统计学可分为应用统计学和理论统计学。

34. ABCD。【解析】数据按照性质分为定类数据、定序数据、定比数据和定距数据。

35. ACE。【解析】按照时空状态划分数据包括时序数据、截面数据和面板数据。

36. ADE。【解析】按照表现形式将数据分为绝对数、相对数和平均数。

37. ABCD。【解析】抽样调查的基本形式包括整群抽样、等距抽样、随机抽样和分层抽样。

38. ABDE。【解析】统计误差分为抽样误差和非抽样误差。抽样误差是不可避免但可控制和计量，非抽样误差就是抽样过程中的各种错误，可以避免和杜绝。

39. ABC。【解析】根据统计指标的表现形式分为总量指标、相对指标和平均指标。

40. CDE。【解析】按照统计指标功能分为预警性指标、描述性指标和评价性指标。

三、判断题

1. 错。【解析】统计学是研究总体数量方面的方法论科学，但是研究总体是从总体单位开始的。

2. 错。【解析】三个同学的不同成绩是具体标志表现，但是都是成绩属性，只有一个变量。

3. 对。【解析】统计学和数学的区别表现在研究方法不同和研究对象不同。统计学更多采用归纳法，数学采用演绎法；统计学关注具体问题，数学关注一般抽象问题。

4. 错。【解析】统计指标体系是具有关联关系的各个指标组成的。

5. 对。【解析】指标是说明总体的，标志是说明总体单位的。

6. 错。【解析】大量观察法是指对研究总体单位要进行大量观察才能得到比较准确的统计结论，而不是对所有单位进行观察。

7. 对。【解析】统计总体是由多个总体单位集合而成的，各个总体单位在某个性质上具有相同性，但是在其他性质上具有差异性。

8. 错。【解析】无论是数量指标还是质量指标都是用数值表述的。

9. 错。【解析】标志汇总可以成为指标，质量指标和品质标志没有直接关系。

10. 错。【解析】指标包括指标名和指标值，标志包括标志名和标志表现，标志表现可以是数值也可以是文字。

11. 错。【解析】离散变量具有可数性和可枚举性，工资总额可以是任何一个非负数值，无法一一枚举，是连续型变量。

12. 错。【解析】数量指标和质量指标都是用数值表示。区分数量指标和质量指标一般看表现形式，质量指标一般用相对数和平均数表示。

13. 对。【解析】指标和标志具有转换关系和汇总关系，数量标志汇总可以成为一个统计指标。

14. 错。【解析】女性是具体的性别标志表现，36岁是具体的数量标志表现。

15. 对。【解析】统计包括统计工作、统计资料和统计学。统计工作是基础，通过统计工作搜集整理数据形成统计资料。

16. 错。【解析】大量观察法属于非全部调查，不是对每一个总体单位进行调查。

17. 错。【解析】标志是说明总体单位的，指标是说明总体的。

18. 错。【解析】工业普查统计总体是全国所有工业企业，每个工业企业是统计总体单位。

19. 对。【解析】标志根据其表现形式分为品质标志和数量标志。

20. 错。【解析】品质标志一般用文字表示，但是也可以转换为统计指标，比如所有性别为男的职工总数构成一个统计指标。

21. 错。【解析】指标和数量标志虽然都用数值表示，但是反映的内容不一样，一个反映总体，一个反映个体。

22. 错。【解析】概念混淆，标志和指标是两个不同概念。

23. 错。【解析】品质标志一般不用数值表示，但无论哪种指标都必须用数值表示。

24. 对。【解析】统计学主要研究总体数量方面的特征，通过总体的数量规律性研究总体的内在规律性。

25. 错。【解析】工资收入水平是每个总体单位都具备的基本属性，可以用数值表示，是数量标志；每个人的工资收入水平不完全一样，是具体的表现，属于数量标志表现。

26. 错。【解析】统计一般采用归纳法推断总体情况，不特别关注个体。

27. 错。【解析】样本中包含的个体数称为样本容量。

28. 对。【解析】可变标志是指在每个个体上的具体表现不相同的标志；指标是反映现象总体数量特征的概念及其数值。从广义上看，变量不仅指可变的数量标志，也包括可变的品质标志。因此，可变标志是变量。

29．错。【解析】统计研究以定量研究为主，但也需要定性研究，比如相关分析。

30．错。【解析】数量标志是用数值表示，所有指标也是用数值表示。

31．对。【解析】所有的统计研究都是建立在对事物的初步定性研究基础之上的，统计研究是在定性的基础上进一步通过数量规律性寻求事物内在发展规律性。

32．错。【解析】统计虽然关注总体规律性，但总体是由个体组成的，只有对个体的描述、推断才能获得总体的规律性。

33．对。【解析】统计学是研究数据的规律性，不同的分析方法可能得到不一样的结论，但事物的规律一定是稳定的，所以统计人员要遵循统计伦理，从客观实际出发开展无倾向性的统计研究。

34．错。【解析】虽然城市社会经济调查队只调查部分家庭的状况，但是随机抽样是可以进行推断统计的，是可以代表全国居民家庭基本情况的。

35．错。【解析】统计分组是将复杂问题简单化的科学方法论应用，对总体来说是分，对个体来说是合。

36．错。【解析】具有相同性质的同类事物都可以构成总体，无论是何种类型的企业，其共性是企业，可以形成总体。

37．对。【解析】全国工业企业是总体，每一个工业企业是总体单位，工业总产值是属性，可以用数值表示，属于可变数量标志。

38．对。【解析】学生成绩可以用等级表示，属于定序尺度；也可以用百分制表示，属于定比尺度；也可以用积点表示，属于定距尺度。

39．对。【解析】根据企业类型划分企业是定类分析。

40．错。【解析】定距尺度和定比尺度的最大区别是有没有真正的零点。定距数据没有绝对零点，定比数据有绝对零点。

41．对。【解析】统计最基本的是要有统计数据，统计数据通过调查获取，是最基础的环节。

42．错。【解析】全面调查适用于有限总体，一般关乎国计民生的重大事项采用全面调查，但其他调查也不排除全面调查。

43．错。【解析】无论是时期现象还是时点现象，都可以采用经常性调查和一次性调查。

44．对。【解析】研究目的不同研究对象的选取不同，研究内容的确定也不一样。

45．错。【解析】工业企业设备普查中，每台设备是调查单位，每个企业是报告单位。

46．错。【解析】一般时点现象调查需要确定统一的标准时点，所获取数据才具有可比性。

47．对。【解析】社会经济调查一般数据越全面越好，但是无法或不宜定期报表的资料也可采用抽样调查获取。

48．对。【解析】重点调查和典型调查依赖于重点单位和典型单位的存在。重点单位和典型单位都是比较少的，在量的方面或质的方面具有代表性。

49．错。【解析】无论是重点调查还是典型调查都是有倾向性的调查，不能用于推断总体。在所有调查方法中，只有抽样调查才可以用于总体的推断。

50．错。【解析】典型调查只能研究质的方面，只能进行非全面调查，不可能所有总体单位都是典型单位。

51．错。【解析】典型调查是研究在质上具有优势的总体单位进行调查，不是随机抽取的。

52．错。【解析】重点调查是对重点单位进行的非全面调查，用以对总体情况进行初步了解和把握。

53．对。【解析】统计学从事物质性研究开始，用数量研究方法展开。

54．错。【解析】总体是由个体形成的，总体的研究是从个体开始的。

55．对。【解析】总体单位的差异性是进行统计研究的动力和前提，没有差异就没有研究的必要性。

56．错。【解析】统计变异是指总体单位标志表现的不一致。

57．对。【解析】统计学和数学的一个重要区别就是统计学是具体的现象，数学是一般的规律。

58．对。【解析】标志是总体单位的基本属性，没有总体单位就没有标志。

59．对。【解析】统计指标包括总体单位总量指标和标志总量指标，其前提是同质现象才能加总。

60．错。【解析】品质标志用文字表示，无法加总，不能形成指标。

第二章
统计数据的描述

第一节　知识结构

（1）根据统计研究的目的和任务，对统计调查和科学试验获得的大量原始资料进行科学的分类、汇总，或对已经加工过的资料进行再加工，使之成为系统化、条理化、标准化的能反映总体特征的综合统计资料的工作过程称为统计数据整理。统计数据整理的意义：第一，对资料进行加工整理使之系统化，以便通过综合指标对总体做出概括性的说明；第二，统计整理是整个统计工作和研究过程的中间环节，是统计调查的继续，也是统计分析的基础；第三，统计整理是积累历史资料的必要手段。

（2）统计数据整理的基本步骤：设计方案、资料审核、数据分组、统计汇总、编制图表。

（3）统计数据审核包括完整性审核、准确性审核、适应性审核和时效性审核。

（4）根据统计研究的需要，按照一定的标志，将统计总体划分为若干个组成部分的统计方法称为统计分组。分组对总体来说是分，对个体来说是合。统计分组遵循穷尽性、互斥性、组间差异性、组内同质性等基本原则。统计分组的基本作用是划分事物类型、反映内部结构、体现依存关系。

（5）统计分组类型包括简单分组、复合分组、单列式分组、组距式分组等。

（6）集中趋势是指一组数据向其中心值靠拢的倾向，测度集中趋势也就是寻找数据一般水平的代表值或中心值。集中趋势指标包括位置平均数和数值平均数。位置平均数包括众数、中位数、分位数，数值平均数包括算术平均数、加权平均数、调和平均数、几何平均数等。

（7）众数是一组数据中出现次数最多的变量值，适合于数据量较多的时候，一组数可能有一个众数，也可能有多个众数，还可能没有众数。众数是一种位置代表值，应用场合比较有限，只有在总体单位比较多，而且又明显集中于某个变量值时，众数才有意义。

（8）中位数是指排序后处于中间位置的值，将数据分为两个50%，不受极端值影响，可以用于顺序数据，也可用于数值型数据，但不能用于分类数据。

（9）算术平均数是各总体单位某一数量标志值的平均数，是集中趋势的最常用测度值，也是一组数据的均衡点所在，体现了数据的必然性特征，容易受极端值的影响。如果某些标志值多次出现就引申出加权平均数，如果已知条件变为不知道频数就引申出调和平均数。本质来说，加权平均数、调和平均数都是算术平均数的变形。算术平均数具有以下基本性质：

①平均数与总体单位数的积等于总体标志总量；

②若每个变量值(X)加减一任意常数α，则平均数也加减这个任意值α；

③若每个变量值(X)乘以一任意常数α，则平均数也乘以这个任意值α；

④若每个变量值(X)除以一任意常数$\alpha(\alpha \neq 0)$，则平均数也除以这个任意值α；

⑤各个变量值(X)与算术平均数的离差和为零；

⑥各个变量值(X)与算术平均数X的离差平方和为最小值。

（10）几何平均数是n个变量值乘积的n次方根，适用于对比率数据、等比关系数据的平均，主要用于计算平均增长率，如平均利率、平均发展速度、平均合格率等。

（11）变量分布离散程度测度指标包括极差、内距、平均差、方差、标准差、标准差系数等。极差是一组数最大值和最小值之差，是离散程度的最简单测度值，容易受极端值影响。内距是上四分位数与下四分位数之差，反映了中间50%数据的离散程度，不受极端值的影响，可用于衡量中位数的代表性。平均差是各标志值对其算术平均数的离差绝对值的平均数，具有比较好的代表性。方差是各个数据与其算术平均数的离差平方和的平均数，是最常见的离散程度度量指标，不仅反映了数据的分布，也反映了各变量值与均值的平均差异。方差以均值为中心，提取了全部数据中的离差信息，这使得它在反映离散程度方面更为全面。离散系数又称"变异系数"，是用来说明标志变异程度的相对指标，通常指标准差与平均数之比，一般以百分数表示。离散系数小，说明标志变动程度小，平均数代表性好；反之，则说明标志变动程度大，平均数代表性差。

（12）偏度是对数据分布偏斜方向及程度的测度。峰度是数据分布扁平程度的测度。

（13）数据经整理后使之进一步表格化，便形成统计表。统计表是由纵横交叉线条所绘制的表格来表现统计资料的一种形式。统计表一般由表头（总标题）、行标题、列标题和数字资料四个主要部分组成，必要时可以在统计表的下方加上表外附加说明信息。

（14）统计图是根据统计数据，用几何图形、事物形象和地图等绘制的各种图形。它具有直观、形象、生动、具体等特点。统计图一般由图形、图号、图目、图注等组成。

（15）常见的统计图有条形图、扇形图、饼图、折线图、散点图、折线图、直方图、茎叶图、箱线图等。

一、单项选择题

1. 某城市 60 岁以上老人的随机年龄抽样数据分别是：68、73、66、76、89。上述调查数据的中位数是（　　　）。

    A. 68　　　　　　　　　　　　B. 73

    C. 76　　　　　　　　　　　　D. 74.5

2. 美国 10 家公司在电视广告上的花费为：72、63.1、54.7、54.3、29、26.9、25、23、20、32。下面图示法不适宜用于描述这些数据的是（　　　）。

    A. 茎叶图　　　　　　　　　　B. 散点图

    C. 直方图　　　　　　　　　　D. 饼图

3. 统计平均数反映的是同质总体（　　　）。

    A. 各单位不同标志值的一般水平

    B. 某一单位标志值的一般水平

    C. 某一单位不同标志值的一般水平

    D. 各单位某一数量标志的标志值的一般水平

4. 计算平均指标最常用的方法和最基本的形式是（　　　）。

    A. 中位数　　　　　　　　　　B. 调和平均数

    C. 众数　　　　　　　　　　　D. 算术平均数

5. 权数对加权算术平均数的影响，决定于（　　　）。

    A. 各组标志值的数值大小

    B. 权数的绝对数大小

    C. 各组单位数占总体单位数比重的大小

    D. 总体单位数的多少

6. 标准差系数抽象为（　　　）。

    A. 总体指标数值大小的影响

    B. 总体单位数多少的影响

    C. 各组单位数占总体单位总数比重的影响

    D. 平均水平高低的影响

7. 已知四个水果店苹果的单价和销售额，要求计算四个商店苹果的平均单价，应该采用（　　　）。

    A. 简单算术平均数　　　　　　B. 加权算术平均数

    C. 加权调和平均数　　　　　　D. 几何平均数

8. 如果分配数列把频数换成频率，那么方差（　　　）。

    A. 不变　　　　　　　　　　　B. 增大

    C. 减小　　　　　　　　　　　D. 无法预期其变化

9. 某商店在制定男式衬衫进货计划时，需了解已售衬衫的平均尺寸，则应计算（　　）。

    A. 算术平均数　　　　　　　　　　B. 调和平均数

    C. 几何平均数　　　　　　　　　　D. 众数

10. 现有一列数，3，9，27，81，729，2 187，反映其平均水平最好用（　　）。

    A. 算术平均数　　　　　　　　　　B. 调和平均数

    C. 几何平均数　　　　　　　　　　D. 中位数

11. 某企业 2016 年职工平均工资为 5 200 元，标准差为 110 元，2017 年职工平均工资增长了 40%，标准差扩大到 150。职工平均工资的相对变异（　　）。

    A. 增大　　　　　　　　　　　　　B. 减小

    C. 不变　　　　　　　　　　　　　D. 不能比较

12. 在变异指标中，数值越小则（　　）。

    A. 反映变量值越分散，平均数代表性越低

    B. 反映变量值越集中，平均数代表性越高

    C. 反映变量值越分散，平均数代表性越高

    D. 反映变量值越集中，平均数代表性越低

13. 两个总体的平均数不等，但标准差相等，则（　　）。

    A. 平均数小，代表性大　　　　　　B. 平均数大，代表性大

    C. 两个平均数代表性相同　　　　　D. 无法进行正确判断

14. 已知某企业各类职工的工资水平和相应的职工人数，要计算全体职工平均工资应采用（　　）。

    A. 简单算术平均数　　　　　　　　B. 加权算术平均数

    C. 简单调和平均数　　　　　　　　D. 加权调和平均数

15. 加权算术平均数的大小（　　）。

    A. 主要受各组标志值大小的影响

    B. 主要受次数多少的影响，而与各组标志值大小无关

    C. 既受各组标志值大小的影响，也受各组次数多少的影响

    D. 既与各组标志值大小无关，也与各组次数多少无关

16. 简单算术平均数作为加权算术平均数的特例，其条件是（　　）。

    A. 各组标志值相等　　　　　　　　B. 各组权数相等

    C. 各组标志值不相等　　　　　　　D. 各组权数不相等

17. 权数对平均数的影响作用实质在于（　　）。

    A. 各组次数的多少　　　　　　　　B. 各组标志值的大小

    C. 各组次数所占比重大小　　　　　D. 次数的多少与标志值的大小

18. 总体各单位标志值与算术平均数离差平方和（　　）。

    A. 等于零　　　　　　　　　　　　B. 为最小值

    C. 为最大值　　　　　　　　　　　D. 无法确定

19. 已知甲乙两商场职工平均工资相等，其标准差分别为 25 元和 30 元，则两商场平均工资的代表性（　　）。

A. 乙小于甲   B. 乙大于甲

C. 相同   D. 无法判断

20. 两个总体的平均数和标准差均不相等（　　　）。

    A. 无法比较平均数代表性大小   B. 可以比较平均数代表性大小

    C. 无法比较离散程度大小   D. 可以通过平均差比较离散程度

21. 以下选项中属于平均指标的是（　　　）。

    A. 人均国民收入   B. 居民家庭人均生活收入

    C. 职工平均工资   D. 人均粮食产量

22. 在分配数列中，当标志值较小，而权数较大时，计算出来的算术平均数（　　　）。

    A. 接近于标志值大的一方   B. 接近于标志值小的一方

    C. 接近于中间的标志值   D. 不受权数的影响

23. 假定把各组标志值所对应的次数都扩大 1 倍，则算术平均数（　　　）。

    A. 也扩大 1 倍   B. 缩小 1 倍

    C. 不变   D. 无法判断

24. 各个变量值与算术平均数的离差之和（　　　）。

    A. 为最小值   B. 为零

    C. 等于各变量值平均数之和   D. 等于各变量值之和的平均数

25. 假定把标志值所对应的次数都缩小 1/2，则众数（　　　）。

    A. 也缩小 1/2   B. 扩大 2 倍

    C. 不变   D. 无法判断

26. 由组距数列确定众数时，如果众数相邻两组的次数相等，则（　　　）。

    A. 众数为零   B. 众数组的组中值就是众数

    C. 众数在众数组内靠近上限   D. 众数在众数组内靠近下限

27. 在计算中位数时，表达式 $\dfrac{\frac{\sum f}{2}-S_{m-1}}{f_m}+\dfrac{\frac{\sum f}{2}-S_{m+1}}{f_m}$ 的值等于（　　　）。

    A. 1   B. f_m

    C. Me D. $\bar{x}$

28. 总体中出现频率最高的标志值是（　　　）。

    A. 算术平均数   B. 几何平均数

    C. 众数   D. 中位数

29. 若各变量的算术平均数为 94，中位数为 96，众数为 100，则该总体为（　　　）。

    A. 正态分布   B. 左偏分布

    C. 右偏分布   D. U 型分布

30. 标志变异指标是综合反映现象总体各单位标志值及其分布（　　　）的指标。

    A. 平均程度   B. 差异程度

    C. 集中程度   D. 相对程度

31. 一次面试有 7 位面试官，某位考生的成绩分别是 78，88，90，92，91，95，78，如果切尾系数为 1/7 时，则该考试最终成绩为（　　）。

    A. 86. 7　　　　　　　　　　　　B. 87. 8

    C. 90. 25　　　　　　　　　　　D. 92. 05

32. 在标志变异指标中，由总体中两个极端值大小决定的是（　　）。

    A. 全距　　　　　　　　　　　　B. 平均差

    C. 标准差　　　　　　　　　　　D. 标准差系数

33. 甲乙两数列性质相同，并且 $\sigma_{甲} > \sigma_{乙}$，则（　　）。

    A. 甲数列平均数的代表性高于乙数列

    B. 乙数列平均数的代表性高于甲数列

    C. 两数列的平均数代表性相同

    D. 无法比较两数列平均数的代表性高低

34. 要比较两个不同总体平均水平也不相同的平均数的代表性高低时，需要用（　　）。

    A. 全距　　　　　　　　　　　　B. 平均差

    C. 标准差　　　　　　　　　　　D. 标准差系数

35. 某班学生的统计学平均成绩是 70 分，最高分是 96 分，最低分是 62 分，根据这些信息，可以计算的离散程度的测度指标是（　　）。

    A. 方差　　　　　　　　　　　　B. 极差

    C. 标准差　　　　　　　　　　　D. 变异系数

36. 大学生每学期花在教科书上的费用平均为 280 元，标准差为 40 元。如果没有其他信息，则可以判断在教科书上的花费超过 360 元的学生占（　　）。

    A. 最少 1/4　　　　　　　　　　B. 最多 1/4

    C. 最多 1/9　　　　　　　　　　D. 最多 1/40

37. 某班学生的平均成绩为 180 分，标准差是 50 分。如果成绩分布不是尖峰分布，可以判断成绩在 330 分以上的学生占（　　）。

    A. 至少 89%　　　　　　　　　　B. 最多 5. 5%

    C. 最多 11%　　　　　　　　　　D. 大约 0. 5%

38. 能最好揭示分布形状的是（　　）。

    A. 均值　　　　　　　　　　　　B. 中位数

    C. 箱线图　　　　　　　　　　　D. 茎叶图

39. 某组数据的四分之一分位数是 45，中位数是 85，四分之三分位数是 105，则该组数据的分布是（　　）。

    A. 右偏的　　　　　　　　　　　B. 对称的

    C. 左偏的　　　　　　　　　　　D. 上述全不对

40. 如果数据的分布是左偏的，下列叙述中正确的是（　　）。

    A. 均值在中位数的右侧　　　　　B. 均值等于中位数

    C. 分布的"尾部"在图形的右边　　D. 均值在中位数的左侧

41. 某班 30 名学生的平均成绩是 75 分，其中 20 名男生的平均成绩是 70 分，那么该班女生的平均成绩为（　　）分。

    A. 80　　　　　　　　　　　　　　　B. 85

    C. 95　　　　　　　　　　　　　　　D. 无法计算

42. 研究人员在分析数据时，通常需要对数据的离散程度或（　　）进行定量描述。

    A. 均值　　　　　　　　　　　　　　B. 众数

    C. 方差　　　　　　　　　　　　　　D. 集中趋势

43. 当（　　）时，均值只受变量值大小的影响，而与次数无关。

    A. 变量值较大而次数较小　　　　　　B. 变量值较大且次数较大

    C. 各变量值出现的次数相等　　　　　D. 变量值较小且次数较小

44. 如果分布是右偏的，则（　　）。

    A. 众数>均值>中位数　　　　　　　B. 众数>中位数>均值

    C. 均值>中位数>众数　　　　　　　D. 均值>众数>中位数

45. 当数据分布不规则时，其均值（　　）。

    A. 趋于变量值大的一方　　　　　　　B. 趋于变量值小的一方

    C. 趋于权数大的变量值　　　　　　　D. 趋于哪方很难确定

46. 在组距数列中，如果每组的次数都增加 10 个单位，而各组的组中值不变，则均值（　　）。

    A. 不变　　　　　　　　　　　　　　B. 上升

    C. 增加 10 个单位　　　　　　　　　D. 无法判断其增减

47. 在组距数列中，如果每组的组中值都增加 10 个单位，而各组的次数不变，则均值（　　）。

    A. 不变　　　　　　　　　　　　　　B. 上升

    C. 增加 10 个单位　　　　　　　　　D. 无法判断其增减

48. 在离散程度的测度中，最容易受极端值影响的是（　　）。

    A. 极差　　　　　　　　　　　　　　B. 四分位数

    C. 标准差　　　　　　　　　　　　　D. 方差

49. 计算标准差时，如果从每个数据中减去 A，则计算结果与原标准差相比（　　）。

    A. 变大　　　　　　　　　　　　　　B. 不变

    C. 变小　　　　　　　　　　　　　　D. 无法确定

50. 在数值集中趋势的测量中，不受极端值影响的测度指标是（　　）。

    A. 均值　　　　　　　　　　　　　　B. 几何平均数

    C. 调和平均数　　　　　　　　　　　D. 众数

51. 已知一组数据的均值为 500，变异系数为 0.3，则方差为（　　）。

    A. 225　　　　　　　　　　　　　　B. 500

    C. 50 000　　　　　　　　　　　　D. 22 500

52. 直方图一般用于表示（　　）。

    A. 次数分布的特征　　　　　　　　　B. 累积次数的分布

    C. 变量之间的函数关系　　　　　　　D. 数据之间的相关性

53. 计算方差所依据的中心数据是（　　　）。

    A. 众数   B. 中位数

    C. 均值   D. 几何平均数

54. 当数据出现零时，不宜计算（　　　）平均数。

    A. 几何   B. 调和

    C. 算术   D. 简单

55. 在计算增长率的平均数时，通常采用（　　　）。

    A. 几何平均数   B. 调和平均数

    C. 算术平均数   D. 简单平均数

56. 对于左偏分布，有（　　　）。

    A. 均值大于中位数   B. 均值大于众数

    C. 均值小于众数   D. 均值大于中位数

57. 标准正态分布的峰度系数（　　　）。

    A. 大于零   B. 等于零

    C. 小于零   D. 大于或等于零

58. 数据的离散程度越大，集中趋势的测度值对该组数据的代表性（　　　）。

    A. 越差   B. 越好

    C. 不变   D. 无法确定

59. 一组数据包含 10 个观察值，则上四分位数的位置为（　　　）。

    A. 4   B. 5

    C. 6   D. 8.25

60. 一组数据包含 9 个观察值，则上四分位数的位置为（　　　）。

    A. 7   B. 8

    C. 7.5   D. 9.5

61. 某连续变量分为五组：第一组为 40~50，第二组为 50~60，第三组为 60~70，第四组为 70~80，第五组为 80 以上。依习惯上规定（　　　）。

    A. 50 在第一组，70 在第四组   B. 60 在第二组，80 在第五组

    C. 70 在第四组，80 在第五组   D. 80 在第四组，50 在第二组

62. 某企业对所属车间的生产计划完成百分比采用如下分组，请指出正确的分组（　　　）。

A. 80%~89%	B. 80%以下	C. 90%以下	D. 85%以下
90%~99%	80.1%~90%	90%~100%	85%~95%
100%~109%	90.1%~100%	100%~110%	95%~105%
110%以上	100.1%~110%	110%以上	105%~115%

63. 某企业职工的工资分为四组：① 800 元以下；② 800~1 000 元；③ 1 000~1 500 元；④ 1 500 元以上。则 1 500 元以上的这组组中值应近似为（　　　）。

    A. 1 500 元   B. 1 600 元

    C. 1 750 元   D. 2 000 元

64. 某连续变量，其末组为开口组，下限为 600，又知其邻组的组中值为 570，则

其末组的组中值为（　　　）。

    A. 690　　　　　　　　　　　　B. 610

    C. 620　　　　　　　　　　　　D. 630

65. 分布数列反映（　　　）。

    A. 总体单位标志值在各组的分布状况

    B. 总体单位在各组的分布状况

    C. 总体单位标志值的差异情况

    D. 总体单位的差异情况

66. 一般情况下，按年龄分组的人口死亡率表现为（　　　）。

    A. 钟型分布　　　　　　　　　B. 正 J 型分布

    C. U 型分布　　　　　　　　　D. S 型分布

67. 在次数分布数列中，频率是指（　　　）。

    A. 各组的频率相互之比　　　　B. 各组次数相互之比

    C. 各组分布次数与频率之比　　D. 各组分布次数与总次数之比

68. 甲乙两组工人的月平均工资分别为 1 800 元和 1 500 元。若两组工人的月平均工资不变，但甲组工人数占两组工人总数的比重上升，则两组的月总平均工资会（　　　）。

    A. 下降　　　　　　　　　　　B. 上升

    C. 不变　　　　　　　　　　　D. 可能上升，也可能下降

69. 甲厂日平均产量 40 件，标准差 4.4 件，乙厂工人日平均产量 35 件，标准差 4.2 件，因此（　　　）。

    A. 甲厂日平均产量代表性好一些

    B. 乙厂日平均产量代表性好一些

    C. 无法比较哪个班平均成绩代表性好

    D. 两个厂日平均产量代表性一样

70. 某工厂新工人日工资 400 元，工资总额为 200 000 元，老工人日工资 800 元，工资总额 80 000 元，则平均工资为（　　　）。

    A. 600 元　　　　　　　　　　B. 533.33 元

    C. 466.67 元　　　　　　　　　D. 500 元

71. 对事物的认识从感性到理性的统计工作为（　　　）。

    A. 统计方法　　　　　　　　　B. 统计调查

    C. 统计分析　　　　　　　　　D. 统计整理

72. 抽样调查与典型调查都是非全面调查，两者的本质区别是（　　　）。

    A. 组织方式不同　　　　　　　B. 灵活程度不同

    C. 作用不同　　　　　　　　　D. 选取调查单位的方法不同

73. 在编制组距数列时，影响各组次数多少的主要因素是（　　　）。

    A. 组数　　　　　　　　　　　B. 组中值

    C. 组距　　　　　　　　　　　D. 组距和组数

74. 凡遇到某单位的标志值刚好等于相邻两组上下限数值时，一般是（　　　）。

A. 另立一组　　　　　　　　　B. 此值归入两组均可

C. 将此值归入上限所在组　　　D. 将此值归入下限所在组

75. 在下列两两组合的平均指标中，不受极端数值影响的是（　　）。

　　A. 算术平均数和调和平均数　　B. 调和平均数和众数

　　C. 几何平均数和众数　　　　　D. 众数和中位数

76. 已知某班 50 名学生，其中男女同学各占一半，则该班学生性别比（成数）方差为（　　）。

　　A. 25%　　　　　　　　　　　B. 30%

　　C. 40%　　　　　　　　　　　D. 50%

77. 如果所有标志值的频数都减少为原来的 1/5，而标志值仍然不变，那么算术平均数（　　）。

　　A. 扩大到 5 倍　　　　　　　　B. 不变

　　C. 减少为原来的 1/5　　　　　D. 不能预测其变化

78. 某班 45 名学生中，25 名男生某门课的平均成绩为 78 分，20 名女生的平均成绩为 82 分，则全班平均成绩为（　　）分。

　　A. 80. 38　　　　　　　　　　B. 80

　　C. 79. 78　　　　　　　　　　D. 79. 28

79. 某小组 40 名职工，每人工作天数相同。其中 20 人每天工作 10 小时，15 人每天工作 8 小时，5 人每天工作 6 小时。则计算该组职工平均每天工作时数应采用（　　）。

　　A. 简单调和平均数　　　　　　B. 简单算术平均数

　　C. 加权算术平均数　　　　　　D. 加权调和平均数

80. 下列受极端值影响最小的标志变异指标是（　　）。

　　A. V_σ 和 $V_{A.D}$　　　　　　　　B. 全距

　　C. 标准差　　　　　　　　　　D. 平均差

81. 平均差与标准差的主要区别是（　　）。

　　A. 适用条件不同　　　　　　　B. 对离差的数学处理方法不同

　　C. 反映了变异程度的不同　　　D. 意义有本质的不同

82. 各变量值与其算术平均数离差平方的平均数称为（　　）。

　　A. 平均差　　　　　　　　　　B. 方差

　　C. 标准差　　　　　　　　　　D. 极差

83. 离散系数主要用于（　　）。

　　A. 反映一组数据的离散程度　　B. 反映一组数据的平均水平

　　C. 比较多组数据的平均水平　　D. 比较多组数据的离散程度

84. 某大学经济学院有 1 200 名学生，管理学院 800 名学生，人文学院 320 名学生，理学院 200 名学生，在上面描述中，众数是（　　）。

　　A. 经济学院　　　　　　　　　B. 1 200

　　C. 800　　　　　　　　　　　D. 200

85. 在编制组距数列时，在全距不变的情况下，组距和组数的关系是（　　）。

A. 正比例关系   B. 反比例关系

C. 乘积关系   D. 毫无关系

86. 频数分布用于表明（   ）。

    A. 总体单位在各组的分布状态   B. 各组变量值构成情况

    C. 各组标志值分布情况   D. 各组变量值的变动程度

87. 变量数列的构成要素是（   ）。

    A. 分组标志和指标   B. 分组标志和次数

    C. 分组的数量标志值和频数   D. 分组的品质标志属性和频数

88. 下列哪一种资料适合编制单项数列（   ）。

    A. 连续型变量且各变量值变动比较均匀

    B. 离散型变量且变量值的种类数较少

    C. 连续型变量且各变量值变动幅度较大

    D. 离散型变量且各变量值变动幅度较大

89. 某组向上累计次数表示（   ）。

    A. 大于该组上限的次数有多少   B. 大于该组下限的次数有多少

    C. 小于该组上限的次数有多少   D. 小于该组下限的次数有多少

90. 下列选项中属于平均指标的是（   ）。

    A. 员工的平均工资   B. 员工劳动生产率

    C. 某地区人均国内生产总值   D. 某城市平均每户拥有空调的数量

91. 平均数反映了（   ）。

    A. 总体分布的集中趋势   B. 总体内总体单位分布的集中趋势

    C. 总体分布的离散趋势   D. 总体变动的状况

92. 某厂有两个车间生产同一产品，2019 年甲车间工人平均月产量为 150 件，乙车间为 170 件；2020 年甲车间工人在全厂工人中的比重提高，乙车间的比重下降。如果两车间工人平均月产量不变，2020 年全厂平均月产量比 2019 年平均月产量（   ）。

    A. 增加   B. 减少

    C. 持平   D. 不能做结论

93. 对甲、乙两个工厂生产的饮料质量进行检查，不合格率分别为 5% 和 8%，在生产总量相同的情况下饮料不合格品数量是（   ）。

    A. 甲>乙   B. 甲<乙

    C. 甲＝乙   D. 无法判断

94. 将统计总体按一定的标志划分为若干组成部分的统计方法是（   ）。

    A. 统计整理   B. 统计分析

    C. 统计调查   D. 统计分组

95. 国民收入水平分组是（   ）。

    A. 品质标志分组   B. 数量标志分组

    C. 复合标志分组   D. 混合标志分组

96. 将 25 个企业按产值分组而编制的变量数列中，变量值是（   ）。

    A. 产值   B. 企业数

C. 各组的产值数   D. 各组的企业数

97. 统计分组的核心是（   ）。

     A. 选择分组的标志   B. 划分各组界限

     C. 区分事物的性质   D. 对分组资料再分组

98. 划分连续变量的组限和划分离散变量的组限时，相邻组的组限（   ）。

     A. 必须重叠   B. 必须间断

     C. 前者必须重叠，后者可以间断   D. 前者必须间断，后者必须重叠

99. 某连续变量数列，其末组为开口组，下限为 500，其邻组的组中值为 480，则末组的组中值为（   ）。

     A. 520   B. 510

     C. 500   D. 490

100. 按同一数量标志分组时（   ）。

     A. 只能编制一个分组数列   B. 只能编制一个组距数列

     C. 只能编制组距数列   D. 可以编制多种分布数列

二、多项选择题

1. 在组距数列中，组中值是（   ）。

     A. 上限和下限之间的中点数值

     B. 在开放式分组中，可参照相邻组的组距来确定

     C. 可用来代表各组标志值的平均水平

     D. 在开放式分组中无法确定

     E. 开口组缺少上限或者下限，因此开口组没有组中值

2. 对于离散型变量数列（   ）。

     A. 对于变量值项数少的可编制单项数列

     B. 对于变量值项数多的可编制组距式数列

     C. 只能编制单项式数列

     D. 既能编制单项式数列，也能编制组距式数列

     E. 既不能编制单项式数列，也不能编制组距式数列

3. 统计分布必须满足的条件是（   ）。

     A. 各组的向下累计频率小于 1   B. 各组的向上累计频率大于 1

     C. 各组的频率总和等于 1   D. 各组的频数大于 0

     E. 各组的频数之和等于 1

4. 在下列哪些情况下，必须计算离散系数来比较两数列的离散程度大小（   ）。

     A. 平均数大的标准差小，平均数小的标准差大

     B. 平均数大的标准差亦大，平均数小的标准差亦小

     C. 两数列的计量单位不同，比较对象不同

     D. 两数列标准差相等

     E. 两数列平均值相等

5. 标志变异指标中的标准差和变异系数的区别是（   ）。

A. 与平均数的关系不同　　　　　　B. 指标表现形式不同

C. 两者的计算方法不同　　　　　　D. 两者的适用条件不同

E. 两者的计算公式不同

6. 下列哪些情况应采用算术平均数（　　　）。

A. 已知某种产品在不同集贸市场上的销售单价和销售额，求平均价格

B. 已知某种产品在不同集贸市场上的销售单价和销售量，求平均价格

C. 已知生产同种产品的四个企业的计划完成程度和计划产量，求平均计划完成
程度

D. 已知生产同种产品的四个企业的计划完成程度和实际产量，求平均计划完成
程度

E. 已知某种产品销售额和销售数量，求平均价格

7. 计算与应用相对指标应注意的原则有（　　　）。

A. 把相对指标和分组法结合运用　　B. 保持对比指标的可比性

C. 把相对指标和绝对指标结合起来　D. 把多种相对指标结合起来运用

E. 一定要通过分组进行对比分析

8. 统计整理是（　　　）。

A. 统计调查的继续

B. 统计汇总的继续

C. 统计调查的基础

D. 统计分析的前提

E. 对社会经济现象从个体量观察到总体量认识的连续点

9. 统计分组（　　　）。

A. 是一种统计方法　　　　　　　　B. 对总体来说是"组"

C. 对总体来说是"分"　　　　　　　D. 对个体来说是"组"

E. 对个体来说是"分"

10. 统计分组的关键在于（　　　）。

A. 按品质标志分组　　　　　　　　B. 按数量标志分组

C. 选择分组标志　　　　　　　　　D. 划分各组界限

E. 按主要标志分组

11. 按分组标志特征不同，分配数列可以分为（　　　）。

A. 等距数列　　　　　　　　　　　B. 异距数列

C. 品质数列　　　　　　　　　　　D. 变量数列

E. 次数与频率

12. 分配数列的基本组成要素是（　　　）。

A. 品质标志　　　　　　　　　　　B. 数量标志

C. 各组名称　　　　　　　　　　　D. 次数

E. 分组标志

13. 统计分组（　　　）。

A. 是全面研究社会经济现象的重要方法

B. 可将复杂社会经济现象分类

C. 可分析总体内部结构

D. 可采用多种标志分组

E. 有利于揭示现象之间的依存关系

14. 分组标志的选择（　　　）

A. 是对总体划分的标准　　　　　　　B. 要根据统计研究目的进行

C. 要适应被研究对象的特征　　　　　D. 必须是数量标志

E. 必须考虑历史资料的可比性

15. 影响频数分布的要素是（　　　）。

A. 变量值的大小　　　　　　　　　　B. 变量性质不同

C. 选择的分组标志　　　　　　　　　D. 组距和组数

E. 组限与组中值

16. 组距数列中，组距的大小与（　　　）。

A. 组数的多少成正比　　　　　　　　B. 组数的多少成反比

C. 总体单位数多少成反比　　　　　　D. 全距的大小成正比

E. 全距大小成反比

17. 在组距数列中，组中值（　　　）。

A. 是上限和下限的中点数

B. 是用来代表各组标志值的平均水平

C. 在开口组中无法确定

D. 在开口组中，可以参照相邻组的组距来确定

E. 就是分组平均值

18. 现将某班 40 名学生按成绩分为不及格、及格、中等、良好、优秀五个等级，这种分组（　　　）。

A. 形成变量数列　　　　　　　　　　B. 形成组距数列

C. 形成品质分布数列　　　　　　　　D. 形成开口分组

E. 是按品质标志分组

19. 加权算术平均数等于简单算术平均数是在（　　　）。

A. 各组变量值不相同的情况下　　　　B. 各组次数相等的条件下

C. 各组权数都为 1 的条件下　　　　　D. 在分组组数较少的条件下

E. 各组次数不相等的条件下

20. 下列选项中，可以应用加权算术平均法计算平均数的有（　　　）。

A. 由各个工人的工资额计算平均工资

B. 由工人按工资分组的变量数列计算平均工资

C. 由工人总数和工资总额求平均工资

D. 由各个环比发展速度求平均发展速度

E. 由各产品等级及各级产品产量求平均等级

21. 下列选项中关于权数的描述，正确的是（　　　）。

A. 权数是衡量相应的变量对总平均数作用的强度

B. 权数起作用在于次数占总次数的比重大小

C. 权数起作用在于次数本身绝对值大小

D. 权数起作用的前提之一是各组的变量值必须互有差异

E. 权数起作用的前提之一是各组的频率必须有差异

22. 下列选项中，加权算术平均数和加权调和平均数计算方法的选择应根据已知资料的情况而定的有（   ）。

A. 掌握基本形式的分母用加权算术平均数计算

B. 掌握基本形式的分子用加权算术平均法计算

C. 掌握基本形式的分母用加权调和平均法计算

D. 掌握基本形式的分子用加权调和平均法计算

E. 没有无基本形式的分子、分母，无法计算平均数

23. 某小组 3 名工人构成的总体的日工资分别为 102 元、104 元、109 元，根据这一资料计算的各种标志变异指标的关系是（   ）。

A. 全距大于平均差   B. 全距大于标准差

C. 标准差大于平均差   D. 标准差大于标准差系数

E. 平均差系数小于标准差系数

24. 利用标准差比较两个总体的平均数代表性大小，要求（   ）。

A. 两个总体的平均数相等   B. 两个总体的单位数相等

C. 两个总体的标准差相等   D. 两个总体平均数的计量单位相等

E. 两个总体平均数反映的现象相同

25. 在比较两个总体的平均数代表性大小时，（   ）。

A. 如果两个总体的平均数相等，可用标准差来比较

B. 如果两个总体的平均数相等，可用标准差系数来比较

C. 如果两个总体的平均数不等，可用标准差来比较

D. 如果两个总体的平均数不等，不能用标准差来比较

E. 如果两个总体的平均数不等，可用标准差系数来比较

26. 两组工人加工同样的零件，第一组工人每人加工零件数为：32、25、29、28、26，第二组工人每人加工零件数为：30、25、22、26、27。这两组工人加工零件数的变异程度（   ）。

A. 第一组变异程度大于第二组   B. 第二组变异程度大于第一组

C. 第一组方差大于第二组   D. 第二组方差大于第一组

E. 无法比较

27. 下列分组中属于品质标志分组的有（   ）。

A. 按职工年龄分组   B. 按企业所有制类型分组

C. 按教师职称分组   D. 按地区分组

E. 按人口文化程度分组

28. 从构成要素看，统计表的构成包括（   ）。

A. 总标题   B. 分标题

C. 数字资料   D. 主词

E. 数据单位

29. 某厂100名工人按工资额分为4 600元以下，4 600~5 000元，5 000~5 400元，5 400~5 800元，5 800元以上五个组，这一分组（　　）。

    A. 分组标志是连续型变量

    B. 末组组中值为6 000

    C. 相邻的组限是重叠的

    D. 某人工资5 000元应计入4 600~5 000元组

    E. 该分组是等距分组

30. 下列指标中，反映数列中所有数值变异大小的指标有（　　）。

    A. 全距   B. 平均差

    C. 标准差   D. 离散系数

    E. 四分位差（内距）

31. 下列选项中关于全距的说法正确的有（　　）。

    A. 只能说明变量值变异的范围

    B. 不反映所有变量值差异的大小

    C. 反映数据的分配状况

    D. 最大的缺点是受极端值的影响

    E. 当全距小时说明标志变异小，当全距大时不能说明标志变异大

32. 变量数列中各标志值的差异程度可以通过标准差系数进行比较，因为标准差系数（　　）。

    A. 消除了数列中各标志值计量单位的影响

    B. 消除了数列水平影响

    C. 消除了数列中次数多少的影响

    D. 消除了各标志值差异的影响

    E. 消除了各总体类别的影响

33. 不同总体的标准差不能直接进行对比，是因为（　　）。

    A. 平均数不一致   B. 标准差不一致

    C. 计量单位不一致   D. 总体单位数不一致

    E. 比较对象不一致

34. 标志变异指标可以带单位的有（　　）。

    A. 全距   B. 平均差

    C. 标准差   D. 标准差系数

    E. 方差

35. 下列变量数量中可以计算算术平均数的有（　　）。

    A. 变量数列   B. 等距变量数列

    C. 品质变量数列   D. 不等距变量数列

    E. 重叠组限变量数列

36. 众数是（　　）。

    A. 位置平均数   B. 不受极端值的影响

C. 总体中出现次数最多的标志值

D. 处于变量数列中点位置的标志值

E. 可以用于定类数据、定序数据和数值型数据

37. 平均指标的作用表现在（　　　）。

A. 反映总体各单位数量标志值的一般水平

B. 反映总体的总规模或总水平

C. 测定总体各单位的离散型程度

D. 测定总体各单位的集中趋势

E. 在统计应用中最常见最重要的指标之一

38. 下列指标属于位置平均数的有（　　　）。

A. 众数　　　　　　　　　　　　B. 中位数

C. 算术平均数　　　　　　　　　D. 分位数

E. 几何平均数

39. 下列选项中关于算术平均数的说法正确的有（　　　）。

A. 平均数与总体单位数的积等于总体标志总量

B. 若每个变量值加减一任意常数 α，则平均数也加减这个任意值 α

C. 若每个变量值乘除任意一不为零的常数 α，则平均数也乘除这个任意值 α

D. 各个变量值与算术平均数的离差和为零

E. 各个变量值与算术平均数的离差平方和为最小值

40. 下列选项中关于统计表设计规则正确的有（　　　）。

A. 合理安排统计表的结构，行标题、列标题、数字资料的位置应安排合理

B. 表头一般应包括表号，总标题和表中数据的单位等内容，满足 3W 要求

C. 数据计量单位相同时，可放在表的右上角或总标题下方标明，不同时应放在每个指标后或单列出一列标明

D. 统计表一般为横长方形，上下两端封闭且为粗线，左右两端开口，必要时可在表的下方加上注释，特别要注明资料来源

E. 统计表经审核后，制表人和填报单位应签名并盖章

三、判断题

1. 当各组的变量值所出现的次数相等时，加权算术平均值中的权数就失去作用，因此加权算术平均值也就等于简单算术平均数。（　　　）

2. 算术平均数反映总体各单位标志值的离中趋势。（　　　）

3. 中位数是位置平均数，不受极端值的影响。（　　　）

4. 全距易受极端值的影响。（　　　）

5. 众数是总体中出现最多的次数。（　　　）

6. 在组距数列中计算平均指标具有一定的假定性。（　　　）

7. 简单算术平均数是各组标志值相等的加权算术平均数的特例。（　　　）

8. 权数对算术平均数的影响作用实质体现在各组次数的多少上。（　　　）

9. 当两个数列的平均水平不相等时，应利用标准差系数判断平均数的代表性。
（　　）

10. 如果只有各组标志总量和各组变量值，缺少总体单位数的资料，需利用调和平均数计算平均值。
（　　）

11. 重点调查的误差可以事先计算和控制。
（　　）

12. 编制组距数列在具体确定组距时，应使组距能体现组间资料的差异性和组内资料的同质性。
（　　）

13. 分组以后，各组的频数越大，则组的标志值对于全体标志水平所起的作用也越大；而各组的频率越大，则组的标志值对全体标志水平所起的作用越小。
（　　）

14. 典型调查可以从数量上推断总体，因其也遵守随机原则。
（　　）

15. 普查一般用来调查属于一定时点上社会经济现象的数量，它并不排斥对属于时期现象的项目的调查。
（　　）

16. 平均指标抽象了各单位标志值数量差异。
（　　）

17. 权数的最大作用是对各单位标志值在总平均值中起到权衡轻重的作用。
（　　）

18. 对于未分组资料，中位数等于 $(n + 1)/2$，这里 n 为奇数。
（　　）

19. 某一变量的 10 个变量值总和为 100，它们的平方和为 1 500，则方差为 500。
（　　）

20. 如果每个变量值的权数（次数）都减小 10%，则总平均数也减小 10%。
（　　）

21. 权数既可以是绝对数，也可以是相对数，影响平均指标大小的是绝对数。
（　　）

22. 平均数总是接近次数最多的那个变量值。
（　　）

23. 平均指标反映的是总体的集中趋势，标志变异指标反映的是总体的离散程度或离中趋势。
（　　）

24. 平均指标对总体的代表性大小与标志变动度大小成正比关系。
（　　）

25. 标志变异指标既反映数列中各标志值的共性，又反映它们之间的差异。（　　）

26. 若两组数据的平均数与标准差均相同，则其分布也是相同的。
（　　）

27. 统计分组的关键是正确选择分组标志。
（　　）

28. 简单分组涉及总体的某一个标志，复合分组则涉及总体两个或两个以上标志，因此，将两个简单分组排列起来，就是复合分组。
（　　）

29. 经过统计分组后，各组内部单位之间的差异被模糊了，不同组别之间的单位差异被突出了。
（　　）

30. 编制变量数列时，若资料有特大或特小的极端值，则采用开口组较适宜。
（　　）

31. 某公司将员工按文化程度分组而形成的数列是一个单项式分布数列。（　　）

32. 划分各组界限，就是要在分组标志的变动范围内，划定相邻组的性质差异和数量界限。
（　　）

33. 组距的确定，主要是考虑组内的同质性以及能否反映总体分布特点或原始资料的集中程度和实际情况，在变量值分布不规则、有疏有密的资料中，适用不等距数列。

（　　）

34. 组中值可以近似地表示各组变量值的平均水平。（　　）

35. 统计分组是编制分配数列的基础。（　　）

36. 按一个标志分组的就是简单分组，按两个或两个以上标志分组的就是复合分组。（　　）

37. 用加权平均数计算标准差，适合于未经分组的原始资料。（　　）

38. 平均指标反映总体各单位变量值分布的集中趋势，变异指标则反映其离散趋势。

（　　）

39. 平均差和标准差都表示各标志值对算术平均数的平均离差。（　　）

40. 在同一个总体中，算术平均数、中位数和众数始终是相等的。（　　）

41. 数据审核包括完整性审核、准确性审核、适应性审核和时效性审核。（　　）

42. 统计分组应该遵循穷尽性原则和互斥性原则，保证每个标志表现都进入一个分组，每个标志表现也只能进入一个分组。（　　）

43. 在数据分组时一般对均匀分布事物采用等距分组，对明显有偏斜的事物可采用不等距分组。（　　）

44. 测度集中趋势主要是为了寻找数据一般水平的代表值或中心值。（　　）

45. 众数是一种位置代表值，应用场合比较有限，只有在总体单位数比较多，而且又明显地集中于某个变量值时，众数才有意义。（　　）

46. 中位数主要用于顺序数据，也可用于数值型数据，较少用于分类数据和定序数据。（　　）

47. 几何平均数受极端值的影响较算术平均数要小。（　　）

48. 在所有的离中趋势指标中，方差不仅反映了数据的分布，也反映了各变量值与均值的平均差异；以均值为中心，提取了全部数据中的离差信息，这使得它在反映离散程度方面更为全面。（　　）

49. 偏度系数大于零说明是左偏分布，偏度系数小于零说明是右偏分布。（　　）

50. 直方图既能给出数据的分布状况，又能给出每一个原始数值，保留了原始数据的信息，是一种使用场合较多的统计图。（　　）

四、计算题

1. 某工业集团公司工人工资情况如下：

工资/元·月	企业数/个	各组工人所占比重/%
4 000~5 000	3	20
5 000~6 000	6	25
6 000~7 000	4	30
7 000~8 000	4	15
8 000 以上	5	10
合计	22	100

计算该集团工人的平均工资。

2. 2020 年某月,甲、乙两农贸市场某农产品价格和成交量、成交额资料如下:

品种	价格/元·斤	甲市场成交额/万元	乙市场成交量/万斤
甲	1.1	1.21	2
乙	1.4	2.8	1
丙	1.5	1.5	1
合计	—	5.51	4

试问哪一个市场农产品的平均价格较高?并说明原因。

3. 某厂甲、乙两个工人班组,每班组有 8 名工人,每个班组每个工人的月生产量记录如下:

甲班组:20、40、60、70、80、100、120、70;

乙班组:67、68、69、70、71、72、73、70。

计算甲、乙两组工人平均每人产量,并计算全距、平均差、标准差、标准差系数,同时比较甲、乙两组的平均每人产量的代表性。

4. 某乡农民家庭人均年收入情况汇总如下表所示。根据资料计算该乡农民家庭年人均收入的众数、中位数、四分位数、方差。

农民家庭人均纯收入/元	农民家庭数/户
10 000~12 000	240
12 000~14 000	480
14 000~16 000	1 050
16 000~18 000	600
18 000~20 000	270
20 000~22 000	210
22 000~24 000	120
24 000~26 000	30
合计	3 000

5. 甲乙两个生产小组各有 5 名工人,他们的日产量分别为:甲组 35 件、38 件、40 件、45 件、42 件;乙组 28 件、34 件、42 件、48 件、58 件,计算每组平均差,并说明甲乙两组平均数的代表性高低。

6. 投资银行某笔投资的年利率按复利计算,10 年的年利率分配是有 1 年 3%,有 2 年 5%,有 3 年 8%,有 2 年 10%,有 2 年 15%,求平均年利率。

7. 两个生产车间某产品日产量分组资料如下表所示。计算两个车间日产量的平均水平,并说明其代表性优劣。

甲车间		乙车间	
日产量/件	工人数/人	日产量/件	工人数/人
5	6	8	11
7	10	12	4
9	12	14	7
10	8	15	6
13	4	16	2
合计	40	合计	30

8. 某班学生统计学考试成绩如下表所示，根据数据资料，对相应的指标进行计算，完成表格并说明累计的统计意义。

考分/分	人数/人	比率/%	向上累计		向下累计	
			人数/人	比率/%	人数/人	比率/%
60 以下	2					
60~70	7					
70~80	11					
80~90	12					
90 以上	8					
合计	40					

9. 已知某机械厂铸造车间生产 600 吨铸件，有 540 吨合格，试求平均产品合格率、标准差和标准差系数。

10. 某工厂生产一批零件共 100 000 件，为了解该批产品的质量，采取不重复抽样的方法抽取 1 000 件进行检验，其结果如下表所示。根据质量标准，使用寿命在 800 小时及以上的为合格品。试计算平均合格率、标准差及标准差系数。

使用寿命/小时	零件数/件
700 以下	10
700~800	60
800~900	230
900~1 000	450
1 000~1 200	190
1 200 以上	60
合计	1 000

第三节　答案解析

1. B。【解析】中位数是经过排序后处于中间位置的数，中位数将数据量均分为两部分。

2. A。【解析】茎叶图适合于数据量不大，数据比较集中的情况；散点图一般要有两个变量，以点阵的形式使用，判断变量之间的相关性；直方图一般在研究数据分布形态时候使用；饼图主要以图形的方式直接显示各个组成部分所占比例。上述数据比较分散，最不适合做茎叶图。

3. D。【解析】统计平均数反映同质总体某一个标志值的一般性水平。只有具有同质的现象才能求平均值，每次只能对一个标志值求平均数。

4. D。【解析】数值平均最基本的是算术平均数，加权平均、调和平均都是由算术平均演变而来的。

5. C。【解析】加权平均的权本质是单位数占总体单位数的百分比。

6. D。【解析】标准差系数是标准差和平均值的比，反映不同类别下平均数代表性好坏。

7. C。【解析】在频数未知情况下，需要采用调和平均数。

8. A。【解析】方差的公式为 $\dfrac{\sum (x-\bar{x})^2 f}{\sum f} = \sum (x-\bar{x})^2 \dfrac{f}{\sum f}$。从表达式看，一个是频数一个是频率，但是值不会改变。

9. D。【解析】衣服、鞋子等平均尺寸更多是采用众数。

10. C。【解析】对于比率数据、比例数据求平均一般采用几何平均数。

11. B。【解析】2016 年标准差系数为 110/5 200＝0.021 15，2017 年标准差系数为 150/（5 200×1.4）＝0.020 6<0.021 15。

12. B。【解析】所有的变异指标，数值越小说明个体之间差异越小，个体越集中，平均数代表性越好。

13. B。【解析】对不同类别事物比较，需要计算标准差系数，标准差系数越小，平均数代表性越好。

14. B。【解析】已知变量值和对应的频数，采用加权平均法计算均值。

15. C。【解析】加权算术平均值受标志值和各组频数的影响，标志值越大平均数越大，频数越高平均数越大。

16. B。【解析】简单算术平均数实质是各个标志变量值的频数为 1 的特殊情况，也就是说各组的权数相等。

17. C。【解析】加权平均数的权表面上看是频数的多少，实质是各组次数所占的百分比，即 $\dfrac{\sum xf}{\sum f} = \sum x \dfrac{f}{\sum f}$。

18．B。【解析】总体各单位标志值与算术平均数离差平方和最小，确保了方差作为度量离散程度核心指标的优越性，即 $\sum (x - \bar{x})^2 = \min$。

19．A。【解析】两个商场的平均值相等，标准差大的变异系数大，即甲商场的变异系数小于乙商场，甲商场平均数的代表性更好。

20．B。【解析】两个总体平均数和标准差都不一样，可以利用离散系数比较离散程度，从而比较平均值代表性大小。

21．C。【解析】平均指标分子分母均属于同一总体，是总体标志总量/总体单位总量。

22．B。【解析】标志值小权数大会拉低平均值，所以均值会偏向于标志值小的一方。

23．C。【解析】次数不变的情况下算术平均数为 $\bar{x} = \dfrac{\sum xf}{\sum f}$，次数扩大1倍计算公式为 $\bar{x} = \dfrac{\sum x2f}{\sum 2f} = \dfrac{\sum xf}{\sum f}$，保持不变。

24．B。【解析】因为 $\bar{x} = \dfrac{\sum x}{n}$，所以 $\sum (x - \bar{x}) = \sum x - \sum \bar{x} = \sum x - n\bar{x} = 0$。

25．C。【解析】标志值对应的次数都缩小1/2，原来出现次数最多的仍是次数最多的，所以众数不变。

26．B。【解析】组距数列众数公式为 $M_0 \approx L + \dfrac{\Delta_1}{\Delta_1 + \Delta_2} \times i$，如果相邻两组次数相等，那么 $M_0 \approx L + \dfrac{1}{2} \times i$，也就是组中值。

27．A。【解析】因为 $\dfrac{\dfrac{\sum f}{2} - S_{m-1}}{f_m} + \dfrac{\dfrac{\sum f}{2} - S_{m+1}}{f_m} = \dfrac{\sum f - S_{m+1} - S_{m-1}}{f_m} = 1$。

28．C。【解析】众数是出现次数最多的标志值。

29．B。【解析】根据均值、中位数和众数的关系可以推断分布。若均值<中位数<众数则属于左偏分布；若均值>中位数>众数则属于右偏分布。

30．B。【解析】标志变异指标反映总体单位的差异程度。

31．B。【解析】切尾均值是去掉最大值和最小值后计算的平均值，当切尾系数为1/7时，首尾各切掉一个最大值和一个最小值，平均值为87.8。

32．A。【解析】极差就是最大值和最小值的差，也称为全距。

33．D。【解析】标准差系数越小，数据离散度越小，集中度越高，平均数代表性越好；仅知道方差平均值的情况下无法直接比较。

34．D。【解析】标准差系数主要用于比较不同类别事物的离散程度，同类事物的离散程度也可以用标准差系数来衡量。

35. B。【解析】计算方差和标准差需要知道每个标志变量值，计算标准差系数需要知道平均值和方差或标准差，计算极差只需要最大值和最小值。

36. D。【解析】根据正态分布中"sigma 原则""2sigma 原则""3sigma 原则"，则分别是：数值分布在 $(\mu - \sigma, \mu + \sigma)$ 中的概率为 0.682 6；数值分布在 $(\mu - 2\sigma, \mu + 2\sigma)$ 中的概率为 0.954 4；数值分布在 $(\mu - 3\sigma, \mu + 3\sigma)$ 中的概率为 0.997 4；$P\{X > 360\} = (1 - 0.954 4)/2 = 0.022 8$，最接近 1/40。

37. D。【解析】根据 3sigma 原理，$p\{X > 330\} = (1 - 0.997 4)/2 = 0.001 3$，最接近 D。

38. C。【解析】单个变量不能揭示分布形态，茎叶图和箱线图都可以表达事物的分布形态。但是茎叶图范围很窄，使用条件非常有限。

39. C。【解析】根据三个四分位数可以判断这组数形成的箱线图左边面积大于右边面积，应该是左偏分布。

40. D。【解析】对于一个左偏分布，均值<中位数<众数，分布的尾部在图形的左边。

41. B。【解析】（30×75−20×70）／（30−20）＝85（分）。

42. D。【解析】描述统计主要描述数据的集中趋势和离中趋势。

43. C。【解析】只有当各个数据出现的频数一样时均值才只受变量值大小影响。

44. C。【解析】分布是左偏时，均值<中位数<众数；分布是右偏时，均值>中位数>众数；分布是均匀分布时，均值＝中位数＝众数。

45. C。【解析】均值受权数和变量值的影响，但是权重一般影响会更大。

46. D。【解析】原均值记为 $\dfrac{\sum xf}{\sum f}$，变换后均值记为 $\dfrac{\sum x(f + 10)}{\sum (f + 10)}$，两者无法比较。

47. C。【解析】原均值记为 $\dfrac{\sum xf}{\sum f}$，变换后均值记为 $\dfrac{\sum (x + 10)f}{\sum f} = \dfrac{\sum xf}{\sum f} + \dfrac{\sum 10f}{\sum f} = \dfrac{\sum xf}{\sum f} + 10$。

48. A。【解析】极差本身就是两个极端值的差，最容易受其影响，四分位数不受极端值影响，标准差和方差受极端值影响，但是影响不大。

49. B。【解析】$\bar{x} = \dfrac{\sum x}{n}$，$\bar{x}_1 = \dfrac{\sum (x - A)}{n} = \bar{x} - A$，$\sigma^2 = \dfrac{\sum (x - \bar{x})^2}{n}$，$\sigma_1{}^2 = \dfrac{\sum [(x - A) - \bar{x}_1]^2}{n} = \dfrac{\sum (x - \bar{x})^2}{n}$。

50. D。【解析】位置平均数都不受极端值影响，数值平均都要受极端值影响。

51. D。【解析】标准差等于变异系数乘以均值，该题标准差为 500×0.3 = 150，则方差为 150×150 = 22 500。

52. A。【解析】次数分布特征一般用直方图表示。

53. C。【解析】方差是各变量和均值离差平方和的平均值，其中心数据是均值。

54. A。【解析】当变量出现 0 时，不能计算几何平均数，因为连乘只要有一个为 0 乘积将为 0。

55. A。【解析】几何平均数一般用于计算比率数据、比例数据的均值。

56. C。【解析】对于左偏分布，左边数据分布集中，均值较小，位于左侧。

57. B。【解析】峰度系数是与标准正态分布相比较的，大于零是尖峰分布，小于零是扁平分布。

58. A。【解析】数据越分散，集中趋势的代表性越差。

59. D。【解析】四分位数的位置为 $\dfrac{i(n+1)}{4}$，其中 i 为第几个四分位数，取值为 1、2、3，n 为数据个数，因此 10 个观测值的上四分位数位置为 $\dfrac{3(10+1)}{4} = 8.25$。

60. C。【解析】9 个观测值的上四分位数位置为 $\dfrac{3(9+1)}{4} = 7.5$。

61. C。【解析】重复组限分组遵循"上组限不在内"原则，即上组限在下一个分组。

62. C。【解析】分组遵循不重不漏的基本原则，计划完成程度是连续型变量，要采用重复组限。

63. C。【解析】组中值计算方式：封口组组中值 =（上限+下限）/2；只有下限的开口组组中值 = 下限+（上一个分组组距/2）；只有上限的开口组组中值 = 上限−（下一个分组组距/2）。

64. D。【解析】只有下限的开口组组中值 = 下限+（上一个分组组距/2），由上一个分组的组中值为 570，上限为 600，可以确定上一个分组的下限为 540，则上一个分组的组距为 60，从而组中值为 600+60/2=630。

65. B。【解析】分布数列由组的名称（即按一定标准划分出来的各个组）和各组次数（即各组所对应的总体单位数）形成，表明总体单位在各组的分布情况。

66. C。【解析】一般人口死亡率是 U 型分布，即年龄越小年龄越长者死亡率越高。

67. D。【解析】频数是出现的次数，频率是某组次数和总次数之比。

68. B。【解析】变量值大的权重增大会使总体均值增大。

69. A。【解析】对比甲乙的标准差系数，4.4/44=0.1<4.2/35=0.12，甲厂的标准差系数小，平均数代表性好。

70. C。【解析】平均工资为 $\dfrac{200\,000 + 80\,000}{\dfrac{200\,000}{400} + \dfrac{80\,000}{800}} = 466.67$。

71. D。【解析】统计整理是指根据统计研究的目的和要求，对统计调查所得到的大量的原始资料进行科学的加工、汇总，或对已经加工过的资料进行再加工，使之系统化、条理化，成为能够反映总体特征的综合资料的工作过程。

72. D。【解析】典型调查是有意识地选取若干具有代表性的典型单位进行的非全面调查。随机抽样是按随机原则抽取样本，以样本推断总体的一种非全面调查。

73. D。【解析】组距大小与组数多少能反映总体的分布特征。

74. D。【解析】重复组限遵循上组限不在内原则，归入下限所在组。

75. D。【解析】位置平均数不受极端值影响，包括众数、中位数和分位数。

76. A。【解析】成数方差为 $p(1-P)=0.5×0.5=0.25$。

77. B。【解析】$\dfrac{\sum xf}{\sum f}=\dfrac{\sum xf/5}{\sum f/5}=\dfrac{\sum xf}{\sum f}$，保持不变。

78. C。【解析】平均值为（78×25+82×20）/45 = 79.78（分）。

79. C。【解析】已知变量值和频数，应该采用加权算术平均计算均值。

80. A。【解析】全距是最值差，受极端值影响最大；数值平均值虽然受极端值影响，但是影响幅度不大；平均差和标准差系数是比值，虽然计算要用到最值，但是两次平均化处理影响最小。

81. B。【解析】平均差是用离差绝对值的平均判断离散程度大小，标准差是用离差平方和的平均值的平方根判断离散程度大小，都包括了全部数据信息，不同的数学处理方法。

82. B。【解析】方差是各个变量值和其算术平均数离差平方和的平均数。

83. D。【解析】离散系数可以用于比较同一类事物离散程度，更多是比较不同类别事物的离散程度。

84. A。【解析】各学院是类别，对应数字是频数，在定类分组中众数是出现次数最多的类别。

85. B。【解析】全距不变，组数越多，组距越小，组数越少，组距越大。

86. A。【解析】频率分布，是指在统计分组的基础上，将总体中各单位按组归类整理，按一定顺序排列，形成的总体中各单位在各组间的分布。

87. C。【解析】变量数列是统计总体单位按一定的数量标志分组所构成的分配数列，需要标志值和每个标志值出现的频数。

88. B。【解析】单项数列是每一个标志值单列一组，标志值必须可数、有限、较少，才便于操作。

89. C。【解析】向上累计表示由小到大、由差到好、由劣到优的累计，向下累计是反方向的。

90. A。【解析】平均指标是总体标志总量除以总体单位总量，对比的是同一总体。

91. B。【解析】平均数反映总体分布的集中趋势，即总体各单位的集中程度。

92. B。【解析】变量值不变，变量值大的权重降低将减小总平均值，变量值大的权重增加将增大总平均值。

93. B。【解析】总量相同，不合格率越高的不合格品数量将越多。

94. D。【解析】统计分组是按照一定分类标准将统计总体单位分成若干组别的统计方法。

95. B。【解析】国民收入水平是数量标志，只有一个分类标准。

96. C。【解析】按照产值分组，分类标准是产值，变量值是具体的产值数，各组企业数是频数。

97. A。【解析】统计分组和核心是确定分类标准。

98. C。【解析】要确保分组不重不漏的原则，连续型变量分组组限必须重复，离散型变量分组组限可以重复也可以不重复。

99. A。【解析】只有下限的开口组组中值=下限+（上一个分组组距/2），由上一个分组的组中值为480，上限为500，可以确定上一个分组的下限为460，则上一个分组的组距为40，从而组中值为500+40/2=520。

100. D。【解析】按同一数量标志分组时组距确定不一样可以有不同的分布数列。

二、多项选择题

1. ABC。【解析】组中值是下限与上限之间的中点值，是在假定各组内均匀分布时的一个近似值。闭口组的组中值是上限与下限的简单算术平均数；开口组组中值的确定，一般以其相邻组的组距的来调整。

2. AB。【解析】单项式数列主要适用于表现变量值变动范围不大的离散型变量的分布特征。组距式数列适用于连续型变量、离散变量值较多的情况。

3. CD。【解析】在分布数列中，各组的频数大于0，频率大于0小于1，频率之和等于1，向上（下）累计频率为1。

4. ABC。【解析】如果两组数据平均值不同、方差不同就需要比较离散系数判断离散程度；不同类别事物比较也需要计算离散系数判断离散程度。

5. BCDE。【解析】标准差和变异系数无论是表现形式、计算方法还是计算公式、使用条件都不一样。

6. BCE。【解析】已知单价和销售额求平均需要调和平均值，已知单价和销售量采用加权算术平均，已知计划完成程度和计划产量求平均计划完成程度采用加权算术平均，已知计划完成程度和实际产量求平均计划完成程度用调和平均，已知销售额和销售量求平均价格用加权算术平均。

7. ABCD。【解析】计算和应用相对指标应注意将相对指标和绝对指标配合使用、将多种指标结合使用、将相对指标和分组结合使用、对比指标具有可比性。

8. ADE。【解析】统计调查是统计整理的前置，统计分析是统计整理的后续。

9. ACD。【解析】统计分组是一种简化统计对象的分析方法，对总体来说是分，对个体来说是合。

10. CD。【解析】统计分组的关键在于选择分组标准，确立各组界限。

11. CD。【解析】按照分组标志特征分配数列可以分为品质数列和变量数列。

12. CD。【解析】分配数列包括两个要素：一是总体按某标志所分的组；二是各组所占有的总体单位数，即次数。

13. ABCDE。【解析】统计分组是统计分析的主要方法，可以将复杂社会经济现象分门别类罗列出来，通过分类观察总体内部结构构成，揭示现象之间的依存关系。

14. ABCE。【解析】分组标志是分类标准，和研究目的密切相关，可以是品质标志也可以是数量标志，需要适应被研究对象的特征，最好具有延续性和一致性。

15. DE。【解析】频数分布的影响因素包括组距和组数，组限决定组距和组中值。

16. BD。【解析】组距数列中，组距越大，组数越小，全距越大，组距越大。

17. ABD。【解析】在组距数列中，一般认为组中值是该组的平均代表值和中位数的近似值，前提是假设事物是均匀分布的。

18. CE。【解析】定类、定序分组形成品质标志分组。

19. BC。【解析】加权算术平均数当权重一样的时候相当于简单算术平均数。

20. BE。【解析】已知各个工人工资额计算平均工资采用简单算术平均数，按工资分组采用加权算术平均法计算平均数，由工人总数和工资总额采用调和平均值计算平均数，各还比发展速度采用几何平均数计算平均数，由各产品等级及产量采用加权平均法计算平均数。

21. ABDE。【解析】权数是各个变量所占的重要性程度，一般用频率表示，如果变量相同或者频率相同将失去意义。

22. ADE。【解析】加权算术平均值一般知道频数、频率和变量值即可，调和平均值不知道频数、频率。

23. BD。【解析】102、104、109 的平均值为 105，全距为 7，平均差为 $[(105-102)+(105-104)+(109-105)]/3=2.67$，方差为 $[(105-102)^2+(105-104)^2+(109-105)^2]/3=8.67$，标准差为 2.94，标准差系数为 0.028，平均差系数是将平均差除以相应的平均指标得到的数值，本题的平均差为 0.025。

24. ACD。【解析】利用标准差比较平均数代表性大小，首要条件是同类现象比较，固定一个变量，若平均值等，比较标准差，若标准差相等，比较平均数。

25. ABDE。【解析】同类现象比较，平均数相等标准差越小平均数代表性越好，标准差相等平均数越大其代表性越好，不同类别总体标准差系数越小平均数代表性越好。

26. BD。【解析】第一组平均值为 28，第二组平均值为 26；第一组方差为 2.738 6，第二组方差为 3.264 5；第一组标准差系数为 0.097 8，第二组标准差系数为 0.125 6。

27. BCDE。【解析】所有制类型、职称、地区和文化程度都是品质标志，年龄是数量标志。

28. ABCE。【解析】统计表基本构成要素包括标题、数字资料、数据单位、备注等。

29. ABCE。【解析】该分组采用的是重复组限、等距分组、开口组。

30. BCD。【解析】变异指标中，平均差、标准差、离散系数所有变量值都参与了计算。

31. ABDE。【解析】全距是极值之差，反映了变异最大范围，不太能反映变量值差异大小。

32. ADE。【解析】标准差系数没有量纲，消除了事物类别和标志值差异的影响，任何场合都可以使用。

33. CE。【解析】不同总体标准差不能直接对比，因为单位不一样、对象不一样。

34. ABC。【解析】在所有变异指标中，全距、平均差、标志差都有量纲，标准差系数是相对数没有单位，方差的单位没有实质意义。

35. ABDE。【解析】品质变量数列不能计算平均值，变量数列都可以计算平均数。

36. ABCE。【解析】众数是位置平均数，是出现次数最多的标志值，不受极端值影响，可以用于定类数据、定序数据、定距数据和定比数据。

37. ADE。【解析】平均指标的作用是反映标志值的一般性水平，测度总体各单位的集中程度。

38. ABD。【解析】常见的位置平均指标有众数、中位数和分位数。

39. ABCDE。【解析】由算术平均指标的性质可得。

40. ABCDE。【解析】统计表设计规则包括：内容力求简明扼要，一目了然，便于比较分析，切忌庞杂琐碎。各种标题，特别是总标题，应十分简明、准确地说明表的内容，总标题还应注明资料所属的时间和空间。

三、判断题

1. 对。【解析】算术平均数是各组权相等的特殊加权平均数。

2. 错。【解析】算术平均数反映各标志变量的集中程度。

3. 对。【解析】中位数是由所在位置决定的。

4. 对。【解析】全距是极端值之差。

5. 错。【解析】众数是出现次数最多的变量。

6. 对。【解析】组距数列计算平均指标是以该组数据分布均匀为假设前提的。

7. 错。【解析】算术平均数可以理解为各组权数相等的加权算术平均值的特例。

8. 错。【解析】权数的作用实质体现在各组频率的多少上。

9. 对。【解析】当不同类别事物比较时需要用标准差系数对比其平均数代表性。

10. 对。【解析】未知各变量的单位数需要用调和公式计算平均数。

11. 错。【解析】重点调查的误差是不可以事先计算和控制的，抽样调查的误差是可计算和可控制的。

12. 对。【解析】分组基本原则是保持组内同质性和组间差异性。

13. 错。【解析】分组后各组频率越大则标志值对全体标志水平作用越大。

14. 错。【解析】典型调查不能用于推断。

15. 对。【解析】普查可以调查时点现象也可以调查时期现象。

16. 对。【解析】平均指标反映一般性水平，抽象了各单位数量差异。

17. 对。【解析】权数反映重要性程度。

18. 错。【解析】对未分组资料中位数位置为（n+1）/2。

19. 错。【解析】如果看成一个总体，由已知条件有 $\sum x = 100$，$\sum x^2 = 1\,500$，$\bar{x} = 10$，

方差为 $\dfrac{\sum (x - \bar{x})^2}{10} = \dfrac{\sum x^2 - 2\sum x\bar{x} + \sum \bar{x}^2}{10} = \dfrac{1\,500 - 2 \times 10 \times 100 + 10 \times 10^2}{10} = 50$。

20. 错。【解析】每个权重减少10%，总权重需要重新计算。

21. 错。【解析】一般权重是相对数，百分数。

22. 错。【解析】在均匀分布中，平均数和众数才可能接近。

23. 对。【解析】集中趋势用平均指标表示，离散程度用变异指标表示。

24. 错。【解析】标志变异指标越小，平均数代表性越大。

25. 错。【解析】变异指标反映标志值的差异程度。

26. 错。【解析】两组数的平均数和标准差相等，只能说明变异程度相同，但是具体分布形态不一定相同。

27. 对。【解析】分类的核心问题是确定分类标准。

28. 错。【解析】复合分组是同时对两个或两个以上标志进行分类。

29. 对。【解析】分组的目的就是保证组内同质组间差异。

30. 对。【解析】开口组适用于数据量少，数据差异较大的情况。

31. 错。【解析】按文化程度是定类品质数列，单项式数列是数值型数据。

32. 对。【解析】组限就是确定差异限。

33. 对。【解析】一般均匀分布采用等距数列，偏态分布可采用异距数列。

34. 对。【解析】一般默认分组呈均匀分布，组中值近似于组内数据平均值和中位数。

35. 对。【解析】分类分析数据是统计分而治之的方法论。

36. 错。【解析】复合分组是按两个或多个标志重叠分组。

37. 错。【解析】对于分组资料和未分组资料都可以用加权平均数计算标准差。

38. 对。【解析】在描述统计中，平均指标反映集中性趋势，变异指标反映离中趋势。

39. 错。【解析】平均差和标准差都可以表示变异程度，但计算方式不同。

40. 错。【解析】只有均匀分布中，算术平均数、中位数和众数才可能相等。

41. 对。【解析】数据审核包括完整性审核、准确性审核、适应性审核和时效性审核。

42. 对。【解析】穷尽性原则和互斥性原则实际是保证不重不漏。

43. 对。【解析】一般分布比较均衡时采用等距分组，分布偏离程度较大时可以采用不等距分组。

44. 对。【解析】测度集中趋势是为了找一个一般性水平代表值。

45. 对。【解析】只有集中度较高时众数的统计意义才比较明确。

46. 错。【解析】中位数可以用于定类数据、定序数据和数值型数据。

47. 对。【解析】几何平均数受极端值影响，当涉及开方，影响要比平均数小。

48. 对。【解析】方差考虑了全部数据信息，从离差角度分析数据离散特性，具有优良的数学特性，使用最广泛。

49. 错。【解析】偏度系数大于 0 说明是右偏分布，反之左偏分布。

50. 错。【解析】直方图不能给出数据原始信息。

四、计算题

1.【解析】$\bar{x} = 4\,500 \times 0.2 + 5\,500 \times 0.25 + 6\,500 \times 0.3 + 7\,500 \times 0.15 + 8\,500 \times 0.1 = 6\,200$（元）。

2.【解析】对于甲市场：$\bar{x} = \dfrac{12\,100 + 28\,000 + 15\,000}{\dfrac{12\,100}{1.1} + \dfrac{28\,000}{1.4} + \dfrac{15\,000}{1.5}} = 1.34$（元/斤）；

对于乙市场：$\bar{x} = \dfrac{1.1 \times 20\,000 + 1.4 \times 10\,000 + 1.5 \times 10\,000}{40\,000} = 1.275$（元／斤）。

3.【解析】

	甲	乙
平均值	70	70
全距离	100	6
平均差	22.5	1.5
标准差	29.580 4	1.870 829
标准差系数	0.422 577	0.026 726

乙组平均数代表性好。

4.【解析】

$$Mo = 14\,000 + \dfrac{1\,050 - 480}{1\,050 - 480 + 1\,050 - 600} \times 2\,000 = 15\,117.65;$$

$$Me = 16\,000 + \dfrac{\dfrac{3\,000}{2} - (240 + 480)}{1\,050} \times 2\,000 = 17\,485.71;$$

Q1 在 14 000 ~ 16 000 分组内：

$$Q1 = 16\,000 + \dfrac{\dfrac{3\,000}{4} - (240 + 480)}{1\,050} \times 2\,000 = 16\,057.14;$$

Q3 在 16 000 ~ 18 000 分组内：

$$Q3 = 16\,000 + \dfrac{\dfrac{3 \times 3\,000}{4} - (240 + 480 + 1\,050)}{600} \times 2\,000 = 17\,600。$$

组中值 x	频数 f	xf	$x - \bar{x}$	$(x - \bar{x})^2$	$(x - \bar{x})^2 f$
11 000	240	2 640 000	−4 960	24 601 600	5 904 384 000
13 000	480	6 240 000	−2 960	8 761 600	4 205 568 000
15 000	1 050	15 750 000	−960	921 600	967 680 000
17 000	600	10 200 000	1 040	1 081 600	648 960 000
19 000	270	5 130 000	3 040	9 241 600	2 495 232 000
21 000	210	4 410 000	5 040	25 401 600	5 334 336 000
23 000	120	2 760 000	7 040	49 561 600	5 947 392 000
25 000	30	750 000	9 040	81 721 600	2 451 648 000
合计	3 000	47 880 000			27 955 200 000
平均值	47 880 000/3 000 = 15 960				
方差	27 955 200 000/3 000 = 9 318 400				

5.【解析】

	甲	离差	离差绝对值		乙	离差	离差绝对值
	35	−5	5		28	−14	14
	38	−2	2		34	−8	8
	40	0	0		42	0	0
	45	5	5		48	6	6
	42	2	2		58	16	16
			14				44
平均值	40				42		
平均差	14/5 = 2.8				44/5 = 8.8		

甲组数据平均数代表性高于乙组数据平均数代表性。

6.【解析】 $\sqrt[10]{1.03 \times 1.05^2 \times 1.08^3 \times 1.1^2 \times 1.15^2} - 1 = 8.63\%$。

7.【解析】

	甲车间				乙车间			
x	f	xf	$x - \bar{x}$	$(x - \bar{x})^2 f$	x	f	xf	$x - \bar{x}$	$(x - \bar{x})^2 f$
5	6	30	−3.5	73.5	8	11	88	−3.87	164.745 6
7	10	70	−1.5	22.5	12	4	48	0.13	0.067 6
9	12	108	0.5	3	14	7	98	2.13	31.781 4
10	8	80	1.5	18	15	6	90	3.13	58.781 4
13	4	52	4.5	81	16	2	32	4.13	34.113 8
—	40	340	—	198		30	356		289.467

$$\bar{x}_{甲} = \frac{\sum xf}{\sum f} = \frac{340}{40} = 8.5（件）；$$

$$\sigma_{甲} = \sqrt{\frac{\sum (x - \bar{x})^2 f}{\sum f}} = \sqrt{\frac{198}{40}} = 2.225（件）；$$

$$V_{甲} = \frac{2.225}{8.5} \times 100\% = 26.18\%；$$

$$\bar{x}_{乙} = \frac{\sum xf}{\sum f} = \frac{356}{300} = 11.87（件）；$$

$$\sigma_{乙} = \sqrt{\frac{\sum (x - \bar{x})^2 f}{\sum f}} = \sqrt{\frac{289.467}{30}} = 3.106（件）；$$

$$V_{乙} = \frac{3.106}{11.87} \times 100\% = 26.17\%。$$

因为 $v_甲$ 大于 $v_乙$，所以乙车间的平均产量代表性高。

8.【解析】

考分/分	人数/人	比率/%	向上累计		向下累计	
			人数/人	比率/%	人数/人	比率/%
60 以下	2	5.0	2	5.0	40	100.0
60~70	7	17.5	9	22.5	38	95.0
70~80	11	27.5	20	50.0	31	77.5
80~90	12	30.0	32	80.0	20	50.0
90 以上	8	20.0	40	100.0	8	20.0
合计	40	100.0	—	—	—	—

累计指标的统计意义：

（1）同一数值的向上累计和向下累计次数之和等于总体次数，而累计比率之和等于1。表中资料显示，60分以上（考试及格）的人数占95%，其中80分以上的优秀学生占50%，说明整体考试较好；值得注意的是，还有5%的学生不及格。

（2）80分以下累计20人，比率50%；80分以上累计20人，比率50%；两个累计人数之和等于总体的40人，两个累计比率之和等于100%；累计次数分布是确定各种位置平均数的依据，该班的平均考试成绩约在80分左右。

（3）累计次数分布曲线，可以用来研究土地、财富和工资收入的分配是否公平的问题。

9.【解析】平均合格品率 $P = \dfrac{540}{600} \times 100\% = 90\%$；

标准差 $\sigma = \sqrt{P(1 - P)} = \sqrt{0.90(1 - 0.90)} \times 100\% = 30\%$；

标准差系数 $V_\sigma = \dfrac{\sigma}{\overline{X}} \times 100\% = \dfrac{30\%}{90\%} = 33.33\%$。

10.【解析】平均合格率为：$P = \dfrac{230 + 450 + 190 + 60}{100} \times 100\% = 93\%$；

标准差为：$\sigma = \sqrt{P(1 - P)} = \sqrt{0.93(1 - 0.93)} \times 100\% = 25.51\%$；

标准差系数为：$V_\sigma = \dfrac{\sigma}{P} = \dfrac{25.51\%}{93\%} = 27.43\%$。

第三章

概率、概率分布和抽样分布

第一节　知识结构

（1）概率是对某一特定事件出现可能性大小的一种数值度量。概率具有非负性、规范性等特点。

（2）随机变量是用数值来描述特定试验一切可能出现的结果，它的取值事先不能确定，具有随机性。随机变量分为离散型随机变量和连续型随机变量。

（3）离散型随机变量用概率分布列表示，连续型随机变量用概率密度函数表示。常见的离散型概率分布有两点分布、二项分布、泊松分布、超几何分布等。常见的连续型概率分布有均匀分布、正态分布、指数分布等。

（4）离散型随机变量的数学期望：$\mu = EX = \sum xp$；

离散型随机变量的方差：$\sigma^2 = DX = \sum (x - \mu)^2 p$；

连续型随机变量的数学期望：$\mu = EX = \int xf(x)dx$；

连续型随机变量的方差：$\sigma^2 = DX = \int (x - \mu)^2 f(x)dx$，其中 $f(x)$ 为随机变量 X 的概率密度函数。

（5）设 X 是一随机变量，X 是任意实数，则实值函数 $F(x) = P\{X <= x\}$，$x \in (-\infty, +\infty)$ 为随机变量 X 的分布函数。分布函数完整地描述了随机变量的统计规律性，或者说，分布函数完整地表示了随机变量的概率分布情况。分布函数具有单调不减性、归一性和右连续性等特点。

（6）正态分布是最重要的一种概率分布。正态分布概念是由德国的数学家 Carl Friedrich Gauss 和天文学家 Moivre 于 1733 年首次提出的。由于 Gauss 率先将其应用于天文学研究，故正态分布又叫高斯分布。许多统计方法的理论基础，如 t 分布、x^2 分布、F 分布都是在正态分布基础上推导出来的，因此许多现象都可以由正态分布来近似描述。

（7）正态分布基本性质：曲线关于 $x = \mu$ 对称；当 $x = \mu$ 时，曲线取得最大值 $\dfrac{1}{\sqrt{2\pi}\,\sigma}$；当 σ 固定改变 μ 的大小时，图形形状不变，只是做平移运动；曲线在 $x \pm n\sigma$ 时有拐点；曲线以 x 轴为渐近线；当 σ 改变而 μ 大小固定时，图形对称轴不变，图形峰度改变。

（8）当 $\mu = 0$，$\sigma = 1$ 时，为标准正态分布，其密度函数为 $\varphi(x) = \dfrac{1}{\sqrt{2\pi}} e^{-\frac{x^2}{2}}$，分布函数为 $\emptyset(x) = \displaystyle\int_{-\infty}^{+\infty} \dfrac{1}{\sqrt{2\pi}} e^{-\frac{x^2}{2}} dx$。

（9）任何一个一般的正态分布，可通过下面的线性变换转化为标准正态分布：$Z = \dfrac{X - \mu}{\sigma} \sim N(0,\ 1)$。

（10）常用的抽样方法包括简单随机抽样、分层抽样、系统抽样和整群抽样。

（11）从一个给定的总体中抽取（不论是否有放回）容量（或大小）为 n 的所有可能的样本，对于每一个样本，计算出某个统计量（如样本均值或标准差）的值，不同的样本得到的该统计量的值是不一样的，由此得到这个统计量的概率分布。样本统计量的概率分布，是一种理论分布。在选取容量为 n 的样本时，抽样分布是由该统计量的所有可能取值形成的相对频数分布。

（12）样本均值的抽样分布规律：样本均值的均值（数学期望）等于总体均值，样本均值的方差等于总体方差的 $1/n$。

（13）样本比率的抽样分布规律：样本比率的均值（数学期望）等于总体比率，样本比率的方差等于总体比率方差的 $1/n$。

（14）样本方差的抽样分布规律：对于来自正态总体 $X \sim N(\mu,\ \sigma^2)$ 的简单随机样本，有 $\dfrac{(n-1)s^2}{\sigma^2} \sim x^2(n-1)$。

（15）中心极限定理表明，给定一个任意分布的总体，对于随机抽样，如果 n 足够大，则其分布都会接近正态分布。

第二节　习题集锦

一、单项选择题

1. 某产品出厂检验规定，次品率 p 不超过 4% 才能出厂。现从一批产品中抽取 12 件进行检查，假设取值为 1 代表次品，取值为 0 代表合格品，则数值总体是（　　）。

  A. 0   B. 1

  C. 0 和 1   D. 许多取值为 0 和 1 的数的全体

2. 某厂生产的螺丝钉，其标准长度为 6.8 毫米，而其真实的长度 $X \sim N(u,\ 0.36)$，从上述叙述中，假设总体均值就是标准长度，从生产的螺丝钉中抽取了 1 个螺丝钉作为样本，其长度为 6.7 毫米，则该样本 $X1$ 的分布是（　　）。

    A. $P(X1 = 6.7) = 1$　　　　　　　B. $N(6.8, 0.36)$

    C. $N(6.7, 0.36)$　　　　　　　　D. $U(6.7, 6.8)$

3. 样本和样本观测值的关系是（　　）。

    A. 两者都是随机变量，分布相同

    B. 两者都是随机变量，但分布不同

    C. 样本观测值是样本的一次实现

    D. 样本只能取样本观测值

4. 下列选项中不是统计量的是（　　）。

    A. 样本均值　　　　　　　　　　B. 样本方差

    C. 样本极差　　　　　　　　　　D. 样本量

5. 若随机变量 X 服从标准正态分布，则其方差为（　　）。

    A. 0　　　　　　　　　　　　　　B. 1

    C. $P(1 - P)$　　　　　　　　　　D. $np(1 - p)$

6. 随机变量 $X \sim N(\mu, \sigma^2)$，则其概率分布曲线（　　）。

    A. 在 $X = \mu$ 处达到最大值

    B. 是一个非对称曲线

    C. 以 $X = \sigma$ 为中心的对称曲线

    D. 以 $X = \mu \pm \sigma$ 为中心的对称曲线

7. 下列事件中不属于严格意义上的随机事件的是（　　）。

    A. 从一大批合格率为 90% 的产品中任意抽出一件产品是不合格品

    B. 从一大批合格率为 90% 的产品中任意抽出 20 件产品都是不合格品

    C. 从一大批合格率为 15% 的产品中任意抽出的 20 件产品都是优质品

    D. 从一大批合格品为 100% 的产品中任意抽出的一件产品是合格品

8. 下列关于随机事件与概率的表述中，错误的是（　　）。

    A. 若事件永远不可能发生，则概率为 0

    B. 若事件在每次试验中都必定发生，其概率为 1

    C. 若概率为 0.01，表示事件平均在 100 次试验中才发生一次，而在一次试验中不会发生

    D. 若概率为 0.55，表示事件发生的机会比不发生的机会大

9. 下面数字特征中，度量随机变量取值的离散程度的是（　　）。

    A. 期望值　　　　　　　　　　　B. 方差

    C. 协方差　　　　　　　　　　　D. 相关系数

10. 若两个随机变量 X、Y 的相关系数为 $\rho_{XY} = 0$，则这两个变量之间（　　）。

    A. 不存在线性关系　　　　　　　B. 相互独立

    C. 不存在非线性关系　　　　　　D. 存在完全线性关系

11. 两个独立随机变量 X 和 Y 的方差分别是 4 和 2，则随机变量（$3X-2Y$）的方差等于（　　）。

    A. 44　　　　　　　　　　　　　B. 28

    C. 16　　　　　　　　　　　　　D. 8

12. 连续型随机变量任何一个指定值的概率（　　　）。

  A. 等于 0   B. 大于 0

  C. 大于等于 0   D. 随概率密度而不同

13. 随机变量 X 服从标准正态分布，其数学期望值为（　　　）。

  A. 0   B. 1

  C. $p(1-p)$ D. $np(1-p)$

14. 若随机变量 $X \sim N(\mu, \sigma^2)$，$Z \sim (0, 1)$，则（　　　）。

  A. $X = \dfrac{Z - \mu}{\sigma}$ B. $Z = \dfrac{X - \mu}{\sigma}$

  C. $Z = \dfrac{X - \sigma}{\mu}$ D. $X = \dfrac{Z - \sigma}{\mu}$

15. 随机变量 $X \sim N(\mu, \sigma^2)$，若 σ 越大，则其概率分布曲线就越（　　　）。

  A. 陡峭   B. 扁平

  C. 对称   D. 不对称

16. 若随机变量 $X \sim N(\mu, \sigma^2)$，随着 σ 增大，则概率 $P\{|X - \mu| < \sigma\}$ 将（　　　）。

  A. 单调增大   B. 单调减少

  C. 保持不变   D. 增减不定

17. 下列关于大数定律的表述中，错误的是（　　　）。

  A. 大数定律揭示的是数值较大的随机变量所具有的规律性

  B. 大数定律揭示了大量随机变量的平均结果具有稳定性

  C. 大数定律为用样本平均数来估计总体平均数提供了理论依据

  D. 大数定律为频率代替频数提供了理论依据

18. 下列论述中，由中心极限定理得到的正确表述是（　　　）。

  A. 无论样本量 n 大小，二项分布的概率都可用正态分布近似计算

  B. 只要样本量 n 充分大，随机事件出现的频率就接近其概率

  C. 仅当总体服从正态分布时，样本均值才会趋于正态分布

  D. 不论总体服从何种分布，只要样本量 n 充分大，样本均值趋于正态分布

19. 若下列变量都是随机变量，则其中属于离散型变量的是（　　　）。

  A. 每件产品的使用寿命   B. 每天的产品销售额

  C. 每年接待的国外游客数量   D. 居民每月用电量

20. 下面关于随机变量的数学期望的表述中不正确的是（　　　）。

  A. 它又称为随机变量的均值

  B. 它表示该随机变量所有可能取值的平均水平

  C. 任一随机变量都存在一个有限的数学期望

  D. 它与加权算术平均数的不同之处是它以概率或分布密度为权数

21. 已知随机变量 X 服从二项分布，其期望值为 1，方差为 0.8，则该二项分布的参数 n 和 p 的值分别为（　　　）。

A. $n = 5$, $p = 0.2$ B. $n = 2$, $p = 0.5$

C. $n = 4$, $p = 0.25$ D. $n = 1$, $p = 0.8$

22. 某地区六年级男生身高服从均值为 164 厘米、标准差为 4 厘米的正态分布，若在该地区任选一个男生，其身高在 160 厘米以下的概率约为（　　）。

    A. 50%　 B. 31.7%

    C. 15.86%　 D. 21.23%

23. 据估计某次统计学考试的成绩呈正态分布，其均值为 80 分，标准差为 8 分，若任选一个学生，其成绩有 2.25% 的可能性等于或高于（　　）。

    A. 96 分　 B. 90 分

    C. 88 分　 D. 80 分

24. 若某种福利彩票投注中奖的概率为 1‰，这意味着（　　）。

    A. 随机购买 1 000 注彩票，将有 1 注中奖

    B. 同期销售的所有彩票的中奖比例为 1‰

    C. 同期销售的所有彩票的中奖比例不超过 1‰

    D. 在销售总量很大的情况下，彩票的中奖比例很可能接近 1‰

25. 设 $H(x)$ 和 $G(x)$ 分别是任意两个随机变量的分布函数，$F(x) = a H(x) + bG(x)$，则下列各组数中能够使 $F(x)$ 为某随机变量的分布函数的是（　　）。

    A. $a = \dfrac{3}{5}$，$b = \dfrac{2}{5}$ B. $a = \dfrac{2}{3}$，$b = \dfrac{2}{3}$

    C. $a = \dfrac{3}{2}$，$b = \dfrac{1}{2}$ D. $a = \dfrac{1}{2}$，$b = \dfrac{3}{2}$

26. 如果函数 $f(x) = A e^{-|x|}$ $(-\infty < x < +\infty)$ 是某随机变量的密度函数，则 A 的值为（　　）。

    A. 1/5　 B. 1/4

    C. 1/3　 D. 1/2

27. 分布函数的性质不包括（　　）。

    A. 单调不减性　 B. 右连续性

    C. 非负性　 D. 统一性

28. 下列关于正态分布密度函数的说法，错误的是（　　）。

    A. 曲线以 x 轴为渐近线　 B. 曲线关于 $x = \mu$ 对称

    C. 曲线在 $x \pm \sigma$ 有拐点　 D. 定义域和值域为实数 R

29. 智商的得分服从均值为 100，标准差为 16 的正态分布。从总体中抽取一个容量为 n 的样本，样本均值的标准差为 2，样本容量为（　　）。

    A. 16　 B. 64

    C. 8　 D. 无法确定

30. 在下列叙述中，错误的是（　　）。

    A. 均值的抽样分布是从总体中抽取特定容量样本的所有样本均值的分布

    B. 样本统计量是对样本的一种数量描述

    C. 参数是对总体的一种数量描述，它的值是已知的

    D. 样本均值的期望值等于总体均值

31. 在下列叙述中，错误的是（　　　　）。

    A. 样本统计量不同于相应的总体参数，它们之间的差被称为抽样误差

    B. 如果总体不服从正态分布，从此总体中抽取容量小于 30 的样本，则样本均值服从正态分布

    C. 样本容量增加时，均值的标准误差会减小

    D. 抽样推断就是用样本信息推断总体信息

32. 样本均值与总体均值之间的差被称为（　　　　）。

    A. 抽样误差   B. 点估计

    C. 均值的标准误差   D. 区间估计

33. 总体是某个果园里的所有苹果，从此总体中抽取容量为 36 的样本，则样本均值的期望值（　　　　）。

    A. 小于总体均值   B. 大于总体均值

    C. 等于总体均值   D. 无法确定

34. 总体是某班的全体学生，从该总体中抽取容量为 n 的样本，当样本容量增加时，样本均值的分布形状（　　　　）。

    A. 接近正态分布   B. 左偏分布

    C. 右偏分布   D. 无法确定

35. 某厂生产的每袋咖啡的重量服从正态分布，每袋咖啡的平均重量为 16 克，标准差是 1.5 克。从此厂生产的咖啡中抽取容量为 4 的样本，则样本均值超过 17 克的概率（　　　　）。

    A. 大约为 0.09   B. 大于 0.01

    C. 大约为 0.25   D. 无法确定

36. 中心极限定理表明，如果容量为 n 的样本来自正态分布的总体，则样本均值的分布为（　　　　）。

    A. 非正态分布   B. 只有当 $n < 30$ 时为正态分布

    C. 只有当 $n > 30$ 时为正态分布   D. 正态分布

37. 下列叙述中不正确的是（　　　　）。

    A. 样本方差是总体方差的点估计

    B. 样本均值是总体均值的点估计

    C. 如果抽样分布的均值不等于总体参数，则该统计量被称为参数的有偏估计

    D. 如果抽样分布的均值等于它要估计的总体参数，则统计量被称为有偏估计量

38. 总体的均值为 75，标准差为 12，从此总体中抽取容量为 36 的样本，则样本均值大于 78 的概率为（　　　　）。

    A. 0.066 8   B. 0.901 3

    C. 0.433 2   D. 0.098 7

39. 从服从正态分布的无限总体中抽取容量为 4，16，36 的样本，当样本容量增大时，样本均值的标准差（　　　　）。

    A. 增大   B. 减小

    C. 保持不变   D. 无法确定

40. 总体的均值为 50，标准差为 8，从该总体中随机抽取容量为 64 的样本，则样本均值和抽样分布的标准误差分别是（　　）。

  A. 50，8　　　　　　　　　　B. 50，1

  C. 50，4　　　　　　　　　　D. 无法确定

41. 某大学的一家超市记录了过去 5 年时间里每天的营业额，每天的营业额均值为 25 000 元，标准差为 4 000 元。由于某些节假日的营业额偏高，所以每天的营业额分布是右偏的，假设从这 5 年中随机抽取 100 天，则样本均值的抽样分布是（　　）。

  A. 正态分布，均值为 25 000 元，标准差为 4 000 元

  B. 正态分布，均值为 25 000 元，标准差为 400 元

  C. 右偏，均值为 2 500 元，标准差为 4 000 元

  D. 正态分布，均值为 2 500 元，标准差为 4 000 元

42. 如果抽样分布的中心正好在待估参数的位置，则抽样分布是（　　）。

  A. 随机的　　　　　　　　　　B. 无偏的

  C. 右偏的　　　　　　　　　　D. 最小方差

43. 某路公共汽车到站的等待时间通常是右偏的，均值为 10 分钟，标准差为 8 分钟。假设随机抽取 100 辆公共汽车，则等待时间的均值的抽样分布是（　　）。

  A. 右偏的，均值为 10 分钟，标准差为 0.8 分钟

  B. 正态分布，均值为 10 分钟，标准差为 0.8 分钟

  C. 右偏的，均值为 10 分钟，标准差为 8 分钟

  D. 正态分布，均值为 10 分钟，标准差为 8 分钟

44. 根据中心极限定理，在处理样本均值的抽样分布时，可以忽略的信息是（　　）。

  A. 总体均值　　　　　　　　　　B. 总体的分布形态

  C. 总体的标准差　　　　　　　　D. 所有信息

45. （　　）是关于总体的一种数量描述，通常是未知的确定的。

  A. 参数　　　　　　　　　　B. 点估计

  C. 统计量　　　　　　　　　D. 均值

46. 如果样本统计量的抽样分布的均值等于它要估计的总体参数，则该统计量被称为（　　）。

  A. 标准误差较小的统计量　　　　B. 参数的点估计量

  C. 参数的有偏估计量　　　　　　D. 参数的无偏估计量

47. 研究人员发现，某个林场每年平均有 25% 的树苗会受到虫害，标准差为 4%，如果随机抽取 100 株树苗，则下列关于样本均值的描述不正确的是（　　）。

  A. 抽样分布的标准差为 $\dfrac{\sigma}{\sqrt{n}}$　　　　B. 样本均值的标准差近似等于 4%

  C. 抽样分布近似服从正态分布　　D. 抽样分布均值大约等于 25%

48. 从均值为 50，标准差为 5 的无限总体中抽取容量为 30 的样本，则样本均值抽样分布超过 51 的概率为（　　）。

A. 0.098 7 B. 0.901 3

C. 0.325 6 D. 0.135 7

49. 某家银行信用卡中心声称，其客户的平均月贷款余额为 5 500 元，标准差为 500 元。如果随机抽取 10 位客户，则样本均值小于 5 700 元的概率是（   ）。

A. 0.353 1 B. 0.012 5

C. 0.25 D. 0.896 2

50. 假设某校学生的年龄分布是右偏的，均值为 23 岁，标准差为 3 岁。如果随机抽取 100 名学生调查，下列关于样本均值抽样分布的描述错误的是（   ）。

A. 抽样分布的标准差为 3 岁 B. 抽样分布近似服从右偏分布

C. 抽样分布均值近似等于 2.3 岁 D. 以上描述都不正确

51. 正态总体的均值为 17，标准差为 10。从该总体抽取一个容量为 25 的随机样本，则样本均值的抽样分布为（   ）。

A. $N(17, 4)$ B. $N(10, 2)$

C. $N(17, 2)$ D. $N(10, 1)$

52. 从标准差为 10 的总体中抽取容量为 50 的随机样本，如果采用不重复抽样，总体单位数为 50 000，则样本均值的标准差为（   ）。

A. 3.21 B. 2.21

C. 2.41 D. 1.41

53. 假设总体比例为 0.55，从该总体中抽取容量为 100 的样本，则样本比例的标准差为（   ）。

A. 0.01 B. 0.05

C. 0.06 D. 0.55

54. 假设总体比例为 0.88，从该总体中抽取容量为 100，200，500 的样本，则样本比例的标准差随着容量增大（   ）。

A. 越来越小 B. 越来越大

C. 保持不变 D. 难以判断

55. 下列叙述中正确的是（   ）。

A. 只有在重复抽样的情况下，样本均值的期望值才等于总体均值

B. 只有在非重复抽样的情况下，样本均值的期望值才等于总体均值

C. 样本均值的期望值总是等于总体均值

D. 样本均值总是等于总体均值

56. 下列叙述不正确的是（   ）。

A. 样本均值的方差与抽样方法有关

B. 在重复抽样条件下，样本均值的方差等于总体方差的 $1/n$

C. 在非重复抽样条件下，样本均值的方差等于总体方差的 $1/n$

D. 在重复抽样和非重复抽样条件下，样本均值的方差不同

57. 样本比率的抽样分布可以用（   ）近似。

A. 正态分布 B. F 分布

C. x^2 分布 D. 二项分布

58. 某总体有 5 个元素，其值分别是 3，7，8，9，13。若采用重复抽样的方法从该总体中抽取容量为 2 的样本，则样本均值的数学期望是（   ）。

    A. 7   B. 8

    C. 9   D. 7.5

59. 假设总体比率为 55%，采用重复抽样的方法从该总体中抽取容量为 200 的样本，则样本比率的抽样标准差为（   ）。

    A. 0.05   B. 0.035

    C. 0.045   D. 0.057

60. 假设总体比率为 0.4，采用重复抽样的方法从该总体中抽取一个容量为 100 的简单随机样本，则样本比率的期望为（   ）。

    A. 0.024   B. 0.4

    C. 0.45   D. 0.5

61. 采用抽样方法调查某大学学生的消费支出，如果不易获得全校学生的名单，比较合适的抽样方法是（   ）。

    A. 简单随机抽样   B. 整群抽样

    C. 系统抽样   D. 分层抽样

62. 为了调查某校学生的购书支出，从男生中抽取 60 名学生，从女生中抽取 40 名学生调查，这种调查方法是（   ）。

    A. 简单随机抽样   B. 整群抽样

    C. 系统抽样   D. 分层抽样

63. 为了调查某校学生的购书支出，从全校抽取 4 个班的学生进行调查，这种调查方法是（   ）。

    A. 简单随机抽样   B. 整群抽样

    C. 系统抽样   D. 分层抽样

64. 为了调查某校学生的购书支出，将全校学生的名单按顺序进行排序，然后每隔 50 名抽取一名学生进行调查，这种调查方法是（   ）。

    A. 简单随机抽样   B. 整群抽样

    C. 系统抽样   D. 分层抽样

65. 关于 F 分布的叙述正确的是（   ）。

    A. F 分布是对称的   B. F 分布是右偏的

    C. F 分布是左偏的   D. F 分布只有一个自由度

66. 某地区男性所占比重为 54%，从该地区随机抽取一个容量为 100 的人口样本，该样本中男性比例的数学期望为（   ）。

    A. 0.5   B. 0.54

    C. 0.6   D. 0.65

67. 某杂志社排版，一校时出现的平均错误为 200，方差为 400。随机抽取排版后的一期，出现错误的地方不超过 230 的概率是（   ）。

    A. 0.93   B. 0.85

    C. 0.80   D. 0.75

68. 总体服从均值为100，标准差为8的正态分布。从总体中抽取了一个容量为 n 的样本，其标准差为2，那么样本容量为（　　　）。

　　A. 16　　　　　　　　　　　　　　B. 20

　　C. 30　　　　　　　　　　　　　　D. 32

69. 某企业生产的产品中，次品率为5%。如果从该企业生产的产品中随机抽取100 件产品进行检测，则样本次品率的均值为（　　　）。

　　A. 0.5%　　　　　　　　　　　　　B. 5%

　　C. 10%　　　　　　　　　　　　　D. 25%

70. 假定总体比例为50%，采用重复抽样的方法从该总体中抽取容量为100 的样本，则样本比例的抽样标准差为（　　　）。

　　A. 0.035　　　　　　　　　　　　　B. 0.045

　　C. 0.05　　　　　　　　　　　　　D. 0.057

二、判断题

1. 随机变量是随机事件的数量表示。（　　　）

2. 某 4S 店每天进店的顾客性别是离散型随机变量。（　　　）

3. 测量某产品所产生的误差是一个离散型随机变量。（　　　）

4. 分布函数一定是连续函数。（　　　）

5. 一般连续型随机变量的分布函数是跳跃函数，离散型随机变量的分布函数是连续函数。（　　　）

6. 概率密度函数一定不能是负数。（　　　）

7. 在所有的分布类型中，只有正态分布是经典的统计推断基础。（　　　）

8. 所有的正态分布都可以转化为 $N(0, 1)$ 型分布。（　　　）

9. 在不同抽样方式中，分层抽样误差最小，因为保证了每个层次都有可能被抽到。（　　　）

10. 抽样分布是样本统计量的概率分布，是一种理论分布。在重复选取容量为 n 的样本时，由该统计量的所有可能取值形成的相对频数分布。（　　　）

11. 对同一类型抽样，不重复抽样的误差要大于重复抽样的误差。（　　　）

12. 参数也称为全及指标，是根据总体各单位的标志值或标志属性计算出来的，可以计算和测量。（　　　）

13. 统计量是根据样本各单位标志值或标志属性计算的综合性指标。（　　　）

14. 随机变量的数学期望是以概率为权重的加权算术平均数。（　　　）

15. 抽样的目的就是用样本信息去推测总体指标。（　　　）

16. 样本均值的数学期望和总体的均值存在着近似对应关系，但是不一定相等。（　　　）

17. 总体比例和样本比率平均值之间存在着关联关系，有时候相等，有时候不相等。（　　　）

18. 样本方差、样本比率、样本均值分别是总体方差、总体比例、总体均值的点估计量。（　　　）

19. 总体研究从样本出发，任何一个样本都可以用来推断总体信息。（　　）

20. 样本是统计研究的重要内容，可以用来代替总体情况，从而提高对总体的全貌认识。（　　）

三、计算题

1. 某厂生产的螺栓的长度服从均值为 10 厘米，标准差为 0.05 厘米的正态分布。按质量标准规定，长度在 9.9~10.1 厘米范围内的螺栓为合格品。计算该厂螺栓的不合格率。

2. 某企业生产的某种电池寿命近似服从正态分布，且均值为 200 小时，标准差为 30 小时。若规定寿命低于 150 小时的为不合格品，试求该企业所生产的电池：①合格率为多少？②电池寿命在 200 小时左右多大范围内的概率不小于 0.9。

3. 设 $X \sim N(\mu, \sigma^2)$，已知 $P\{X > 250\} = P\{X < 350\} = 92.36\%$，计算均值和方差。

4. 假设某地区成年女子平均身高为 1.58 米，标准差为 0.06 米。现在从该地区随机抽取 49 名成年女子，计算其平均身高在 1.55~1.65 的概率。

5. 某县农民年均收入服从均值为 $\mu = 5\,000$，标准差为 200 的正态分布。①求此县农民平均收入在 5 000—5 200 元之间人数的百分比；②如果要使此县农民年均收入在 $(\mu \pm a)$ 范围内的概率不少于 0.95，则 a 至少有多大？[已知 $\varnothing(1) = 0.841\,3$，$\varnothing(1.96) = 0.975$]

6. 从南郊某地乘车前往北区火车站有两条路线可走，第一条路线路程较短但比较容易遇到交通阻塞，所需时间服从正态分布 $N(50, 100)$；第二条路线路程较长但道路较为通畅，所需时间服从正态分布 $N(60, 16)$。若有 70 分钟的时间可用，问应该选择哪一条路线更有把握准时赶到火车站。

7. 设连续型随机变量 X 的分布函数为

$$F(x) = \begin{cases} 0, & x < -1 \\ a + b\,arcsinx, & -1 \leqslant x \leqslant 1 \\ 1, & x > 1 \end{cases}$$

计算 a，b 的值和 $P\{-1 < X < 1/2\}$。

8. 设随机变量 X 的分布律如下表，试求 X 的分布函数。

X	0	1	2
P	0.1	0.6	0.3

9. 假定某公司职员每周的加班津贴服从均值为 50 元，标准差为 10 元的正态分布，那么全公司中有多少比例的职员每周的加班津贴会超过 70 元？又有多少比例的职员每周的加班津贴在 40 元到 60 元之间呢？

10. 设 $X \sim N(\mu, \sigma^2)$，已知 $P\{X > 250\} = P\{X < 350\} = 0.923\,6$。试求概率 $P\{X < 321\}$。

一、单项选择题

1. D。【解析】随机变量是不确定事件的变量表达，虽然每次事件出现何值不能确定，但是可以确定可能取哪些值。

2. B。【解析】该题总体均值为6.8毫米，总体方差为0.36。

3. C。【解析】样本是实体，观测值是对样本的具体描述。

4. D。【解析】统计量是由样本计算出来的量，样本量是样本容量，是人为事先确定的，不是由样本计算而来的。

5. B。【解析】标准正态分布的方差为1。

6. A。【解析】正态分布曲线在对称轴取最大值，关于均值对称。

7. D。【解析】随机抽样体现为每个总体单位被抽取的概率相等，100%抽样不具有随机性，属于必然事件。

8. C。【解析】概率表达事件发生的可能性大小，不是事件发生的百分率，在一次随机试验中，某一事件要么发生要么不发生，不会因为发生可能性大就一定会发生。

9. B。【解析】方差是度量离散程度的指标，期望值是度量集中程度的指标，协方差是衡量两个变量的总体误差的指标，相关系数是度量事物关系紧密程度的指标。

10. A。【解析】相关系数只讨论变量之间的线性相关关系，相关系数为0说明不存在线性关系。

11. A。【解析】$D(3X-2Y) = D(3X) + D(-2Y) = 3^2DX + (-2)^2DY = 9 \times 4 + 4 \times 2 = 44$。

12. A。【解析】连续型随机变量在任一点发生的概率为0。

13. A。【解析】标准正态分布数学期望为0，方差为1。

14. B。【解析】一般正态分布转化为标准正态分布的公式为：$Z = \dfrac{X-\mu}{\sigma} \sim N(0,1)$。

15. B。【解析】方差越大，说明个体差异越大，数据越分散，曲线越扁平。

16. C。【解析】概率 $P\{|X-\mu| < \sigma\}$ 相当于 $P\{\dfrac{|X-\mu|}{\sigma} < 1\}$，这是标准正态分布，是常数。

17. A。【解析】大数定理揭示大量随机变量的平均结果具有稳定性。

18. D。【解析】中心极限定理表明，只要样本容量足够大，所有分布均可用类似正态分布近似处理。

19. C。【解析】离散型变量具有可数性，可以一一枚举。

20. C。【解析】数学期望实质上可以理解为平均数。

21. A。【解析】对于二项分布，$EX = np$，$DX = np(1-p)$，代入得 $p = 0.2$，$n = 5$。

22. C。【解析】根据3Sigma原理，数值分布在 $(\mu-\sigma, \mu+\sigma)$ 中的概率为0.682 7，数值分布在 $(\mu-2\sigma, \mu+2\sigma)$ 中的概率为0.954 5，数值分布在 $(\mu-3\sigma, \mu+$

3σ) 中的概率为 0.997 3。$p\{164 - 4 < X < 164 + 4\} = 68.27\%$，所以 $p\{X < 160\} = 1 - [(1-68.27\%)/2 + 68.27\%] = 15.865\%$

23. A。【解析】利用 3Sigma 原理求解。

24. D。【解析】概率表达可能性，当试验次数足够多时，发生的比例接近概率值。

25. A。【解析】利用分布函数的归一性，$F(+\infty) = 1$ 可以判断 $a + b = 1$。

26. D。【解析】利用归一性分段积分 $\int_{-\infty}^{0} A\,e^{x}\,dx + \int_{0}^{+\infty} A\,e^{-x}\,dx = 1$。

27. D。【解析】分布函数具有单调不减、右连续、非负等特性。

28. D。【解析】正态分布密度函数定义域是整个实数域，值域是非负的实数。

29. B。【解析】在正态总体且总体方差已知的前提下，样本均值抽样分布服从 $N(\mu, \dfrac{\sigma^2}{n})$，即 $n = 16 \times 16/4 = 64$。

30. C。【解析】参数是描述总体的，是确定的但是未知的常量。

31. D。【解析】统计学中大样本标准是样本容量大于或等于 30。

32. A。【解析】抽样误差是样本均值和总体均值之间的差值。

33. C。【解析】样本均值的均值等于总体均值。

34. A。【解析】样本容量越多越近似于正态分布。

35. A。【解析】因为 $X \sim N(16, 1.5^2)$，所以 $\bar{x} \sim N(16, \dfrac{1.5^2}{4})$，则 $p\{\bar{x} > 17\} = p\left\{\dfrac{\bar{x} - 16}{\frac{1.5}{2}} > \dfrac{17 - 16}{\frac{1.5}{2}}\right\} = 1 - \emptyset(1.33) = 1 - 0.903\,2 = 0.096\,8$。

36. D。【解析】样本均值的分布规律：$\bar{X} \sim N(\mu, \dfrac{\sigma^2}{n})$。

37. D。【解析】抽样分布的均值等于估计参数的值称为无偏估计。

38. A。【解析】因为 $\bar{X} \sim N(75, \dfrac{12^2}{36})$，所以 $P\{\bar{X} > 78\} = 1 - P\{\bar{X} \leqslant 78\}$。

39. B。【解析】样本均值的方差为总体方差的 $1/n$，样本容量越大方差会越小。

40. B。【解析】由 $\bar{X} \sim N(\mu, \dfrac{\sigma^2}{n})$，有 $\mu = 50$，$\dfrac{\sigma^2}{n} = 1$。

41. B。【解析】抽样分布服从 $\bar{X} \sim N(\mu, \dfrac{\sigma^2}{n})$，即 $N[25\,000, (4\,000/10)^2]$ 的正态分布。

42. B。【解析】抽样分布的数学期望等于待估参数，是无偏估计。

43. B。【解析】均值等于总体均值，方差是总体方差的 $1/100$。

44. B。【解析】根据中心极限定理，无论何种分布当样本容量达到一定程度都会近似服从正态分布。

45. A。【解析】参数描述总体，统计量描述样本。

46. D。【解析】无偏估计量是指 $E(\hat{\theta}) = \theta$。

47. B。【解析】样本比率的方差等于总体比率方差的 $1/n$。

48. D。【解析】因为 $X \sim N(50, 5^2)$，所以 $\bar{x} \sim N(50, \frac{5^2}{30})$，则 $p\{\bar{x} > 51\} =$

$p\left\{\frac{\bar{x} - 50}{5/\sqrt{30}} > \frac{51 - 50}{5/\sqrt{30}}\right\} = 1 - \emptyset(1.10) = 1 - 0.864\,3 = 0.135\,7$。

49. D。【解析】因为 $X \sim N(5\,500, 500^2)$，所以 $\bar{x} \sim N(5\,500, \frac{500^2}{10})$，则

$p\{\bar{x} < 5\,700\} = p\left\{\frac{\bar{x} - 5\,500}{500/\sqrt{10}} < \frac{5\,700 - 5\,500}{500/\sqrt{10}}\right\} = \emptyset(1.26) = 0.896\,2$。

50. D。【解析】样本容量为100属于大样本，近似正态分布。

51. A。【解析】虽然是小样本，但是正态总体的抽样分布和大样本一样。

52. D。【解析】不重复抽样的标准误差为 $\frac{\sigma}{\sqrt{n}}\sqrt{\frac{N-n}{N-1}} = \frac{10}{\sqrt{50}}\sqrt{\frac{50\,000-50}{50\,000-1}} =$

1.41。

53. B。【解析】总体方差为 $0.55 \times 0.45 = 0.247\,5$，样本方差为 $0.247\,5/100$，由此标准差为0.05。

54. A。【解析】容量越大，样本比例方差越小。

55. C。【解析】重复抽样和非重复抽样只影响方差，不影响抽样均值，样本均值都等于总体均值。

56. C。【解析】不重复抽样情况下样本均值的标准差要乘以修正系数 $\sqrt{\frac{N-n}{N-1}}$。

57. A。【解析】样本比率近似服从正态分布，即 $p \sim N\left[\pi, \frac{\pi(1-\pi)}{n}\right]$。

58. B。【解析】总体均值为8，样本均值的数学期望为总体均值8。

59. B。【解析】抽样比率的抽样标准差为 $\sqrt{\frac{\pi(1-\pi)}{n}} = \sqrt{\frac{0.55 \times 0.45}{200}} = 0.035$。

60. B。【解析】样本比率的数学期望等于总体比率。

61. D。【解析】按照多层级管理的总体可以采用分层抽样。

62. D。【解析】从不同类别中分别抽样的方式是分层抽样。

63. B。【解析】整群抽样是先分层，再整群全部抽取；分层是层次随机抽，层内随机抽。

64. C。【解析】间隔一个相同的周期进行抽样的方式是系统抽样或等距抽样。

65. B。【解析】F分布是只在第一象限内的右偏分布。

66. B。【解析】样本比率的数学期望等于总体比率。

67. A。【解析】因为 $x \sim N(200, 20^2)$，因此 $P\{x < 230\} = P\{\frac{x - 200}{20} <$

$\frac{230 - 200}{20}\} = \emptyset(1.5) = 0.93$。

68. A。【解析】由题意有 $\frac{8}{\sqrt{n}} = 2$，$n = 16$。

69. B。【解析】由 $E(p) = \pi$ 有 $E(p) = 0.05$。

70. C。【解析】总体方差为 $0.5 \times 0.5 = 0.25$，样本比率抽样标准差为 $\frac{0.25}{100}$，方差为 0.05。

二、判断题

1. 对。【解析】随机事件数字化需要引进随机变量。

2. 对。【解析】顾客性别只有两种状态，可数可列。

3. 错。【解析】误差可以取任意实数，是连续型变量。

4. 错。【解析】分布函数是右连续的，但不一定是连续函数。

5. 错。【解析】一般离散型随机变量分布函数是跳跃函数，连续型随机变量分布函数是连续函数。

6. 对。【解析】概率密度函数一定是非负的。

7. 对。【解析】几乎所有的推断统计都依赖于正态分布。

8. 对。【解析】一般正态分布都可以转换为标准正态分布。

9. 错。【解析】分层抽样样本的代表性比较好，抽样误差比较小。

10. 对。【解析】抽样分布是一种理论分布，现实中不可能将所有抽样结果一一罗列。

11. 错。【解析】不重复抽样的误差要小于重复抽样，不重复抽样误差需要乘以一个小于1的修正系数。

12. 错。【解析】参数只能估计和推断，不能计算。

13. 对。【解析】统计量由样本计算而得。

14. 对。【解析】由公式 $EX = \sum xp$ 可得概率是权重。

15. 对。【解析】推断统计的基本方法论就是用样本推断总体。

16. 错。【解析】样本均值的数学期望等于总体均值。

17. 错。【解析】样本比率平均值等于总体比率。

18. 对。【解析】样本统计量是对应总体参数的点估计量。

19. 错。【解析】只有随机抽样获取的样本才可以用于总体推断。

20. 错。【解析】样本至多是总体的一个缩影，不可能代替总体。

三、计算题

1.【解析】螺栓的长度 $X \sim N(10, 0.05^2)$，则 $Z = \frac{X - 10}{0.05} \sim N(0, 1)$，合格的概率为 $P\{9.9 \leqslant X \leqslant 10.1\}$，标准化后为 $P\{\frac{9.9 - 10}{0.05} \leqslant \frac{X - 10}{0.05} \leqslant \frac{10.1 - 10}{0.05}\} = \Phi(2) - \Phi(-2)$，计算得 0.954 5，所以不合格率为 $1 - 0.954\ 5 = 0.045\ 5$。

2.【解析】(1) $P\{X < 150\} = P\{Z < \frac{|X - 200|}{30}\} = P\{Z < -1.667\} = 0.047\ 79$，所以合格率为 $1 - 0.047\ 79 = 95.221\%$；

（2）令 $P\{|X-200|<k\}\geqslant 0.9$，则有 $P\left\{|Z|=\dfrac{|X-200|}{30}<\dfrac{k}{30}\right\}\geqslant 0.9$，即 $P\left\{Z<\dfrac{k}{30}\right\}\geqslant 0.95$，$\dfrac{k}{30}=1.644\,85$，从而 $k\geqslant 49.345\,6$。

3.【解析】由对称性得 $\mu=\dfrac{250+350}{2}=300$，由 $P\left\{\dfrac{X-300}{\sigma}<\dfrac{350-300}{\sigma}\right\}=0.923\,6$，查表得 $\dfrac{50}{\sigma}=1.43$，方差为 35^2。

4.【解析】设女子身高为随机变量 X，则根据题意有 $X\sim N(1.58,0.06^2)$，所以其样本均值 $\bar{X}\sim N(1.58,\dfrac{0.06^2}{49})$，从而 $P\{1.55<\bar{X}<1.65\}=P\left\{\dfrac{1.55-1.58}{\dfrac{0.06}{\sqrt{49}}}<\dfrac{\bar{X}-1.58}{\dfrac{0.06}{\sqrt{49}}}<\dfrac{1.65-1.58}{\dfrac{0.06}{\sqrt{49}}}\right\}=0.99$。

5.【解析】（1）设 X 表示此县农民平均年收入，则 $X\sim N(5\,000,200^2)$，从

$P\{5\,000<X<5\,200\}=P\left\{\dfrac{5\,000-5\,000}{200}<\dfrac{X-5\,000}{200}<\dfrac{5\,200-5\,000}{200}\right\}=\emptyset(1)-\emptyset(0)=0.841\,3-0.5=0.341\,3;$

（2）$P\{\mu-a<X<\mu+a\}=\emptyset\left(\dfrac{a}{200}\right)-\emptyset\left(-\dfrac{a}{200}\right)=2\emptyset\left(\dfrac{a}{200}\right)-1\geqslant 0.95$

$\emptyset\left(\dfrac{a}{200}\right)\geqslant 0.975$，查表得 $\dfrac{a}{200}\geqslant 1.96$，$a\geqslant 392$。

6.【解析】设第一条、第二条路线所需时间分别是 X 和 Y。则 $X\sim N(50,100)$，$Y\sim N(60,16)$。从而有：

第一条路线准时到达概率：$P\{X<70\}=P\left\{\dfrac{X-50}{10}<\dfrac{70-50}{10}\right\}=\emptyset(2)=0.977\,2;$

第二条路线准时到达概率：$P\{Y<70\}=P\left\{\dfrac{Y-60}{4}<\dfrac{70-60}{4}\right\}=\emptyset(2.5)=0.993\,8;$

所以选第二条路线更有把握一些。

7.【解析】因为 $F(x)$ 在 R 上连续，从而 $F(-1-)=0=F(-1)=a-\dfrac{\pi b}{2}$；

$F(1+)=F(1)=a+\dfrac{\pi b}{2}$，解得 $a=1/2$，$b=1/\pi$。

$P\{-1<X<1/2\}=F(1/2)-F(-1)=2/3$。

8.【解析】

$$F(x)=P(X\leqslant x)=\begin{cases}0, & x<0,\\ 0.1, & 0\leqslant x<1,\\ 0.7 & 1\leqslant x<2,\\ 1, & x\geqslant 2.\end{cases}$$

9.【解析】解：设 $\mu = 50$，$\sigma = 10$，$X \sim N(50, 10^2)$

$$P\{X > 70\} = 1 - P\{X <= 70\} = 1 - P\{\frac{X - 50}{10} \leqslant \frac{70 - 50}{10}\} = 1 - \emptyset(2) = 0.022\,75;$$

$$P\{40 < X < 60\} = P\{\frac{40 - 50}{10} < X < \frac{60 - 50}{10}\} = \emptyset(1) - \emptyset(-1) = 0.682\,6.$$

10.【解析】由对称性有 $\mu = \dfrac{250 + 350}{2} = 300$，其次由 $P\{X<350\} = P\{\dfrac{X - 300}{\sigma} <$

$\dfrac{350 - 300}{\sigma}\} = \emptyset\left(\dfrac{50}{\sigma}\right) = 0.923\,6$，查表得 $\dfrac{50}{\sigma} = 1.43$，从而有方差为 $\sigma^2 = 35 \times 35 =$

$1\,225$。所以 $X \sim N(300, 35^2)$，从而 $P\{X < 321\} = P\{\dfrac{X - 300}{35} < \dfrac{321 - 300}{35}\} = \emptyset(0.6) =$

72.57%。

第四章

一个总体参数的区间估计

第一节　知识结构

（1）估计量是用于估计总体参数的随机变量，如样本均值、样本比率、样本方差等。估计值是估计参数时计算出来的统计量的具体值。

（2）常见的估计方法有点估计和区间估计。点估计是用某一样本统计量的值来估计相应总体参数的值；区间估计是以样本统计量的抽样分布（概率分布）为理论依据，按一定概率要求，由样本统计量的值估计总体参数值的所在范围。

（3）由样本统计量所构造的总体参数的估计区间称为置信区间。总体参数的真值是固定的、未知的，而用不同样本构造的区间是不固定的，因此，置信区间是一个随机区间，它会因样本的不同而不同。将构造置信区间的步骤重复很多次，置信区间包含总体参数真值的次数所占的比率称为置信水平，表示为 $1-\alpha$，常用的置信水平值有 99%、95%、90%。置信区间表达了区间估计的精确性；置信水平表达了区间估计的可靠性（可靠概率）；显著性水平 α 表达了区间估计的不可靠的概率。

（4）估计量的评价标准包括无偏性、一致性和有效性。无偏性是指估计量抽样分布的数学期望等于被估计的总体参数；有效性是指对同一总体参数的两个无偏点估计量，有更小标准差的估计量更有效；一致性是指随着样本容量的增大，估计量的值越来越接近被估计的总体参数。

（5）一个总体均值的区间估计：

①大样本（无论总体是何种分布）：使用正态统计量 $z = \dfrac{\bar{x} - \mu}{\sigma / \sqrt{n}}$，总体均值 μ 在 $1-\alpha$

置信水平下的置信区间为 $\bar{x} \pm Z_{\alpha/2} \dfrac{\sigma}{\sqrt{n}}$；如果总体标准差未知，用样本标准差代替。

②小样本（正态总体）：如果总体方差已知，使用正态统计量 $z = \dfrac{\bar{x} - \mu}{\sigma / \sqrt{n}}$，总体均

值 μ 在 $1-\alpha$ 置信水平下的置信区间为 $\bar{x} \pm Z_{\alpha/2} \dfrac{\sigma}{\sqrt{n}}$。

③小样本（正态总体）：如果总体方差未知，使用 t 统计量 $z = \dfrac{\bar{x} - \mu}{s/\sqrt{n}}$，总体均值 μ 在 $1-\alpha$ 置信水平下的置信区间为 $\bar{x} \pm t_{\alpha/2} \dfrac{s}{\sqrt{n}}$。

（6）一个总体比率的区间估计：假设样本量足够大，样本比率的抽样分布可以由正态分布来近似，使用正态分布统计量 $z = \dfrac{p - \pi}{\sqrt{\dfrac{\pi(1 - \pi)}{n}}}$，总体均值 π 在 $1-\alpha$ 置信水平下的置信区间为 $p \pm Z_{\alpha/2} \sqrt{\dfrac{\pi(1 - \pi)}{n}}$；如果总体比率未知，用样本比率代替。

（7）一个总体方差的区间估计：假设总体服从正态分布，总体方差 σ^2 的点估计量为 s^2，且 $\dfrac{(n - 1)s^2}{\sigma^2} \sim x^2(n - 1)$，总体方差在 $1-\alpha$ 置信水平下的置信区间为 $\dfrac{(n - 1)s^2}{x_{\alpha/2}^2(n - 1)} \leqslant \sigma^2 \leqslant \dfrac{(n - 1)s^2}{x_{1-\alpha/2}^2(n - 1)}$。

（8）样本容量 n 与总体方差、可接受的允许误差 E、可靠性系数 Z 或 t 之间的关系为：与总体方差成正比、与允许误差成反比、与可靠性系数成正比。

第二节　习题集锦

一、单项选择题

1. 对同一问题不重复抽样的平均误差（　　）。
   A. 总是大于重复抽样的平均误差　　　B. 总是小于重复抽样的平均误差
   C. 总是等于重复抽样的平均误差　　　D. 以上情况都可能发生
2. 抽样平均误差的实质是（　　）。
   A. 总体标准差　　　　　　　　　　　B. 抽样总体的标准差
   C. 抽样误差的标准差　　　　　　　　D. 样本平均数的标准误差
3. 抽样平均误差与极限误差间的关系是（　　）。
   A. 抽样平均误差大于极限误差
   B. 抽样平均误差小于极限误差
   C. 抽样平均误差等于极限误差
   D. 抽样平均误差可能大于、小于、等于极限误差
4. 用样本指标估计总体指标要求当样本单位数充分大时，抽样指标也充分地靠近总体指标，称为抽样估计的（　　）。
   A. 无偏性　　　　　　　　　　　　　B. 一致性
   C. 有效性　　　　　　　　　　　　　D. 充分性

5. 在重复的简单随机抽样中，当概率保证度（置信度）从 68.27% 提高到 95.45% 时（其他条件不变），必要的样本容量将会（　　）。

    A. 增加一倍　　　　　　　　　　B. 增加两倍

    C. 增加三倍　　　　　　　　　　D. 减少一半

6. 在其他条件不变的情况下，抽样单位数增加一半，则抽样平均误差（　　）。

    A. 缩小为原来的 81.6%　　　　　B. 缩小为原来的 50%

    C. 缩小为原来的 25%　　　　　　D. 扩大为原来的 4 倍

7. 抽样调查的主要目的是（　　）。

    A. 用样本指标来推算总体指标　　B. 对调查单位做深入研究

    C. 计算和控制抽样误差　　　　　D. 广泛运用数学方法

8. 抽样调查必须遵循的基本原则是（　　）。

    A. 可比性原则　　　　　　　　　B. 随机性原则

    C. 可靠性原则　　　　　　　　　D. 灵活性原则

9. 在简单随机重复抽样条件下，当抽样平均误差缩小为原来的 1/2，则样本单位数为原来的（　　）。

    A. 2 倍　　　　　　　　　　　　B. 3 倍

    C. 4 倍　　　　　　　　　　　　D. 1/4 倍

10. 按随机原则直接从 N 个单位中抽取 n 个单位作为样本，这种抽样组织形式是（　　）。

    A. 简单随机抽样　　　　　　　　B. 类型抽样

    C. 等距抽样　　　　　　　　　　D. 整群抽样

11. 抽样误差是指（　　）。

    A. 在调查过程中由观察、测量等差错引起的误差

    B. 在调查中违反随机原则出现的系统误差

    C. 随机抽样而产生的代表性误差

    D. 人为原因所造成的错误

12. 事先将总体各单位按某一标志排列，然后依照排列顺序按相同间隔来抽选调查单位的抽样称为（　　）。

    A. 简单随机抽样　　　　　　　　B. 类型抽样

    C. 等距抽样　　　　　　　　　　D. 整群抽样

13. 在一定的抽样平均误差条件下（　　）。

    A. 扩大极限误差范围，可以提高推断的可靠程度

    B. 扩大极限误差范围，可以降低推断的可靠程度

    C. 缩小极限误差范围，可以提高推断的可靠程度

    D. 缩小极限误差范围，不改变推断的可靠程度

14. 反映样本指标和总体指标之间的平均误差程度的指标是（　　）。

    A. 抽样误差系数　　　　　　　　B. 概率度

    C. 抽样平均误差　　　　　　　　D. 抽样极限误差

15. 抽样平均误差是（　　　）。

  A. 全及总体的标准差   B. 样本的标准差

  C. 抽样指标的标准误差   D. 抽样误差的平均差

16. 当成数（比率）为（　　　）时，其成数（比率）的方差最大。

  A. 1   B. 0

  C. 0.5   D. −1

17. 对某行业职工收入情况进行抽样调查，得知其中 80% 的职工收入在 4 000 元以下，抽样平均误差为 2%，当概率为 95.45% 时，该行业职工收入在 4 000 元以下所占比重是（　　　）。

  A. 78%   B. 大于 84%

  C. 在 76% 与 84% 之间   D. 小于 76%

18. 假定一个拥有一亿人口的大国和百万人口的小国居民年龄变异程度相同，现在各自用重复抽样方法抽取本国 1% 人口计算平均年龄，则平均年龄抽样平均误差（　　　）。

  A. 不能确定   B. 两者相等

  C. 前者比后者大   D. 前者比后者小

19. 在其他条件不变的情况下，提高估计的概率保证度（置信度），估计的精确程度（　　　）。

  A. 随之扩大   B. 随之减小

  C. 保持不变   D. 无法确定

20. 对某种连续生产的产品进行质量检验，要求每隔一小时抽出 10 分钟的产品进行检验，这种抽样方式是（　　　）。

  A. 随机抽样   B. 类型抽样

  C. 等距抽样   D. 整群抽样

21. 对甲、乙两个工厂工人平均工资进行纯随机不重复抽样调查，调查的工人数一样，两工厂工人工资方差相同，但甲厂工人总数比乙厂工人总数多一倍，则抽样平均误差（　　　）。

  A. 甲厂比乙厂大   B. 乙厂比甲厂大

  C. 两个工厂一样大   D. 无法确定

22. 把地理区域划片进行的区域抽样，其抽样方法属于（　　　）。

  A. 随机抽样   B. 等距抽样

  C. 整群抽样   D. 类型抽样

23. 抽样调查按抽取样本的方法不同可分为（　　　）。

  A. 大样本和小样本   B. 重复抽样和不重复抽样

  C. 点估计和区间估计   D. 随机抽样和分层抽样

24. 当提高抽样误差的可靠性时，推断的准确性将（　　　）。

  A. 保持不变   B. 随之缩小

  C. 随之扩大   D. 无法确定

25. 成数（比率）和成数标准差的关系是（　　　）。

A. 成数的数值越接近 1，成数标准差越大

B. 成数的数值越接近 0，成数标准差越大

C. 成数的数值越接近 0.5，成数标准差越大

D. 成数的数值越接近 0.25，成数的标准差越大

26. 纯随机重复抽样条件下，当允许误差扩大一倍，则抽样单位数（　　）。

    A. 只需原来的 1/2　　　　　　　　B. 只需原来的 1/4

    C. 只需原来的 1 倍　　　　　　　　B. 只需原来的 $\sqrt{2}$ 倍

27. 根据抽样的资料，一年级优秀生比重为 10%，二年级为 20%，在抽样人数相等的条件下，优秀生比重的抽样平均误差（　　）。

    A. 一年级较大　　　　　　　　　　B. 二年级较大

    C. 相同　　　　　　　　　　　　　　D. 无法比较

28. 根据抽样测得 100 名 4 岁男孩的平均身高为 95 厘米，标准差为 4 厘米，由此估计全体 4 岁男孩平均身高在 93.8 厘米到 96.2 厘米之间的概率为（　　）。（$t=3$ 时，概率为 99.73%）

    A. 68.27%　　　　　　　　　　　　B. 95%

    C. 59.45%　　　　　　　　　　　　D. 99.73%

29. 在纯随机重复抽样条件下，当抽样极限误差为 10 时，样本单位数 $n=100$；若其他条件不变，当极限误差为 20 时，样本单位数是（　　）。

    A. 400　　　　　　　　　　　　　　B. 100

    C. 50　　　　　　　　　　　　　　　D. 25

30. 在其他条件不变的情况下，提高估计的置信度，其估计的精准程度（　　）。

    A. 随之扩大　　　　　　　　　　　B. 随之缩小

    C. 保持不变　　　　　　　　　　　D. 无法确定

31. 下列选项中关于简单随机抽样的表述正确的是（　　）。

    A. 总体单位入样概率不相等　　　B. 适合个体差异大的调查

    C. 利用了抽样框更多的信息　　　D. 是最基本的随机抽样方法

32. 若总体平均数 $\mu=50$，在一次抽样调查中测得 $\bar{x}=48$，则以下说法正确的是（　　）。

    A. 抽样极限误差为 2　　　　　　　B. 抽样平均误差为 2

    C. 抽样实际误差为 2　　　　　　　D. 以上都不对

33. 重复抽样条件下，成数的抽样标准误差计算公式是（　　）。

    A. $\sqrt{P^2(1-P^2)/n}$　　　　　　　　B. $\sqrt{P(1-P)/n}$

    C. $\sqrt{P(1-P)}/n$　　　　　　　　D. $P(1-P)/\sqrt{n}$

34. 在其他条件不变的情况下，采用重复抽样方式，将允许误差扩大为原来的 3 倍，则样本容量（　　）。

    A. 扩大为原来的 9 倍　　　　　　　B. 扩大为原来的 3 倍

    C. 缩小为原来的 1/9 倍　　　　　　D. 缩小为原来的 1/3 倍

35. 随着样本容量的增大，估计量的值会越来越靠近总体参数的真值，符合这一要

求的估计量被称为（　　　　）。

    A. 无偏估计量　　　　　　　　　　B. 有效估计量

    C. 一致统计量　　　　　　　　　　D. 充分估计量

36. 下列选项中关于抽样标准误差的叙述错误的是（　　　　）。

    A. 抽样标准误差是抽样分布的标准差

    B. 抽样标准误差的理论值是唯一的，与所抽样本无关

    C. 抽样标准误差比抽样极限误差小

    D. 抽样标准误差只能衡量抽样中的偶然性误差的大小

37. 简单重复随机抽样条件下，欲使误差范围缩小一半，其他要求不变，则样本容量须（　　　　）。

    A. 增加 2 倍　　　　　　　　　　　B. 增加 3 倍

    C. 减少 2 倍　　　　　　　　　　　D. 减少 3 倍

38. 调查某市电话网 100 次通话，得知通话平均时间为 4 分钟，标准差为 2 分钟，在 95.45% 的置信水平下，估计通话的平均时间为（　　　　）。

    A. (3.9, 5.1)　　　　　　　　　　　B. (3.8, 4.2)

    C. (3.7, 4.3)　　　　　　　　　　　D. (3.6, 4.4)

39. 从 2 000 名学生中按不重复抽样方法抽取了 100 名学生进行调查，其中有女生 45 名，则样本成数的抽样标准误差为（　　　　）。

    A. 0.24%　　　　　　　　　　　　B. 4.85%

    C. 4.97%　　　　　　　　　　　　D. 以上都不对

40. 重复抽样条件下，平均数的抽样标准误差计算公式是（　　　　）。

    A. $\sigma^2/\sqrt{n}$　　　　　　　　　　　　B. $\sigma/\sqrt{n}$

    C. $\sqrt{\sigma/n}$　　　　　　　　　　　　D. $\sqrt{\sigma/n}$

41. 抽样误差是指（　　　　）。

    A. 调查中产生的登记性误差　　　　B. 调查中产生的责任误差

    C. 调查中产生的随机误差　　　　　D. 计算过程中产生的误差

42. 在抽样调查中（　　　　）。

    A. 既有登记性误差，也有代表性误差

    B. 只有登记性误差，没有代表性误差

    C. 没有登记性误差，只有代表性误差

    D. 既没有登记性误差，也没有代表性误差

43. 抽样平均误差是（　　　　）。

    A. 个别样本指标同总体指标的绝对离差

    B. 系统误差和随机误差的平均数

    C. 所有可能的样本指标的标准差

    D. 反映抽样误差大小的指标

44. 简单随机抽样这种组织形式（　　　　）。

    A. 适合于各部分差异很大的总体　　B. 适合于均匀总体

    C. 按随机原则分类抽取样本单位　　D. 抽样前先对总体单位进行排队

45. 对入库的一批产品抽检 10 件，其中有 9 件合格，对该抽样合格率抽样平均误差和不合格率抽样平均误差（　　　）。

  A. 相等   B. 合格率大

  C. 不合格率大   D. 无法比较

46. 在简单随机重复抽样情况下，若要求允许误差为原来的 2/3，其他条件不变的情况下样本容量应（　　　）。

  A. 扩大为原来的 3 倍   B. 扩大为原来的 2/3 倍

  C. 扩大为原来的 4/9 倍   D. 扩大为原来的 2.25 倍

47. 大样本是指样本单位数在（　　　）。

  A. 30 个以上   B. 50 个以上

  C. 80 个以上   D. 100 个以上

48. 抽样指标与总体指标之间抽样误差的可能范围是（　　　）。

  A. 抽样平均误差   B. 抽样极限误差

  C. 区间估计范围   D. 置信区间

49. 抽样平均误差说明抽样指标与总体指标之间的（　　　）。

  A. 实际误差   B. 平均误差

  C. 实际误差的平方   D. 允许误差

50. 总体平均数和样本平均数之间的关系是（　　　）。

  A. 总体平均数是确定的，样本平均数是随机变量

  B. 两者都是随机变量

  C. 总体平均数是随机变量，样本平均数是确定的

  D. 两者都是确定值

51. 抽样推断是在抽样调查的基础上，利用样本的实际资料计算（　　　），并据此推算总体相应特征值的统计研究方法。

  A. 样本指标   B. 总体指标

  C. 个体指标   D. 任意指标

52. 抽样估计的置信度是（　　　）。

  A. 概率度   B. 区间范围的大小

  C. 概率保证程度   D. 与概率无关的量

53. 对 400 名大学生抽取 19% 进行不重复抽样调查，优等生比重为 20%，在概率为 95.45% 的条件下，优等生比重的极限误差是（　　　）。

  A. 4.0%   B. 4.13%

  C. 9.18%   D. 8.26%

54. 在区间估计中，有三个基本要素是（　　　）。

  A. 概率度、抽样平均误差、误差范围

  B. 概率度、点估计值、误差范围

  C. 点估计值、抽样平均误差、概率度

  D. 误差范围、抽样平均误差、总体单位数

55. 随机抽样的基本要求是（　　）。

　　A. 准确性原则　　　　　　　　　B. 随机性原则

　　C. 代表性原则　　　　　　　　　D. 可靠性原则

56. 抽样调查的主要目的是（　　）。

　　A. 广泛应用数学方法　　　　　　B. 计算和控制抽样误差

　　C. 修正普通资料　　　　　　　　D. 用样本指标推测总体指标

57. 抽样总体单位也可称为（　　）。

　　A. 样本　　　　　　　　　　　　B. 单位样本数

　　C. 样本单位　　　　　　　　　　D. 总体单位

58. 在实际应用中，不重复抽样的抽样平均误差的计算，采用重复抽样的公式的场合是（　　）。

　　A. 抽样单位数占总体单位数的比重很小时

　　B. 抽样单位数占总体单位数的比重很大时

　　C. 抽样单位数目很少时

　　D. 抽样单位数目很多时

59. 在其他条件不变的情况下，抽样单位数和抽样误差的关系是（　　）。

　　A. 抽样单位数越大，抽样误差越大

　　B. 抽样单位数越大，抽样误差越小

　　C. 抽样单位数的变化与抽样误差的数值无关

　　D. 抽样误差变化程度是抽样单位数变动程度的 1/2

60. 用简单随机重复抽样的方法抽取样本单位，如果要使抽样平均误差降低 50%，则样本容量需要扩大到原来的（　　）。

　　A. 2 倍　　　　　　　　　　　　B. 3 倍

　　C. 4 倍　　　　　　　　　　　　D. 5 倍

61. 抽样指标是（　　）。

　　A. 确定性变量　　　　　　　　　B. 随机变量

　　C. 连续变量　　　　　　　　　　D. 离散变量

62. 考虑顺序的重复抽样方法，从 4 个单位中抽取 2 个单位组成一个样本，样本可能数目是（　　）。

　　A. 16　　　　　　　　　　　　　B. 12

　　C. 10　　　　　　　　　　　　　D. 6

63. 考虑顺序的重复抽样方法，从 4 个单位中抽取 2 个单位组成一个样本，样本容量是（　　）。

　　A. 16　　　　　　　　　　　　　B. 12

　　C. 10　　　　　　　　　　　　　D. 2

64. 考虑顺序的不重复抽样方法，从 4 个单位中抽取 2 个单位组成一个样本，样本容量是（　　）。

　　A. 16　　　　　　　　　　　　　B. 12

　　C. 10　　　　　　　　　　　　　D. 2

65. 考虑顺序的不重复抽样方法，从 4 个单位中抽取 2 个单位组成一个样本，可能的样本数是（　　）。

    A. 16　　　　　　　　　　　　B. 12

    C. 10　　　　　　　　　　　　D. 2

66. 样本均值的抽样标准差（　　）。

    A. 随着样本容量的增大而减小　　　B. 随着样本容量的增大而增大

    C. 与样本容量的大小无关　　　　　D. 大于总体标准差

67. 样本比率的抽样标准误差（　　）。

    A. 随着样本容量增大而增大　　　　B. 与样本容量大小无关

    C. 小于总体标准差　　　　　　　　D. 大于总体标准差

68. 在置信区间的估计中，对于大样本，临界值为 1.96 所对应的置信水平是（　　）。

    A. 85%　　　　　　　　　　　　B. 90%

    C. 95%　　　　　　　　　　　　D. 99%

69. 抽取一个容量为 100 的随机样本，其均值为 81，标准差 12。总体均值的 90% 的置信区间为（　　）。

    A. 81±1.97　　　　　　　　　　B. 81±2.35

    C. 81±3.10　　　　　　　　　　D. 81±3.52

70. 抽取一个容量为 100 的随机样本，其均值为 81，标准差 12。总体均值的 95% 的置信区间为（　　）。

    A. 81±1.97　　　　　　　　　　B. 81±2.35

    C. 81±3.10　　　　　　　　　　D. 81±3.52

71. 抽取一个容量为 100 的随机样本，其均值为 81，标准差 12。总体均值的 99% 的置信区间为（　　）。

    A. 81±1.97　　　　　　　　　　B. 81±2.35

    C. 81±3.10　　　　　　　　　　D. 81±3.52

72. 从一个总体均值为 μ，标准差为 σ 的总体中抽取容量为 400 的随机样本。已知 $\sum x = 2\,280$，$\sum x^2 = 38\,532$。总体均值 μ 的 90% 的置信区间为（　　）。

    A. 5.7±0.66　　　　　　　　　　B. 5.7±1.03

    C. 5.7±1.96　　　　　　　　　　D. 5.7±2.58

73. 从一个正态总体中随机抽取容量为 n 的样本，其均值和标准差分别为 33 和 4。当 $n=5$ 时，构造总体均值 95% 的置信区间为（　　）。

    A. 33±4.97　　　　　　　　　　B. 33±2.22

    C. 33±1.65　　　　　　　　　　D. 33±1.96

74. 从一个正态总体中随机抽取容量为 n 的样本，其均值和标准差分别为 33 和 4。当 $n=25$ 时，构造总体均值 95% 的置信区间为（　　）。

    A. 33±4.97　　　　　　　　　　B. 33±2.22

    C. 33±1.65　　　　　　　　　　D. 33±1.96

75. 从一个正态总体中随机抽取容量为 n 的样本，其均值和标准差分别为 33 和 4。当 $n=45$ 时，构造总体均值 95% 的置信区间为（　　）。

A. 33±4.97   B. 33±2.22

C. 33±1.65   D. 33±1.17

76. 在某个电视节目的收视率调查中，随机抽取了165个家庭作为样本，其中观看该电视节目的家庭有101个。用90%的置信水平构造的估计观看该节目的家庭比率的置信区间为（   ）。

A. 61.21%±3%   B. 61.21%±4%

C. 61.21%±5%   D. 61.21%±6%

77. 根据 $n = 250$，$p = 0.38$ 的样本计算的样本比率的抽样标准差为（   ）。

A. 0.031   B. 0.016

C. 0.043   D. 0.052

78. 在样本容量为100的样本中，成功的比率为20%，总体比率的95%的置信区间为（   ）。

A. 0.2±0.078   B. 0.2±0.028

C. 0.2±0.048   D. 0.2±0.058

79. 在对2 000个消费者进行调查时，有64%的人认为他们购买商品首先考虑的是价格因素。估计消费者群体中根据价格做出购买决策比率的置信区间，将置信水平从99%降到90%，置信区间的宽度会（   ）。

A. 变宽   B. 变窄

C. 不变   D. 无法确定

80. 从一个服从正态分布的总体中抽取容量为20的样本进行调查，如果总体方差未知，估计总体均值应该采用（   ）。

A. t 分布   B. z 分布

C. F 分布   D. 卡方分布

二、多项选择题

1. 采用分层抽样的组织形式（   ）。

A. 需要对总体各单位进行分组

B. 组内是进行全面调查

C. 抽样误差较其他几种组织形式要小

D. 最符合随机原则

E. 最适合普查

2. 抽样误差的表现形式有（   ）。

A. 抽样实际误差   B. 登记性误差

C. 抽样标准误差   D. 抽样极限误差

E. 抽样框错误

3. 抽样的参数估计方法一般有（   ）。

A. 点估计   B. 等比估计

C. 区间估计   D. 非线性估计

E. 线性估计

4. 抽样标准误差是（　　　　）。

　　A. 反映样本指标与总体指标的平均误差程度

　　B. 样本指标的标准差

　　C. 总体指标的标准差

　　D. 衡量抽样指标对于全及指标代表程度的尺度

　　E. 衡量总体各指标值差异的平均水平

5. 抽样极限误差、抽样标准误差、抽样概率度三者中，当其中一者固定时，另两者之间关系为（　　　　）。

　　A. 抽样标准误差与抽样概率度成反比

　　B. 抽样极限误差与抽样标准误差成正比

　　C. 抽样极限误差与抽样概率度成正比

　　D. 抽样标准误差与抽样概率度成正比

　　E. 抽样极限误差和抽样标准误差成反比

6. 抽样法是一种（　　　　）。

　　A. 搜集统计资料的方法

　　B. 对现象的总体进行科学估计和推断的方法

　　C. 随机性的非全面调查方法

　　D. 快速准确的调查方法

　　E. 抽选少数典型单位进行调查的方法

7. 推断统计中抽样误差（　　　　）。

　　A. 是不可避免要产生的　　　　　B. 是可以通过改进调查方法来消除的

　　C. 是可以事先计算出来的　　　　D. 只能在调查结束后才能计算

　　E. 其大小是可以控制的

8. 影响抽样误差的因素有（　　　　）。

　　A. 是有限总体还是无限总体　　　B. 是重复抽样还是不重复抽样

　　C. 总体被研究标志的变异程度　　D. 抽样单位数目的多少

　　E. 抽样组织方式不同

9. 点估计量的评价标准有（　　　　）。

　　A. 一致性　　　　　　　　　　　B. 准确性

　　C. 客观性　　　　　　　　　　　D. 无偏性

　　E. 有效性

10. 抽样平均误差（　　　　）。

　　A. 是抽样平均数（或抽样比率）的平均数

　　B. 是抽样平均数（或抽样比率）的平均差

　　C. 是抽样平均数（或抽样比率）的标准差

　　D. 是计算抽样极限误差的衡量尺度

　　E. 是反映抽样平均数（或抽样比率）与总体平均数（或总体比率）的平均误差程度

11. 要增大抽样推断的概率保证程度，可以（　　　　）。

A. 缩小估计区间　　　　　　　　B. 增大抽样误差范围

C. 缩小抽样误差范围　　　　　　D. 增加抽样数目

E. 增大估计区间

12. 在其他条件不变的情况下，抽样极限误差的大小和概率保证程度的关系是（　　）。

A. 允许误差范围越小，概率保证程度越大

B. 允许误差范围越小，概率保证程度越小

C. 允许误差范围越大，概率保证程度越大

D. 成正比关系

E. 成反比关系

13. 在一定误差范围的要求下（　　）。

A. 置信度大，要求可靠性低，抽取数目相应要多

B. 置信度大，要求可靠性高，抽取数目相应要多

C. 置信度小，要求可靠性低，抽取数目相应要少

D. 置信度小，要求可靠性高，抽取数目相应要少

E. 置信度小，要求可靠性低，抽取数目相应要多

14. 影响抽样误差大小的因素有（　　）。

A. 抽样组织方式和抽样方法不同　　B. 总体的标志变异大小不同

C. 样本单位数多少　　　　　　　　D. 样本标志变动度的大小

E. 重复抽样和非重复抽样不同

15. 常用的统计量有（　　）。

A. 样本平均数　　　　　　　　　　B. 样本成数

C. 样本方差　　　　　　　　　　　D. 总体标准差

E. 总体均值

16. 在一个 20 000 人的学校开展调查，抽取了 100 个学生，在该项调查中（　　）。

A. 总体单位数是 20 000　　　　　　B. 样本个数是 20 000

C. 样本容量是 100　　　　　　　　D. 属于小样本

E. 属于非随机样本

17. 进行区间估计，应掌握的指标有（　　）。

A. 样本指标　　　　　　　　　　　B. 置信水平

C. 抽样平均误差　　　　　　　　　D. 样本单位数

E. 总体方差

18. 提高抽样推断的准确性，可以采用的方法是（　　）。

A. 增加样本单位数　　　　　　　　B. 缩小总体被研究标志的变异度

C. 选用适宜的抽样组织形式　　　　D. 采用重复抽样方法

E. 多次采用求平均值

19. 影响样本容量的因素有（　　）。

A. 总体各单位标志变异程度　　　　B. 样本各单位标志变异程度

C. 允许误差的范围　　　　　　　　D. 抽样推断的可靠程度

E. 抽样方法和组织方式

20. 在估计某一个总体均值时，随机抽取了 n 个单元作为样本，用样本均值作估计量，在构造置信区间时，发现置信区间太宽，可能原因是（　　）。

    A. 样本容量太小   B. 总体单位变异度大

    C. 置信水平太高   D. 选择的估计量有偏差

    E. 抽样时没有按照随机原则

21. 根据某地区工人工资的样本资料，估计该地区工人平均工资的95%的置信区间为（3 000，4 500），则下列选项中说法正确的是（　　）。

    A. 该地区平均工资有95%的可能性落入该置信区间

    B. 该地区平均工资有5%的可能性落入该置信区间之外

    C. 该置信区间有95%的概率包含该地区的平均工资

    D. 该置信区间的误差不超过5%

    E. 在100次重复试验中，有95次都是正确的

22. 以样本均值为估计量对总体均值进行区间估计，且总体方差已知，则下列选项中说法错误的是（　　）。

    A. 95%的置信区间比90%的置信区间宽

    B. 样本容量小的置信区间较小

    C. 相同置信水平下，样本量大的区间较大

    D. 样本均值越小，区间越大

    E. 样本方差越小，区间越大

23. 在参数估计中利用 t 分布构造置信区间的条件是（　　）。

    A. 总体是正态分布   B. 小样本

    C. 总体方差已知   D. 总体方差未知

    E. 样本方差已知

24. 在参数估计中对于小样本利用 z 分布构造置信区间的条件是（　　）。

    A. 样本方差已知   B. 正态分布

    C. 总体方差已知   D. 总体方差未知

    E. 非正态分布

25. 关于估计量，下列选项中说法正确的是（　　）。

    A. 用来估计总体参数的统计量的名称

    B. 用来估计总体参数的统计量的具体数值

    C. 总体参数的名称

    D. 总体参数的具体数值

    E. 一般用样本统计量作为总体参数的估计量

26. 关于无偏估计，下列选项中说法正确的是（　　）。

    A. 统计量的值恰好等于待估的总体参数

    B. 所有可能样本估计量值的数学期望等于待估总体参数

    C. 样本估计值围绕待估总体参数使其误差最小

    D. 样本量扩大到和总体单元相等时与总体参数一致

    E. 一个待估参数可能有多个无偏估计量

27. 下列选项中关于点估计的描述，正确的是（   ）。
    A. 不能给出总体参数的准确估计
    B. 不能给出总体参数的有效估计
    C. 不能给出点估计值与总体参数真实值接近程度的度量
    D. 不能给出总体参数的准确区间
    E. 不能给出估计保证度

28. 当样本容量一定时，置信区间的宽度（   ）。
    A. 随着置信系数的增大而减小   B. 随着置信系数的增大而增大
    C. 与置信系数成正比   D. 与置信系数的平方成正比
    E. 与置信系数的大小无关

29. 当置信水平一定时，置信区间的宽度（   ）。
    A. 随着样本容量的增大而减小   B. 随着样本容量的增大而增大
    C. 与样本容量的平方根成正比   D. 与样本容量的平方根成反比
    E. 与样本容量的大小无关

30. 在其他条件不变的情况下，当总体数据的离散程度较大时，总体均值的置信区间（   ）。
    A. 变宽   B. 变窄
    C. 保持不变   D. 不能确定
    E. 成正比变化

31. 根据某班学生考试成绩的一个样本，用95%的置信水平构造的该班同学平均考试分数的置信区间为75~86。全班学生的平均分数（   ）。
    A. 肯定在这一区间
    B. 有95%的可能性在这一区间
    C. 有5%的可能性在这一区间
    D. 在这一区间可能性比较大
    E. 可能在这一区间也可能不在这一区间

32. 在置信水平不变的条件下，要缩小置信区间，则（   ）。
    A. 需要增加样本容量   B. 需要减少样本容量
    C. 保持样本容量不变   D. 改变统计量的抽样标准差
    E. 减小允许误差

33. 估计总体均值可能用到的抽样分布有（   ）。
    A. 均匀分布   B. 泊松分布
    C. 卡方分布   D. 正态分布
    E. 学生氏分布

34. 正态总体使用统计量 $z = \dfrac{\bar{x} - \mu}{\sigma / \sqrt{n}}$ 估计总体均值的条件是（   ）。
    A. 总体为正态分布   B. 总体方差已知
    C. 总体为非正态分布   D. 样本方差已知
    E. 样本容量必须大于30

35. 使用统计量 $z = \dfrac{\bar{x} - \mu}{s/\sqrt{n}}$ 估计总体均值的条件是（　　）。

    A. 总体为正态分布　　　　　　　　B. 总体方差未知

    C. 总体为非正态分布　　　　　　　D. 样本方差未知

    E. 样本容量必须大于 30

36. 在大样本情况下，估计一个总体均值可能使用的统计量是（　　）。

    A. $z = \dfrac{\bar{x} - \mu}{s/\sqrt{n}}$ 　　　　　　　　　　B. $z = \dfrac{\bar{x} - \mu}{\sigma/\sqrt{n}}$

    C. $t = \dfrac{\bar{x} - \mu}{s/\sqrt{n}}$ 　　　　　　　　　　D. $t = \dfrac{\bar{x} - \mu}{\sigma/\sqrt{n}}$

    E. $z = \dfrac{p(1-p)}{\sqrt{n}}$

37. 在小样本情况下，估计一个总体均值可能使用的统计量是（　　）。

    A. $z = \dfrac{\bar{x} - \mu}{s/\sqrt{n}}$ 　　　　　　　　　　B. $z = \dfrac{\bar{x} - \mu}{\sigma/\sqrt{n}}$

    C. $t = \dfrac{\bar{x} - \mu}{s/\sqrt{n}}$ 　　　　　　　　　　D. $t = \dfrac{\bar{x} - \mu}{\sigma/\sqrt{n}}$

    E. $z = \dfrac{p(1-p)}{\sqrt{n}}$

38. 使用正态分布估计总体均值时，要求（　　）。

    A. 总体为正态分布且总体方差已知

    B. 大样本

    C. 大样本且总体方差已知

    D. 正态小样本总体方差未知

    E. 大样本且总体方差未知

39. 下列选项中说法正确的是（　　）。

    A. 一个无偏的估计量意味着它等于总体的参数

    B. 一个有效的估计量意味着它等于总体的参数

    C. 一个有效的估计量意味着它接近总体的参数

    D. 一个一致的估计量意味着它等于总体的参数

    E. 一个无偏的估计量意味着它的数学期望等于总体的参数

40. 下列选项中说法正确的是（　　）。

    A. 置信区间越宽，估计的准确性越高

    B. 置信区间越宽，估计的准确性越低

    C. 置信区间越宽，估计的可靠性越小

    D. 置信区间越宽，估计的可靠性越大

    E. 置信区间越宽，估计的可靠性越大，实际应用价值越低

1. 随机抽样就是随意抽样。 （ ）

2. 某企业在调查本厂的产品质量时，有意把管理较差的某车间的产品不算在内，这种做法必将导致系统性误差。 （ ）

3. 抽样调查也会产生登记性误差，这与全面调查一样。 （ ）

4. 抽样平均误差就是总体指标的标准差。 （ ）

5. 抽样平均误差反映抽样的可能误差范围，实际上每次的抽样误差可能大于抽样平均误差，也可能小于抽样平均误差。 （ ）

6. 极限误差就是最大的抽样误差，因此，总体指标必然落在样本指标和极限误差共同构成的区间之内。 （ ）

7. 抽样调查的着眼点就在于对样本数量特征的认识。 （ ）

8. 当总体单位数很大时，重复抽样和不重复抽样计算的抽样误差相差无几。 （ ）

9. 抽样推断是用样本资料对总体的数量特征进行估计的一种统计分析方法，因此不可避免地会产生误差，这种误差的大小是不能控制的。 （ ）

10. 在全部总体单位中按照随机原则抽取部分单位组成样本，只可能组成一个样本。 （ ）

11. 在抽样推断中，作为推断的总体和作为观察对象的样本都是确定的、唯一的。 （ ）

12. 如果所有可能的样本平均数的平均数等于总体平均数，则满足优良估计量的无偏性。 （ ）

13. 抽样成数的特点是，样本成数越大，则成数方差越大。 （ ）

14. 在总体方差一定的条件下，样本单位数越多，则抽样平均误差越大。 （ ）

15. 抽样估计的置信度就是表明抽样指标和总体指标的误差不超过一定范围的概率保证度。 （ ）

16. 抽样误差即代表性误差，它与登记性误差在抽样调查中都是不可避免的。 （ ）

17. 在其他条件不变的情况下，提高抽样估计的可靠程度，可以提高抽样估计的精确度。 （ ）

18. 在简单随机抽样中，如果重复抽样的极限误差增加40%，其他条件不变，则样本单位数只需要原来的一半左右。 （ ）

19. 抽样平均误差反映抽样的可能误差范围，实际上每次的抽样误差可能大于抽样平均误差，也可能小于抽样平均误差。 （ ）

20. 样本单位数的多少与总体各单位标志值的变异程度成反比，与抽样极限误差范围的大小成正比。 （ ）

21. 抽样分布就是样本分布。 （ ）

22. 总体参数虽然未知，但具有唯一性。 （ ）

23. 样本容量就是样本个数。 （ ）

24. 抽样精度和抽样概率保证度往往存在矛盾。 （　　）

25. 抽样极限误差越大，用以包含总体参数的区间就越大，估计的把握程度也就越大，因此极限误差越大越好。 （　　）

26. 抽样推断中，如果获取的样本数据准确，那么，由此推断的总体参数也一定准确。 （　　）

27. 极限误差越大，则抽样估计的可靠性就越小。 （　　）

28. 抽样平均误差的大小与样本容量的大小成正比关系。 （　　）

29. 在一般的抽样推断中，抽样平均误差小于极限误差。 （　　）

30. 重复抽样条件下的抽样平均误差，一定比不重复抽样条件下的抽样平均误差大。 （　　）

31. 在不重复抽样的情况下，若调查的单位数为全及总体的10%，则所计算的抽样平均误差比重复抽样计算的抽样误差少10%。 （　　）

32. 正态分布总体有两个参数，一个是均值（期望值），一个是标准差，这两个参数确定以后，一个正态分布也就确定了。 （　　）

33. 抽样调查就是凭主观意识，从总体中抽取部分单位进行调查。 （　　）

34. 所有可能的样本平均数的平均数，等于总体平均数。 （　　）

35. 抽样误差是不可避免的，但人们可以通过调整总体方差的大小来控制抽样误差的大小。 （　　）

36. 样本单位数的多少可以影响抽样误差的大小，而总体标志变异程度的大小和抽样误差无关。 （　　）

37. 抽样估计中的点估计就是被估计的总体指标直接等于样本指标。 （　　）

38. 抽样推断中样本指标和总体指标都是随机变量。 （　　）

39. 抽样误差是抽样推断本身所固有的，因此它是不可以避免的。 （　　）

40. 抽样推断中的区间估计，是一个绝对可靠的范围。 （　　）

41. 抽样平均数应该是总体平均数的一个无偏估计量。 （　　）

42. 抽样平均误差是随机变量。 （　　）

43. 抽样指标与被估计的总体指标之间一般存在着一定程度的离差，这种离差就是抽样误差。 （　　）

44. 抽样平均误差，实质上是所有可能出现的样本指标的方差，它反映了抽样误差的一般水平。 （　　）

45. 整群抽样一般适用于群间差异较大的总体，类型抽样适用于类内差异较大的总体。 （　　）

46. 扩大抽样误差范围，就会降低抽样调查的精确度。 （　　）

47. 按数量标志排序的等距抽样，其样本容量的确定与简单随机不重复抽样相同。 （　　）

48. 所有可能的样本平均数的平均数等于总体平均数。 （　　）

49. 在其他条件不变的情况下，重复抽样的抽样平均误差一定比不重复抽样的抽样平均误差小。 （　　）

50. 当样本容量很大时样本比率的抽样分布服从正态分布。 （　　）

51. 在抽样推断中，全及总体是确定的和唯一的，而样本指标是一个随机量，随着抽样的变化而变化。 （　　）

52. 抽样平均误差同总体变异程度成正比。 （　　）

53. 抽样平均误差同样本单位数成正比。 （　　）

54. 抽样平均误差同样本的单位数成正比，而与总体变异程度的大小无关。 （　　）

55. 抽样推断中不可避免会产生抽样误差，但人们可以通过调整总体方差的大小来控制抽样误差的大小。 （　　）

56. 在抽样推断中，样本和总体一样都是确定的常量。 （　　）

57. 在其他条件不变的情况下，提高抽样估计的可靠程度，可以提高抽样的估计精确度。 （　　）

58. 样本同全及总体之间的联系表现为样本来自总体，样本的分布有可能近似于全及总体的分布。 （　　）

59. 抽样误差是由于破坏了抽样的随机原则而产生的误差。 （　　）

60. 任何一个估计量都需要满足无偏性、有效性和一致性原则，才能保证估计的准确性。 （　　）

四、计算题

1. 为估计每个网络用户每天上网的平均时间，抽取了 225 个网络用户的简单随机样本，得到样本均值为 6.5 个小时，样本标准差为 2.5 个小时。

（1）试用 95% 的置信水平，计算网络用户每天平均上网时间的置信区间。

（2）在所调查的 225 个网络用户中，年龄在 20 岁以下的用户为 90 个。以 95% 的置信水平，计算年龄在 20 岁以下的网络用户比例的置信区间。（注：$Z_{0.025} = 1.96$）

2. 为估计某地区每个家庭日均生活用水量，抽取了 450 个家庭的简单随机样本，得到样本均值为 200 升，样本标准差为 50 升。

（1）试用 95% 的置信水平，计算该地区家庭日均用水量的置信区间。

（2）在所调查的 450 个家庭中，女性为户主的为 180 个。以 95% 的置信水平，计算女性为户主的家庭比例的置信区间。（注：$Z_{0.025} = 1.96$）

3. 为了确定大学生配戴眼镜的比率，调查人员欲对某大学的学生进行抽样调查。调查结果表明，该大学有 75% 的学生佩戴眼镜，则对于极限误差 E 分别为 5%、10%、15%，显著性水平为 95% 时，抽取的样本量各为多少比较合适？

4. 为调查某单位每个家庭每天观看电视的平均时间，从该单位随机抽取了 16 户进行调查，其样本均值为 6.75 小时，样本标准差为 2.25 小时。假设看电视时间服从正态分布，试对家庭每天平均看电视时间进行置信水平为 95% 的区间估计；当极限误差不超过 0.05 时，试对家庭每天平均看电视时间进行置信水平为 95% 的区间估计并计算当极限误差不超过 0.05 时应抽取的样本容量。

5. 某市场调查公司对某市 80 名随机受访的购房者的调查得到了该市购房者中本地人购房比率 p 的区间估计，在置信水平为 90% 时，其极限误差（边际误差）$E = 0.08$。则这 80 名受访者样本中为本地购房者的比率是多少？若显著性水平为 5%，要保持同样的精度进行区间估计，需要调查多少购房者？

6. 某大学生记录了其一个月（31 天）所花的伙食费，并经计算得出了这个月平均每天花费 10.2 元，标准差为 2.4 元。若显著性水平为 95%，估计该学生每天平均伙食费的置信区间。

7. 为了解某银行营业厅办理某业务的办事效率，调查人员观察了该银行营业厅办理该业务的柜台办理每笔业务的时间，并随机记录了 15 名客户办理业务的时间，测得平均办理时间为 12 分钟，标准差为 4.1 分钟。假设办理时间成正态分布，则其 95% 的置信区间是多少？若样本容量为 40，观察的数据不变，95% 的置信区间为多少？

8. 假设一个汽车防冻液的容器里可装 3 785 毫升液体，随机抽取 $n = 18$ 的一个随机样本，得到了平均值为 3 787 毫升，标准差为 55.4 毫升。若显著性水平为 99%，则总体标准差的置信区间是多少？

9. 对 10 000 只灯泡进行质量检查，随机抽取 100 只做实际检验，所得资料如下表所示。

使用时间/小时	900 以下	900~1 000	1 000~1 100	1 100~1 200	1 200~1 300	1 300 以上	合计
灯泡数量/只	3	7	28	32	20	10	100
组中值	850	950	1 050	1 150	1 250	1 350	–

要求：

（1）以 95.45% 的概率保证，对 10 000 只灯泡的平均耐用时间进行区间估计；

（2）若耐用时间在 1 000 小时以上为合格品，试以 95% 的概率保证，对 10 000 只灯泡的合格率进行区间估计。

10. 某地区水稻播种面积为 20 万亩，根据抽样调查结果，平均亩产为 455 千克，抽样平均误差为 12 千克，试在 80% 的概率保证下，推算该地区水稻总产量的范围。

11. 对 50 000 件零件进行抽样检查，调查结果中废品率为 1.5%，抽样平均误差为 0.5%，在 95% 的概率保证下，推算全部零件废品量的区间范围。

12. 欲调查了解某市 10 000 名高校教师的工资收入水平。根据以往资料，该市高校教师月工资的方差为 132.25，要求把握度为 95.45%，抽样极限误差不超过 1 元，计算需要抽查多少名教师。

13. 对 10 000 件某型号电子元件进行耐用性测试，根据以往抽样调查结果，耐用时数的标准差为 51.91 小时，合格率的标准差为 28.62%。试计算：

（1）置信度为 68.27%，元件平均耐用时数的误差范围不超过 9 小时，在重复抽样的条件下，要抽取多少元件进行检查？

（2）置信度为 99.73%，合格率的极限误差不超过 5%，在重复抽样条件下，要抽取多少元件进行检查？

（3）在不重复抽样条件下，要同时满足（1）、（2）的要求，需要抽取多少元件进行检查？

14. 某乡 2020 年播种小麦 2 000 公顷，随机抽取其中 100 公顷，测得平均产量为 450 千克，标准差为 50 千克。现要求用抽样情况推断总体情况。试计算：

（1）抽样平均产量的抽样平均误差；

（2）概率为 0.997 3 的条件下，平均产量的可能范围；

（3）概率为 0.997 3 的条件下，2 000 公顷小麦总产量的可能范围。

15. 某机械厂采用随机不重复抽样方法，从 1 000 箱零件中抽选 100 箱进行质检。具体检验情况如下表所示。

废品率/%	零件数/箱
1~2	60
2~3	30
3~4	10
合计	100

根据资料计算：

（1）当置信度为 68.27% 时，废品率的可能范围；

（2）当置信度为 95.45% 时，限定废品率不超过 2.5%，应抽检的箱数；

（3）重复抽样方法下的抽样平均误差。

16. 某电子厂日产电子产品 10 000 只，经多次测试，一等品率为 92%。现拟采用随机抽样方式进行抽检，要求误差范围控制在 2% 之内，置信度为 95.45%，试求需要抽取多少只电子元件？

17. 某单位有 4 500 名职工，重复抽取 20% 调查每月看电影的次数，所得抽样情况如下表所示。

看电影次数/次	0~2	3~4	5~6	7~8	9~10
职工人数/人	8	22	40	25	5

试以 95.45% 的置信度计算：

（1）估计平均每月看电影次数；

（2）确定每月看电影在 4 次以上的比重，其误差不超过 5%。

18. 在某工厂的 1 385 名工人中，随机抽取了 50 人，得知这 50 名工人的月产量如下表所示。

月产量/次	62	65	67	70	75	80	90	100	130
工人数/人	4	6	6	8	10	7	4	3	2

试以 95% 的置信度估计该厂工人月平均产量。

19. 对某厂日产 10 000 只灯泡的使用寿命进行抽样调查，抽取 100 只测得其平均寿命为 1 800 小时，标准差为 6 小时。试计算：

（1）以 68.27% 的概率计算其抽样平均数的极限误差。

（2）按以上条件，若极限误差不超过 0.4 小时，应抽取多少灯泡进行测试？

（3）上述其他条件不变，概率提高到 95.45%，应抽取多少灯泡进行测试？

（4）若极限误差为 0.6 小时，概率为 95.45%，应抽取多少灯泡进行测试？

（5）通过以上计算，说明允许误差、抽样单位数和概率之间的关系。

20. 某工厂对近几个月的一批产品进行抽查，在 500 个样品中，有 95% 为一级品。计算该产品的抽样平均误差。

一、单项选择题

1. B。【解析】重复抽样的平均误差为$\dfrac{\sigma}{\sqrt{n}}$，不重复抽样的平均误差约为$\dfrac{\sigma}{\sqrt{n}}$ $\sqrt{1-\dfrac{n}{N}}$。

2. D。【解析】抽样平均误差实质就是样本平均数的标准误差。

3. D。【解析】抽样极限误差等于$t\dfrac{\sigma}{\sqrt{n}}$，$t$值和估计要求有关，可能大于1，等于，或小于1。

4. B。【解析】一致性是指当样本容量逐渐增大的时候，抽样指标越来越接近真实情况。

5. C。【解析】由$\Delta=t\dfrac{\sigma}{\sqrt{n}}$，得到$n=\dfrac{t^2\sigma^2}{\Delta^2}$，概率为68.27%时$t=1$，概率为95.45%时$t=2$。

6. A。【解析】由$\mu_{\bar{x}}=\dfrac{\sigma}{\sqrt{n}}$得当抽样单位数增加一半，即$\mu_{\bar{x}}{}'=\dfrac{\sigma}{\sqrt{\frac{3}{2}n}}=81.6\%$ $\sqrt{\dfrac{\sigma}{n}}$。

7. A。【解析】抽样调查主要是用样本数据推断总体。

8. B。【解析】抽样调查必须保证每个总体单位都可能被抽到，每个总体单位被抽到的概率均等。

9. C。【解析】由$\mu_{\bar{x}}=\dfrac{\sigma}{\sqrt{n}}$得当抽样单位数增加4倍，即$\mu_{\bar{x}}{}'=\dfrac{\sigma}{\sqrt{4n}}=0.5\sqrt{\dfrac{\sigma}{n}}$。

10. A。【解析】简单随机抽样就是从若干总体中任意抽取。

11. C。【解析】抽样误差是指因为抽样的随机性原因产生的误差。

12. C。【解析】等距抽样是间隔相同周期进行的抽样。

13. A。【解析】由$E=\dfrac{\sigma}{\sqrt{n}}Z_{\alpha/2}$可知，$E$增大，$Z$增大，从而可靠性水平提高。

14. C。【解析】抽样平均误差越小说明样本指标和总体之间的差异越小。

15. C。【解析】抽样平均误差是抽样指标的标准误差、平均性误差。

16. C。【解析】成数的方差为$p(1-p)$，当$p=0.5$时方差取最大值。

17. C。【解析】抽样平均误差为$\sqrt{\dfrac{p(1-p)}{n}}=2\%$，当概率为95.45%时，$t=2$,

极限误差为 $t\sqrt{\dfrac{p(1-p)}{n}}=4\%$，所以比例置信区间为（80% ±4%）。

18. D。【解析】基数不一样，样本容量大小不同。

19. B。【解析】区间估计的概率保证度和估计精确度之间呈反比关系，是一对矛盾体。

20. D。【解析】将连续 10 分钟生产产品看成一个整体。

21. A。【解析】由 $\dfrac{\sigma}{\sqrt{n}}\cdot\sqrt{\dfrac{N-n}{N-1}}$ 可以推算 N 越大，$\dfrac{\sigma}{\sqrt{n}}\cdot\sqrt{\dfrac{N-n}{N-1}}$ 越大。

22. C。【解析】将某个片区看成是一个整体。

23. B。【解析】重复和不重复主要是看抽样是否有放回。

24. B。【解析】抽样误差越小，可靠性越高，准确性越差。

25. C。【解析】成数的方差为 $p(1-p)$，当 $p=0.5$ 时方差取最大值。

26. B。【解析】由 $n=\dfrac{Z_{\alpha/2}^2\cdot\sigma^2}{E^2}$，当 E 扩大 1 倍，n 为原来 1/4。

27. B。【解析】由公式 $\sqrt{\dfrac{p(1-p)}{n}}$ 可知，一年级抽样平均误差为 $\sqrt{\dfrac{0.09}{n}}$，二年级抽样平均误差为 $\sqrt{\dfrac{0.16}{n}}$。

28. D。【解析】用大样本总体均值区间估计计算。

29. D。【解析】由 $n=\dfrac{Z_{\alpha/2}^2\cdot\sigma^2}{E^2}$ 得 $E=10$ 时 $n=100$，当 $E=20$ 时，样本单位数是原来的 1/4。

30. B。【解析】置信度是估计把握度，估计精度是区间准确度。

31. D。【解析】简单随机抽样是最基本的随机抽样方法，每个单位的入样概率相同；不放回简单随机抽样每个单位最多只能被抽中一次，比放回抽样有更低的抽样误差。简单随机抽样适用于抽样框中没有更多可以利用的辅助信息；调查对象分布的范围不广阔；个体之间的差异不是很大的情况。

32. C。【解析】抽样平均误差是一个理论值，某一个抽样误差是实际误差。

33. B。【解析】样本比率抽样标准误差公式为 $\sqrt{P(1-P)/n}$。

34. C。【解析】由 $n=\dfrac{Z_{\alpha/2}^2\cdot\sigma^2}{E^2}$ 得 E 增大到原来 3 倍，n 为原来 1/9。

35. C。【解析】一致性是指样本容量越来越大，越来越靠近总体实际情况。

36. C。【解析】抽样标准误差可能比极限误差小、大或者相等。

37. B。【解析】因为 $\dfrac{\sigma}{\sqrt{n}}$，n 增加 3 倍，误差缩小一半。

38. D。【解析】估计区间为（$4\pm2\times\dfrac{2}{\sqrt{100}}$）。

39. B。【解析】标准误差为 $\sqrt{P(1-P)/n}=\sqrt{0.45\times0.55/100}=0.0497$。

40. B。【解析】由抽样分布规律可知。

41. C。【解析】抽样误差是在随机抽样中产生的。

42. A。【解析】登记性误差是错误，抽样调查中可能有误差可能有错误。

43. C。【解析】抽样平均误差是指所有的抽样计算出来的误差，是一种理论值。

44. C。【解析】简单随机抽样是随机抽取样本的抽样方式。

45. A。【解析】由公式 $\sqrt{P(1-P)/n}$，应该相等。

46. D。【解析】由 $n = \dfrac{Z_{\alpha/2}^2 \cdot \sigma^2}{E^2}$ 得，E 为原来 2/3，n 变为原来 9/4。

47. A。【解析】统计学认为样本容量超过 30 就是大样本。

48. B。【解析】某一次得到的抽样误差是实际误差。

49. B。【解析】抽样平均误差是抽样指标值和总体指标值之间差异的平均值。

50. A。【解析】总体平均数是参数是确定但未知的，样本平均数是随机可变可算的。

51. A。【解析】由样本资料计算而得是样本统计量。

52. C。【解析】置信度是置信可能性大小。

53. B。　【解析】不重复抽样情况下总体比率估计的极限误差为 $\sqrt{\dfrac{p(1-p)}{n}}$

$\sqrt{\dfrac{(N-n)}{(N-1)}} = \sqrt{\dfrac{0.8 \times 0.2}{(400 \times 0.19)}}\sqrt{\dfrac{(400-400 \times 0.19)}{(400-1)}} = 4.13\%$。

54. C。【解析】区间估计三要素是点估计量、抽样平均误差和估计把握度。

55. B。【解析】随机性是随机抽样的最基本要求。

56. D。【解析】抽样调查是推断统计的基本方式，主要目的是推断总体。

57. C。【解析】一个抽样被称为一个样本，抽样总体单位称为样本单位。

58. A。【解析】从公式 $\dfrac{\sigma}{\sqrt{n}} \cdot \sqrt{\dfrac{N-n}{N-1}}$ 可以看出，当 $N \gg n$ 时，近似于 $\dfrac{\sigma}{\sqrt{n}}$。

59. B。【解析】抽样单位数越多，抽样误差越小。

60. C。【解析】由 $n = \dfrac{Z_{\alpha/2}^2 \cdot \sigma^2}{E^2}$，$E$ 降低为原来 50%，n 为原来 4 倍。

61. B。【解析】抽样指标随抽样变化而变化。

62. A。【解析】由排列组合可知样本数为 $4^2 = 16$。

63. D。【解析】样本容量是构成样本的总体单位个数。

64. D。【解析】样本容量是构成样本的总体单位个数，和重复抽样与否没有关系。

65. B。【解析】由排列组合可知样本数为 $4 \times 3 = 12$。

66. A。【解析】抽样标准差随样本容量增大而减小。

67. C。【解析】样本均值的方差为总体方差的 $1/n$。

68. C。【解析】查正态分布表，$Z_{\alpha/2} = 1.96$，$\alpha = 0.05$。

69. A。【解析】估计区间为 $(81 \pm Z_{10\%/2} \times \dfrac{12}{\sqrt{100}})$。

70. B。【解析】估计区间为 $\left(81 \pm Z_{5\%/2} \times \dfrac{12}{\sqrt{100}}\right)$。

71. C。【解析】估计区间为 $\left(81 \pm Z_{1\%/2} \times \dfrac{12}{\sqrt{100}}\right)$。

72. A。【解析】样本均值为 $2\,280 \div 400 = 5.7$，样本方差为 $\dfrac{\sum (x - \bar{x})^2}{n-1} = \dfrac{\sum x^2 - (\sum x)^2 / n}{n-1} = 64$；置信区间为 5.7 ± 0.66。

73. A。【解析】估计区间为 $\left(33 \pm Z_{5\%/2} \times \dfrac{4}{\sqrt{5}}\right)$。

74. C。【解析】估计区间为 $\left(33 \pm Z_{5\%/2} \times \dfrac{4}{\sqrt{25}}\right)$。

75. D。【解析】估计区间为 $\left(33 \pm Z_{5\%/2} \times \dfrac{4}{\sqrt{45}}\right)$。

76. D。【解析】估计区间为 $\left(\dfrac{101}{165} \pm Z_{10\%/2} \times \sqrt{\dfrac{\frac{101}{165} \times \frac{64}{165}}{165}}\right)$。

77. A。【解析】抽样标准误差为 $\sqrt{P(1-P)/n} = \sqrt{0.38 \times 0.62/250} = 0.031$。

78. A。【解析】估计区间为 $\left(0.2 \pm Z_{5\%/2} \times \sqrt{\dfrac{0.2 \times 0.8}{100}}\right)$。

79. B。【解析】置信水平降低，置信区间将减小。

80. A。【解析】总体方差未知正态小样本采用 t 检验量。

二、多项选择题

1. AC。【解析】分层抽样先要分组然后按层随机抽取，误差相对较小。

2. ACD。【解析】抽样误差可能是某一次抽样的实际误差，也可能是抽样标准误差或者允许最大误差。

3. AC。【解析】常见的估计方法有点估计和区间估计。

4. ABD。【解析】抽样标准误差是平均性误差，是样本指标的标准差，用于衡量抽样指标和总体指标之间的平均差异程度。

5. ABC。【解析】概率度反映极限误差的相对程度，等于极限误差为抽样平均误差的倍数，表现为 $z_{\alpha/2}$ 或 $t_{\alpha/2}$。抽样极限误差和抽样标准误差及抽样概率度成正比，抽样标准误差和抽样概率度成反比。

6. ABC。【解析】抽样法是搜集资料的方法之一，是非全面调查。抽样法速度快周期短，但是准确度不一定高。

7. ACE。【解析】抽样误差无法避免但是可以计算和控制。

8. BCDE。【解析】影响抽样误差的因素包括是否重复抽样、样本容量多少、抽样组织形式、总体变异程度等。

9. ADE。【解析】评估点估计量优劣的指标有一致性、有效性和无偏性。

10. CDE。【解析】抽样平均误差是抽样指标的标准误差，反映抽样指标和总体指标差异性的一般水平。抽样平均误差是标准差不是平均值也不是平均差。

11. BDE。【解析】由 $z_{\alpha/2} = \dfrac{E}{\dfrac{\sigma}{\sqrt{n}}} = \dfrac{E\sqrt{n}}{\sigma}$ 得知，增大概率保证度的方法是增大抽样误差范围（扩大估计区间）、增加抽样数目。

12. BCD。【解析】由 $E = Z_{\alpha/2}\dfrac{\sigma}{\sqrt{n}}$ 可知，极限误差和概率保证度成正比关系。

13. BC。【解析】置信度亦称为可靠性，由 $E = Z_{\alpha/2}\dfrac{\sigma}{\sqrt{n}}$ 可知，误差一定的情况，置信度越大 $Z_{\alpha/2}$ 越大，样本容量越大；反之样本容量越小。

14. ABCE。【解析】影响抽样误差的因素包括抽样组织方式、抽样方法、总体变异程度、样本容量大小等。

15. ABC。【解析】由样本计算的指标称为统计量，常用的统计量有样本平均数、样本成数、样本方差、样本中位数等。

16. AC。【解析】该研究中样本容量是 100，有 20 000 个总体单位。

17. ABCD。【解析】区间估计是点估计量加减一个误差范围，需要知道样本指标、置信水平、样本容量等基本要素。

18. AC。【解析】要提高推断准确性，可以增大样本容量，选用适当的抽样组织形式，总体变异度是不能改变的。

19. ACDE。【解析】由公式 $n = \dfrac{z_{\alpha/2}^2 \sigma^2}{E^2}$ 可知，样本容量的影响因素包括总体方差、允许误差、可靠性水平，此外抽样组织方式和抽样方法也会影响抽样误差从而影响样本容量等。

20. ABC。【解析】由 $E = Z_{\alpha/2}\dfrac{\sigma}{\sqrt{n}}$ 可知置信区间太宽就是误差太大，可能是抽样太少、总体变异太大、置信水平设置高等原因。

21. ABCD。【解析】置信水平表示有多大可能性落入置信区间。

22. BCDE。【解析】由估计公式 $(\bar{x} \pm z_{\alpha/2}\dfrac{\sigma}{\sqrt{n}})$ 可以看出，置信度越高区间越宽，样本容量越小误差越大。

23. ABDE。【解析】只有小样本正态总体、总体方差未知的情况才用 t 检验量。

24. BC。【解析】对于正态总体小样本，总体方差已知的情况用 Z 检验量构造区间。

25. AE。【解析】估计量是估计总体参数的统计量名称，是一个变量，不是具体的值。

26. BE。【解析】无偏估计是指被估计量的值等于估计量的数学期望，一个待估参数可能有多个无偏估计量。

27. ABCDE。【解析】点估计量可以给出总体参数的近似值，是一种以点带面的估计方法，比较武断。

28. BC。【解析】置信系数一般指置信度 $1 - \alpha$，由 $E = Z_{\alpha/2} \dfrac{\sigma}{\sqrt{n}}$ 知，当样本容量一定时，置信区间宽度和置信系数成正比。

29. AD。【解析】当置信水平一定时，置信区间的宽度（误差）和样本容量成反比。

30. AE。【解析】由 $E = Z_{\alpha/2} \dfrac{\sigma}{\sqrt{n}}$ 知，离散程度 σ 越大，方差越大，误差越大。

31. BDE。【解析】某一次特定试验要么在置信区间要么不在置信区间，置信水平表示落在置信区间的可能性大小，不意味着一定在或不在置信区间。

32. AE。【解析】置信区间缩小，允许误差减小，样本容量增大。

33. DE。【解析】估计总体均值可能用到正态分布和 t 分布。

34. AB。【解析】用 $z = \dfrac{\bar{x} - \mu}{\sigma/\sqrt{n}}$ 作为统计量估计总体均值适合于大样本和总体方差已知的小样本。

35. ABE。【解析】用统计量 $z = \dfrac{\bar{x} - \mu}{s/\sqrt{n}}$ 估计总体均值适合于正态总体、大样本、方差未知的情况。

36. AB。【解析】大样本情况下，估计总体均值用 Z 检验量 $\dfrac{\bar{x} - \mu}{\sigma/\sqrt{n}}$ 或者 $\dfrac{\bar{x} - \mu}{s/\sqrt{n}}$ 作为统计量。

37. BC。【解析】在小样本情况下，估计总体均值用 $z = \dfrac{\bar{x} - \mu}{\sigma/\sqrt{n}}$ 或者 $t = \dfrac{\bar{x} - \mu}{s/\sqrt{n}}$ 作为统计量。

38. ABCE。【解析】用正态统计量估计总体均值时要求大样本（总体方差已知或未知均可）或者正态总体小样本方差已知。

39. CE。【解析】有效的估计量方差最小意味着估计比较接近，无偏估计量意味着其数学期望等于总体参数。

40. BDE。【解析】置信区间宽度和准确性成正比，但是使用价值越差；区间越宽，准确性越差，可靠性越高。

三、判断题

1. 错。【解析】随机抽样是保证每个个体都能被抽到且被抽到的概率相等。

2. 错。【解析】故意瞒报错报是统计错误。

3. 对。【解析】登记性误差是统计错误，和调查类型无关。

4. 错。【解析】抽样平均误差是样本指标的标准误差。

5. 错。【解析】抽样平均误差反映所有可能抽样的平均性误差。

6. 错。【解析】极限误差是研究者允许的最大误差，总体指标是否落在构造区间取决于把握度大小。

7. 错。【解析】抽样调查是通过样本研究总体，最终目标是认识总体。

8. 对。【解析】当总体单位数 N 很大时，不重复抽样的修正系数 $\sqrt{\dfrac{N-n}{N-1}}$ 近似于 1，其抽样误差接近重复抽样的抽样误差。

9. 错。【解析】抽样误差可以控制可以计算。

10. 错。【解析】抽取部分单位组成样本可能是 N^n 或者 A_N^n。

11. 错。【解析】一个研究对象总体是唯一的，样本可以有若干个。

12. 对。【解析】样本均值的数学期望等于总体均值，说明样本均值是总体均值的无偏估计量。

13. 错。【解析】成数方差在样本成数为 0.5 的时候取最大值 0.25。

14. 错。【解析】总体方差一定，样本单位数和抽样平均误差成反比。

15. 对。【解析】置信度也称为置信系数，是一个保证概率。

16. 错。【解析】登记性误差可以避免，抽样误差不可避免。

17. 错。【解析】可靠程度（概率）和估计精度（区间长度）是对立统一关系。

18. 对。【解析】由 $E = z_{\alpha/2}\dfrac{\sigma}{\sqrt{n}}$ 可知，当 E 变为 $1.4E$ 时，n 变为原来的 1/2 左右。

19. 对。【解析】实际误差可能大于平均误差、小于平均误差、等于平均误差。

20. 错。【解析】由公式 $E = z_{\alpha/2}\dfrac{\sigma}{\sqrt{n}}$ 得知，样本单位数越多，抽样极限误差越小。

21. 错。【解析】抽样分布是所有可能样本统计量的概率分布。

22. 对。【解析】总体参数是未知、唯一、确定的。

23. 错。【解析】样本容量是一次抽样中选取的总体单位个数。

24. 对。【解析】抽样精度（区间大小）越高，抽样概率越低。

25. 错。【解析】极限误差越大，估计精度越低，越不准确。

26. 错。【解析】样本数据准确推断得越准确，但是结论不一定，结论取决于样本和总体的吻合度，抽样不能排除极端样本的存在。

27. 错。【解析】极限误差越大，估计区间越长，可靠性越高。

28. 错。【解析】抽样平均误差和样本容量成反比关系。

29. 错。【解析】极限误差和平均误差大小取决于可靠性程度。

30. 对。【解析】在同等条件下，重复抽样的抽样平均误差大于不重复抽样的抽样平均误差。

31. 错。【解析】由公式 $\sqrt{\dfrac{N-n}{N-1}}$ 可知当 $n = 0.1N$ 时，约为原来 94.86%，减少 5.14%。

32. 对。【解析】决定正态分布总体的主要参数是均值和标准差。

33. 错。【解析】抽样调查具有随机性，不是随意性。

34. 对。【解析】按照抽样分布规律，样本均值的数学期望等于总体均值，即 $E(\bar{x}) = \mu$。

35. 错。【解析】总体一旦确定，其方差就确定了，是不可控制的。

36. 错。【解析】从公式 $\frac{\sigma}{\sqrt{n}}$ 可以看出，总体变异越小，抽样误差越小。

37. 对。【解析】点估计是直接用样本统计量作为总体参数的估计值。

38. 错。【解析】总体指标是固定的常量，样本指标是随机变量。

39. 对。【解析】抽样误差无法避免。

40. 错。【解析】无论是哪一种估计都存在差异，不可能绝对可靠。

41. 对。【解析】根据抽样分布原理，抽样平均数的数学期望等于总体均值。

42. 错。【解析】当抽样确定后，抽样平均误差是一个固定量。

43. 对。【解析】抽样误差是抽样统计量和实际总体真实参数之间的差异。

44. 错。【解析】抽样平均误差是考察同一个样本统计量而言的，不同统计量抽样误差是不一样的。

45. 错。【解析】整群抽样适用于群间差异较大群内差异较小的总体，类型抽样适用于类内差异较小的总体。

46. 对。【解析】置信区间越大，估计精度越差。

47. 对。【解析】等距抽样和随机抽样样本容量的确定都要根据调查需要，但是等距抽样要随机确定抽样起点。

48. 对。【解析】样本平均数的抽样分布规律。

49. 错。【解析】条件相同，不重复抽样有修正系数，一定会小于1。

50. 对。【解析】大样本的样本比率的抽样分布为 $p \sim N\left[\pi, \frac{\pi(1-\pi)}{n}\right]$。

51. 对。【解析】样本指标是随机样本的函数。

52. 对。【解析】抽样平均误差和总体标准差成正比。

53. 错。【解析】抽样平均误差和样本容量成反比。

54. 错。【解析】抽样平均误差和样本容量成反比，和总体变异成正比。

55. 错。【解析】研究总体一旦确定，总体方差就确定了。

56. 错。【解析】样本是变量，样本是抽样的函数。

57. 错。【解析】提高可靠程度，估计精确度降低。

58. 对。【解析】样本是总体的缩影，正常情况下样本分布类似于总体分布。

59. 错。【解析】抽样误差是因为抽样的随机性而产生的误差。

60. 错。【解析】估计量优劣的评价标准有无偏性、有效性和一致性，但是不一定要求每个估计量都要满足。

四、计算题

1.【解析】（1）网络用户每天平均上网时间的 95% 的置信水平下置信区间为

$$\left(6.5 - 1.96 \times \frac{2.5}{\sqrt{225}}, \ 6.5 + 1.96 \times \frac{2.5}{\sqrt{225}}\right), \quad 即 (6.17, 6.83);$$

（2）$P = \frac{90}{225} = 0.4, \ 1 - P = 0.6,$

年龄在 20 岁以下的网络用户比例的 95% 的置信水平下置信区间为

$$(0.4 - 1.96 \times \sqrt{\frac{0.4 \times 0.6}{225}}, \quad 0.4 + 1.96 \times \sqrt{\frac{0.4 \times 0.6}{225}}), \quad 即 (0.34, 0.46)。$$

2.【解析】（1）95% 的置信水平下，该地区家庭日均用水量的置信区间为

$$(200 - 1.96 \times \frac{50}{\sqrt{450}}, \quad 200 + 1.96 \times \frac{50}{\sqrt{450}}), \quad 即 (195.4, 204.6)；$$

（2）$P = \frac{180}{450} = 0.4, \quad 1 - P = 0.6$，

95% 的置信水平下，女性为户主的家庭比例的置信区间为

$$(0.4 - 1.96 \times \sqrt{\frac{0.4 \times 0.6}{450}}, \quad 0.4 + 1.96 \times \sqrt{\frac{0.4 \times 0.6}{450}}), \quad 即 (0.345, 0.445)。$$

3.【解析】由 $E = z_{\alpha/2}\sqrt{\frac{\pi(1-\pi)}{n}}$，本抽样中 $z_{\alpha/2} = z_{0.025} = 1.96, n = \frac{(z_{\alpha/2})^2 \pi(1-\pi)}{E^2}$，

所以 $E = 5\%$ 时，$n = 288.12$，应取 289 个；

$E = 10\%$ 时，$n = 72.03$，应取 73 个；

$E = 15\%$ 时，$n = 32.0133$，应取 33 个。

4.【解析】（1）在该抽样中，$n = 16, \bar{x} = 6.75, s = 2.25$，总体是正态分布，$1 - \alpha = 0.95, t_{0.025}(16-1) = 2.1315$，所以其置信区间为

$$\left[\bar{x} \pm t_{0.025}(15)\frac{s}{\sqrt{n}}\right] = (6.75 \pm 2.1315 \times \frac{2.25}{\sqrt{16}}) = (5.55, 7.95)；$$

（2）由 $E = t_{\alpha/2}\frac{\sigma}{\sqrt{n}}$ 得 $n = \frac{(t_{\alpha/2})^2 \sigma^2}{E^2} = \frac{2.1315^2 \times 2.25^2}{0.05^2} = 9200.167$，应取 9201。

5.【解析】（1）该抽样中，$n = 80, z_{\alpha/2} = z_{0.05} = 1.645$，由 $E = Z_{\alpha/2}\sqrt{\frac{p(1-p)}{n}} = 0.08$，得 $p = 0.75$ 或 $p = 0.25$。P 的取值范围为 （67%，83%）或（17%，33%）；

（2）由 $E = Z_{\alpha/2}\sqrt{\frac{p(1-p)}{n}} = 0.08$ 得 $n = \frac{z^2 p(1-p)}{E^2} = \frac{1.96^2 \times 0.25 \times 0.75}{0.08^2} = 112.5469$，应取 113 人调查。

6.【解析】在该抽样中，$n = 31, \bar{x} = 10.2, s = 2.4, 1 - \alpha = 0.95, Z_{0.025} = 1.96$，属于大样本，总体方差未知的情况，所以其置信区间为 $(\bar{x} \pm z_{\alpha/2}\frac{s}{\sqrt{n}}) = (10.2 \pm 1.96 \times \frac{2.4}{\sqrt{31}}) = (9.355, 11.045)$ 该学生每天平均伙食费在 （9.355，11.045）之间。

7.【解析】（1）在该抽样中，$n = 15, \bar{x} = 2, s = 4.1, 1 - \alpha = 0.95, t_{0.025}(14) = 2.1315$，属于正态分布小样本，总体方差未知的情况，所以其置信区间为 $(\bar{x} \pm t_{\alpha/2}\frac{s}{\sqrt{n}}) = (2 \pm 2.1315 \times \frac{4.1}{\sqrt{15}}) = (9.355, 11.045)$，即 95% 的置信区间在 （9.355，11.045）

之间；

（2）在该抽样中，$n=40$，$\bar{x}=2$，$s=4.1$，$1-\alpha=0.95$，$z_{0.025}=1.96$，属于大样本，总体方差未知的情况，所以其置信区间为 $(\bar{x}\pm z_{\alpha/2}\dfrac{s}{\sqrt{n}})=(2\pm1.96\times\dfrac{4.1}{\sqrt{40}})=(9.355,11.045)$，此时 95% 的置信区间在（9.355，11.045）之间。

8.【解析】在该问题中，$n=18$，$\bar{x}=3\,787$，$s=55.4$，$1-\alpha=0.99$，总体方差的估计区间为 $\left[\dfrac{(18-1)s^2}{x_{\alpha/2}^2},\dfrac{(18-1)s^2}{x_{1-\alpha/2}^2}\right]=(1\,460.768,9\,158.455)$，所以总体标准差的置信区间为（38.22，95.70）。

9.【解析】（1）计算平均值、方差和抽样平均误差 $\bar{x}=\dfrac{\sum xf}{\sum f}=1\,139$（小时），$s^2=\dfrac{\sum(x-\bar{x})^2}{\sum f-1}=14\,322$（小时），$\mu_{\bar{x}}=\sqrt{\dfrac{s^2}{n}(1-\dfrac{n}{N})}=11.91$（小时），当置信度为 95.45% 时，$t=2$，极限误差为 $t\mu_{\bar{x}}=23.82$，所以其置信区间为（1 139±23.82）=（1 112.18，1 162.82）；

（2）根据题意，样本比率为 $p=\dfrac{28+32+20+10}{100}=0.9$，抽样平均误差为 $\sqrt{\dfrac{p(1-p)}{n}(1-\dfrac{n}{N})}=2.98\%$，当概率为 95% 时，概率保证度 $t=1.96$，极限误差为 $t\sqrt{\dfrac{p(1-p)}{n}(1-\dfrac{n}{N})}=2.98\%\times1.96=5.85\%$，所以合格率为（0.9±5.85%）=（84.15%，95.85%）。

10.【解析】已知 $N=20$，$\bar{x}=455$，$\mu_{\bar{x}}=12$，$p=0.8$，$t=1.28$，亩产量的区间范围为（455±1.28×12）=（439.64，470.36），所以该地区水稻总产量的范围为 20（439.64，470.36）=（8 792.8，9 407.2）（万千克）。

11.【解析】已知 $N=50\,000$，$p=1.5\%$，$\mu_p=0.5\%$，$1-\alpha=95\%$，$z=1.96$，所以废品率的区间范围是 $(p\pm z\mu_p)=(1.5\%\pm1.96\times0.5\%)=(0.52\%,2.48\%)$，废品量的区间范围为 50 000（0.52%，2.48%）=（260，1 240）。

12.【解析】已知 $N=10\,000$，$\sigma^2=132.5$，$\Delta_{\bar{x}}=1$，$1-\alpha=95\%$，$z=2$，则 $n=\dfrac{Nz^2\sigma^2}{N\Delta_{\bar{x}}^2+z^2\sigma^2}=503$（名）。

13.【解析】由题意可知，$\sigma_{\bar{x}}=51.19$，$\sigma_p=28.62\%$。

（1）$t=1$，$\Delta_{\bar{x}}\leqslant9$ 小时，在 68.27% 的概率下，应抽选的元件数为

$$n=\dfrac{t^2\sigma_{\bar{x}}^2}{\Delta_{\bar{x}}^2}=\dfrac{1\times51.91^2}{9^2}=33.27\text{（件）}，\text{应抽选 34 件；}$$

（2）$t=3$，$\Delta_p\leqslant0.05$，在 99.73% 的概率下，应抽选的元件数为

$$n=\dfrac{t^2\sigma_p^2}{\Delta_p^2}=\dfrac{3^2\times0.286\,2}{0.05^2}=294.88\text{（件）}，\text{应抽选 295 件；}$$

（3）满足条件（1）需要抽取

$$n_1 = \frac{Nt^2\sigma^2}{N\Delta_{\bar{x}}^2 + t^2\sigma^2} = \frac{10\ 000 \times 1^2 \times 51.91^2}{10\ 000 \times 9^2 + 1^2 \times 51.91^2} = 33.16(件) \approx 34(件)，$$

满足条件（2）需要抽取

$$n = \frac{Nt^2p(1-p)}{N\Delta_p^2 + t^2p(1-p)} = \frac{10\ 000 \times 3^2 \times 0.286\ 2^2}{10\ 000 \times 0.05^2 + 3^2 \times 0.286\ 2^2} = 286.43(件) \approx 287(件)$$

要同时满足上述两种情况的需要，应选取两种情况的较大抽样单位数，即需要抽取 287 件。

14.【解析】（1）按重复抽样计算抽样平均误差 $\mu_{\bar{x}} = 5$（斤）；

（2）平均亩产量在 435 斤到 465 斤之间；

（3）2 000 亩小麦总产量的可能范围在 870 000 斤到 930 000 斤之间。

15.【解析】抽样废品率平均误差计算如表所示。

废品率/%	装箱数/箱（r_i）	废品率组中值（p_i）	$p_i r_i$	$(p_i - p)^2 \cdot r_i$
1~2	60	0.015	0.90	0.001 5
2~3	20	0.025	0.75	0.000 75
3~4	10	0.035	0.35	0.002 25
合计	100	—	2.00	0.004 5

（1）平均废品率 $p = \dfrac{\sum p_i r_i}{\sum r_i} = \dfrac{2}{100} = 0.02$

废品率群间方差 $\sigma^2 = \dfrac{\sum (p_i - p)^2 r_i}{r} = \dfrac{0.004\ 5}{100} = 0.000\ 045$

抽样废品率平均误差

$$\mu_p = \sqrt{\frac{\sigma^2}{r} \cdot \frac{R-r}{R-1}} = \sqrt{\frac{0.000\ 045}{100} \cdot \frac{1\ 000 - 100}{1\ 000 - 1}} = 0.000\ 64，$$

$\Delta_p = t\mu_p = 1 \times 0.000\ 64 = 0.000\ 64$，

则在 68.27% 概率保证程度下，1 000 箱入库产品废品率为

2%−0.64%≤P≤2%+0.064%；即 1.936%≤P≤2.064%；

（2）概率为 95.45% 时，估计废品率不超过 2.5%，确定抽检箱数

$\Delta_p = |0.02 - 0.025| = 0.005$；

$$r = \frac{t^2\sigma^2 R}{\Delta_p^2 R + t^2\sigma^2} = \frac{2^2 \times 0.000\ 045 \times 1\ 000}{0.005^2 \times 1\ 000 + 2^2 \times 0.000\ 045} = 7.15，$$

即应抽检 8 箱产品才能满足估计的要求；

（3）按重复抽样方法抽 100 箱的抽样产品，则废品率平均误差

$$\mu_p = \sqrt{\frac{\sigma^2}{r}} = \sqrt{\frac{0.000\ 045}{100}} = 0.067\%。$$

16.【解析】已知：$N = 10\ 000$ 只，$P = 0.92$。$\Delta_P = 0.02$；$F(t) = 95.45\%$，$t = 2$，如

按重置抽样方法，则 $n = \dfrac{t^2 P(1-P)}{\Delta_p^2} = \dfrac{2^2 \times 0.92 \times (1-0.92)}{0.02^2} = 736$（只）；如按不重

置抽样方法，则 $n = \dfrac{t^2 NP(1-P)}{\Delta_p^2 N + t^2 P(1-P)} = \dfrac{2^2 \times 10\,000 \times 0.92 \times (1-0.92)}{0.02^2 \times 10\,000 + 2^2 \times 0.92 \times (1-0.92)} = 686$

（只）；

  由计算结果可知，如果按重置抽样方法需抽检 736 只，如果按不重置抽样方法需
686 只。

  17.【解析】$4.81 \leqslant \bar{X} \leqslant 5.07$（次）；$66.94\% \leqslant P \leqslant 73.06\%$。

  18.【解析】已知 $N = 1\,385$，$n = 50$，$t = 1.96$，

月产量/件	62	65	67	70	75	80	90	100	130	合计
工人数/人	4	6	6	8	10	7	4	3	2	50
组产量/件	248	390	402	560	750	560	360	300	260	3 830

$$\bar{x} = \frac{\sum xf}{\sum f} = 76.6, \quad s = \sqrt{\frac{\sum (x - \bar{x})^2 f}{\sum f}} = 1.47,$$

$$\mu = \frac{s}{\sqrt{n}} = 2.08, \qquad \Delta_{\bar{x}} = t\mu = 4.08,$$

因为 $\bar{x} - \Delta_{\bar{x}} \leqslant \bar{X} \leqslant \bar{x} + \Delta_{\bar{x}}$，

所以有 $76.6 - 4.08 \leqslant \bar{X} \leqslant 76.6 + 4.08$，

即在 $72.52 \sim 80.68$ 件之间。

  19.【解析】已知 $N = 1\,000$，$n = 100$，$\bar{x} = 1\,800$，$s = 6$，$t = 1$，

（1）$\mu = \dfrac{s}{\sqrt{n}} = 0.6$ $\Delta_{\bar{x}} = t\mu_{\bar{x}} = 0.6$；

（2）$n = \dfrac{t^2 \sigma^2}{\Delta^2} = \dfrac{1^2 \times 6^2}{0.4^2} = 225$（只）；

（3）$n = \dfrac{t^2 \sigma^2}{\Delta^2} = \dfrac{2^2 \times 6^2}{0.4^2} = 900$（只）；

（4）$n = \dfrac{t^2 \sigma^2}{\Delta^2} = \dfrac{2^2 \times 6^2}{0.6^2} = 400$（只）；

  （5）在允许误差一定时，样本单位数与概率之间呈现正向关系，即概率越大，则
抽取单位数越多，反之，则越少；若保持结论成立的概率给定时，样本单位与允许误
差之间呈现反向关系，即允许误差越大，抽取单位数越少，反之，则越多。

  20.【解析】已知 $n = 500$，$p = 95\%$

$$s = \sqrt{p * (1-p)} = 21.8\%；$$

$$\mu_p = \frac{s}{\sqrt{n}} = 0.97\%。$$

第五章

假设检验

第一节　知识结构

（1）假设检验是根据样本提供的信息对所提出的假设做出判断，是接受还是拒绝。假设检验也称为显著性检验，即指样本统计量和假设的总体参数之间是否存在显著性差异。

（2）假设检验可以看成是区间估计中置信区间的另一种表达方式。置信区间可看作是所有可能接受的假设的集合；区间估计实际上是在一定的概率保证程度下，利用样本资料及计算得到的有关数据，推算总体参数可能存在的范围，而假设检验是利用样本资料所含信息，判断检验统计量与总体参数的差异是否显著。

（3）原假设是研究者想收集证据予以反对的假设；备择假设是研究者想收集证据予以支持的假设。原假设和备择假设是一个完备事件组，而且相互对立；在一项假设检验中，原假设和备择假设必有一个成立，而且只有一个成立。一般先确定备择假设，再确定原假设。因研究目的的不同，对同一问题可能提出不同的假设（因此也会得出不同的结论）。

（4）当原假设 H_0 为真，而观察值却落入拒绝域，做出了拒绝 H_0 的判断，则称为第 I 类错误；当原假设 H_0 不真，而观察值却落入接受域，从而做出了接受 H_0 的判断，则称为第 II 类错误。两类错误的关系：犯第 I 类错误必然犯第 II 类错误；当样本容量 n 一定时，若减少犯第 I 类错误的概率，则犯第 II 类错误的概率往往增大；若要使犯两类错误的概率都减小，除非增加样本容量。

（5）显著性水平是指当原假设为真时，检验统计量落在拒绝域的概率；是指定的犯第 I 类错误概率的最大允许值；一般认为第 I 类错误的后果更严重，通常取一个较小值；假设检验必须先给定显著性水平。

（6）检验统计量是根据样本观测结果计算得到的，并据以对原假设和备择假设做出决策的某个样本统计量；是对样本估计量的标准化结果（依据是点估计量的抽样分布）。

（7）检验统计量取某个区域 C 中的值时，我们拒绝原假设 H_0，则称区域 C 为拒绝域，拒绝域的边界点称为临界点。检验统计量取某个区域 C 中的值时，我们接受原假设 H_0，则称区域 C 为接受域。拒绝域和接受域都针对原假设。

（8）备择假设没有特定的方向性，称为双侧检验或双尾检验（two-tailed test）；备择假设具有特定的方向性，并含有符号 ">" 或 "<" 的假设检验，称为单侧检验或单尾检验（one-tailed test），">" 为右侧检验，"<" 为左侧检验。

（9）检验 p 值是在原假设为真的条件下，检验统计量的观察值的数据或更极端值的概率，双侧检验为分布中两侧面积的总和，反映实际观测到的数据与原假设 H_0 之间不一致的程度。p 值决策规则：若 p 值 $< \alpha$，则拒绝 H_0，若 p 值 $> \alpha$，则接受 H_0。

（10）一个总体均值的假设检验：对于大样本，采用检验量 $z = \dfrac{\bar{x} - \mu}{\sigma / \sqrt{n}}$（总体方差已知）或者 $z = \dfrac{\bar{x} - \mu}{s / \sqrt{n}}$（总体方差未知）；对于正态分布小样本，如果总体方差已知，采用检验量 $z = \dfrac{\bar{x} - \mu}{\sigma / \sqrt{n}}$，如果总体方差未知，采用检验量 $t = \dfrac{\bar{x} - \mu}{s / \sqrt{n}}$。

（11）一个总体比率的假设检验：符合二项分布，可用正态分布近似处理，采用检验统计量 $z = \dfrac{p - \pi}{\sqrt{\dfrac{p(1 - P)}{n}}}$。

（12）一个总体方差的假设检验：总体符合正态分布，采用卡方统计量 $\dfrac{(n - 1) s^2}{\sigma^2}$，且 $\dfrac{(n - 1) s^2}{\sigma^2} \sim x^2(n - 1)$。

第二节　习题集锦

一、单项选择题

1. 若一项假设规定显著性水平为 0.05，下面表述正确的是（　　）。
   A. 拒绝原假设的概率为 0.05
   B. 不拒绝原假设的概率为 0.05
   C. 原假设为假时不被拒绝的概率为 0.05
   D. 原假设为真时被拒绝的概率为 0.05

2. 若假设形式为 $H_0: \mu = \mu_0$，$H_1: \mu \neq \mu_0$，当随机抽取一个样本，其均值 $\bar{x} = \mu_0$，则（　　）。
   A. 肯定不拒绝原假设　　　　　　　B. 肯定拒绝原假设
   C. 可能不拒绝原假设　　　　　　　D. 有可能拒绝原假设

3. 若假设形式为 $H_0: \mu \geqslant \mu_0$，$H_1: \mu < \mu_0$，当随机抽一个样本，其均值等于 μ_0，则（　　）。

A. 肯定不拒绝原假设，但有可能犯第 I 类错误

B. 有可能不拒绝原假设，但有可能犯第 I 类错误

C. 有可能不拒绝原假设，但有可能犯第 II 类错误

D. 肯定不拒绝原假设，但有可能犯第 II 类错误

4. 在一次假设检验中，当显著性水平 $\alpha = 0.01$ 时原假设被拒绝，则显著性水平 $\alpha = 0.05$ 时（   ）。

A. 一定会被拒绝　　　　　　　　B. 一定不会被拒绝

C. 需要重新检验　　　　　　　　D. 有可能拒绝原假设

5. 一饮料厂称其生产的听装饮料每听的重量不小于 μ_0，在显著性水平为 0.05 时，对其生产的饮料的每听净重量是否小于 μ_0 进行检验，若将显著性水平改为 0.01，出现的后果是（   ）。

A. 当该厂的陈述错误时，判断错误的可能性会增大

B. 当该厂的陈述错误时，判断正确的可能性会增大

C. 当该厂的陈述正确时，判断正确的可能性会减小

D. 当该厂的陈述正确时，判断错误的可能性会减小

6. 假定总体服从正态分布，下列适用 t 检验统计量的场合是（   ）。

A. 样本为大样本，且总体方差已知　　B. 样本为小样本，且总体方差已知

C. 样本为小样本，且总体方差未知　　D. 样本为大样本，且总体方差未知

7. 在假设检验中，不拒绝原假设意味着（   ）。

A. 原假设肯定是正确的　　　　　B. 原假设肯定是错误的

C. 没有证据证明原假设是正确的　　D. 没有证据证明原假设是错误的

8. 对总体参数的具体数值所做的陈述称为（   ）。

A. 假设　　　　　　　　　　　　B. 参数估计

C. 假设检验　　　　　　　　　　D. 双侧检验

9. 假设检验时所陈述的具体数值是针对（   ）。

A. 总体参数的真实数值　　　　　B. 总体参数的假设值

C. 样本统计量的真实值　　　　　D. 样本统计量的假设值

10. 对总体参数提出某种假设，然后利用样本信息判断假设是否成立的过程称为（   ）。

A. 假设检验　　　　　　　　　　B. 参数估计

C. 双侧检验　　　　　　　　　　D. 单侧检验

11. 研究者想搜集证据予以支持的假设通常称为（   ）。

A. 原假设　　　　　　　　　　　B. 备择假设

C. 合理假设　　　　　　　　　　D. 正常假设

12. 研究者想搜集证据予以反对的假设通常称为（   ）。

A. 原假设　　　　　　　　　　　B. 备择假设

C. 合理假设　　　　　　　　　　D. 正常假设

13. 在假设检验中，备择假设具有特定方向性的假设检验称为（   ）。

A. 原假设　　　　　　　　　　　B. 备择假设

C. 双侧检验　　　　　　　　　　　D. 单侧检验

14. 在假设检验中，备择假设没有特定方向性的假设检验称为（　　）。

    A. 原假设　　　　　　　　　　　　B. 备择假设

    C. 双侧检验　　　　　　　　　　　D. 单侧检验

15. 在假设检验中当原假设正确时拒绝原假设，所犯的错误称为（　　）。

    A. 第Ⅰ类错误　　　　　　　　　　B. 第Ⅱ类错误

    C. 取伪错误　　　　　　　　　　　D. 取真错误

16. 在假设检验中，原假设和备择假设（　　）。

    A. 都有可能成立　　　　　　　　　B. 都有可能不成立

    C. 只有一个成立而且必须有一个成立

    D. 原假设一定成立，备择假设一定不成立

17. 在假设检验中，当原假设错误时未拒绝原假设，所犯的错误称为（　　）。

    A. 第Ⅰ类错误　　　　　　　　　　B. 第Ⅱ类错误

    C. 弃真错误　　　　　　　　　　　D. 取真错误

18. 在假设检验中，第Ⅰ类错误和第Ⅱ类错误（　　）。

    A. 可以同时减小　　　　　　　　　B. 不能同时减小

    C. 不能同时增大　　　　　　　　　D. 只能同时增大

19. 在假设检验中，对第Ⅰ类错误和第Ⅱ类错误（　　）。

    A. 通常先控制第Ⅰ类错误　　　　　B. 通常先控制第Ⅱ类错误

    C. 通常是放弃控制第Ⅰ类错误　　　D. 通常是放弃控制第Ⅱ类错误

20. 对于总体均值和总体比率的假设检验，标准化的检验统计量等于点估计量减去假设值后再除以（　　）。

    A. 总体方差　　　　　　　　　　　B. 样本方差

    C. 点估计量的均值　　　　　　　　D. 点估计量的抽样标准差

21. 拒绝域是指（　　）。

    A. 能够拒绝原假设的样本观测值的和

    B. 能够拒绝原假设的总体观测值的和

    C. 不拒绝原假设的检验统计量的所有可能取值的集合

    D. 能够拒绝原假设的检验统计量的所有可能取值的集合

22. 拒绝域的边界值称为（　　）。

    A. 统计量　　　　　　　　　　　　B. 临界值

    C. 置信水平　　　　　　　　　　　D. 显著性水平

23. 拒绝域的大小和事先选定的（　　）。

    A. 统计量有一定的关系　　　　　　B. 临界值有一定的关系

    C. 置信水平有一定的关系　　　　　D. 显著性水平有一定的关系

24. 当样本容量一定时，拒绝域的面积（　　）。

    A. 与显著性水平的大小无关　　　　B. 与显著性水平大小成正比

    C. 与显著性水平大小成反比　　　　D. 与样本观测值有关

25. P 值越大，则（　　　）。

    A. 拒绝原假设的可能性越小　　　　B. 拒绝原假设的可能性越大

    C. 拒绝备择假设的可能性越小　　　D. 不拒绝备择假设的可能性越大

26. 在假设检验中，如果所计算出的 P 值越小，则说明（　　　）。

    A. 不利于原假设的证据越强　　　　B. 不利于原假设的证据越弱

    C. 不利于备择假设的证据越强　　　D. 不利于备择假设的证据越弱

27. 检验一个正态总体的方差时所使用的分布是（　　　）。

    A. 正态分布　　　　　　　　　　　B. t 分布

    C. F 分布　　　　　　　　　　　　D. 卡方分布

28. 下列选项中的说法正确的是（　　　）。

    A. 原假设正确的概率为 α

    B. 如果原假设被拒绝，就可以证明备择假设是正确的

    C. 如果原假设未被拒绝，就可以证明原假设是正确的

    D. 如果原假设未被拒绝，也不能证明原假设是正确的

29. 若检验的假设为 $H_0: \mu \geqslant \mu_0$，$H_1: \mu < \mu_0$，则拒绝域为（　　　）。

    A. $z > z_\alpha$　　　　　　　　　　　B. $z < -z_\alpha$

    C. $z < -z_{\alpha/2}$ 或 $z > z_{\alpha/2}$　　　D. $z > z_\alpha$ 或 $z < -z_\alpha$

30. 随机抽取一个 $n = 100$ 的样本，计算得到 $\bar{x} = 60$，$s = 15$，要检验假设 $H_0: \mu = 65$，$H_1: \mu \neq 65$，检验的统计量为（　　　）。

    A. −3.33　　　　　　　　　　　　B. 3.33

    C. −2.36　　　　　　　　　　　　D. 2.36

31. 在假设检验中，我们认为（　　　）。

    A. 原假设是不容置疑的

    B. 拒绝域总是位于统计检验量分布的两边

    C. 小概率事件在一次抽样中实际上不会发生

    D. 检验统计量落入拒绝域是不可能的

32. 在假设检验中，显著性水平确定后（　　　）。

    A. 双边检验的拒绝域等于单边检验的拒绝域

    B. 双边检验的拒绝域大于单边检验的拒绝域

    C. 双边检验的拒绝域小于单边检验的拒绝域

    D. 双边检验的拒绝域与单边检验的拒绝域不可简单直接对比

33. 在假设检验中，原假设和备择假设的关系是（　　　）。

    A. 只有一个成立而且必有一个成立

    B. 原假设和备择假设设置一个即可

    C. 原假设和备择假设相互包容

    D. 原假设和备择假设交叉重复

34. 单个正态总体均值的检验，显著性水平一样时（　　　）。

    A. 单侧检验临界值绝对值小于双侧检验临界值绝对值

    B. 单侧检验与双侧检验临界值的绝对值是相等的

C. 双侧检验临界值绝对值是单侧检验临界值绝对值的两倍

D. 单侧检验临界值绝对值大于双侧检验临界值绝对值

35. 总体成数（比率）的假设检验（　　）。

A. 设计的检验统计量服从标准正态分布

B. 设计的检验统计量近似服从标准正态分布

C. 设计的检验统计量近似服从卡方分布

D. 设计的检验统计量服从卡方分布

36. 假设检验时，当样本容量一定时，若缩小犯第 I 类错误的概率，则犯第 II 类错误的概率就会（　　）。

A. 不确定   B. 不变

C. 变大   D. 变小

37. 假设检验是检验（　　）的假设值是否成立。

A. 样本方差   B. 总体指标

C. 总体均值   D. 样本指标

38. 下列选项中关于假设检验的说法，不正确的是（　　）。

A. 做出"拒绝原假设"决策时可能会犯第 I 类错误

B. 做出"不能拒绝原假设"决策时可能会犯第 II 类错误

C. 做出"接受原假设"决策时意味着没有充分的理由认为原假设是错误的

D. 做出"不能拒绝原假设"决策时意味着原假设正确

39. 一家保险公司声称投保平均年龄为 40 岁，为验证说法是否属实，某研究部门随机抽取了 49 位投保人，算得平均投保年龄为 39.5，标准差为 0.8，在 0.05 的显著性水平下，（　　）保险公司的声称。

A. 不能接受   B. 拒绝

C. 不能拒绝   D. 接受

40. 判断一个检验的方向性，需要判断（　　）。

A. 原假设   B. 备择假设

C. 合理假设   D. 正常假设

41. 当备择假设为：$H_1: \mu < \mu_0$，此时的假设检验称为（　　）。

A. 显著性检验   B. 右侧检验

C. 双侧检验   D. 左侧检验

42. 某厂生产的化纤纤度服从正态分布，纤维纤度的标准均值为 1.40。某天测得 25 根纤维的纤度的均值为 $\bar{x}=1.39$，检验与原来设计的标准均值相比是否有所下降，要求的显著性水平为 $\alpha=0.05$，则下列正确的假设形式是（　　）。

A. $H_0: \mu < 1.40$，$H_1: \mu \geqslant 1.40$

B. $H_0: \mu = 1.40$，$H_1: \mu \neq 1.40$

C. $H_0: \mu \leqslant 1.40$，$H_1: \mu > 1.40$

D. $H_0: \mu \geqslant 1.40$，$H_1: \mu < 1.40$

43. 一项研究表明，司机驾车时因接打手机而发生事故的比例超过 20%，用来检验这一结论的原假设和备择假设应为（　　）。

A. $H_0: \mu \leqslant 20\%$，$H_1: \mu > 20\%$

B. $H_0: \pi \leqslant 20\%$，$H_1: \pi > 20\%$

C. $H_0: \pi \geqslant 20\%$，$H_1: \pi < 20\%$

D. $H_0: \pi = 20\%$，$H_1: \pi \neq 20\%$

44. 对于给定的显著性水平 α，根据 P 值拒绝原假设的准则是（　　）。

A. $p > \alpha$

B. $p = \alpha$

C. $p = \alpha = 0$

D. $p < \alpha$

45. 以下选项中关于假设检验的命题，正确的是（　　）。

A. 如果 H_0 在 $a = 0.05$ 的单侧检验中被接受，那么 H_0 在 $a = 0.05$ 的双侧检验中一定会被接受

B. 如果 t 的观测值大于 t 的临界值，一定可以拒绝 H_0

C. 如果 H_0 在 $a = 0.01$ 的水平上被拒绝，那么 H_0 在 $a = 0.05$ 的水平上一定会被拒绝

D. 在某一次实验中，如果实验者甲用 $a = 0.05$ 的标准，实验者乙用 $a = 0.01$ 的标准，那么实验者甲犯 Ⅱ 类错误的概率一定会小于实验者乙

46. 在假设检验问题中，犯第 Ⅰ 类错误的概率 α 的意义是（　　）。

A. 在 H_0 不成立的条件下，经检验 H_0 被拒绝的概率

B. 在 H_0 不成立的条件下，经检验 H_0 被接受的概率

C. 在 H_0 成立的条件下，经检验 H_0 被拒绝的概率

D. 在 H_0 成立的条件下，经检验 H_0 被接受的概率

47. 对正态总体的均值 μ 进行假设检验，如果在显著水平 0.05 下接受 $H_0: \mu = \mu_0$，那么在显著水平 0.01 下，下列结论中正确的是（　　）。

A. 必接受 H_0

B. 可能接受 H_0，也可能拒绝 H_0

C. 必拒绝 H_0

D. 不接受，也不拒绝 H_0

48. 在假设检验中，显著性水平 α 的描述错误的是（　　）。

A. 备择假设 H_1 成立前提下的一个条件概率

B. 原假设 H_0 成立条件下的一个条件概率

C. 一般都采用相对较小的概率值表示

D. 反映了允许犯第 Ⅰ 类错误的最大概率范围

49. 在某一问题的假设检验中，研究者在显著性水平 $\alpha = 0.05$ 时做出接受 H_0 的结论，那么在显著性水平 $\alpha = 0.10$ 时结论应该是（　　）。

A. 必接受 H_0

B. 可能接受 H_0，也可能拒绝 H_0

C. 必拒绝 H_0

D. 不接受也不拒绝 H_0

50. 已知原假设 H_0：某生产过程的不合格率不超过 p_0，则第 Ⅱ 类错误指的是（　　）。

A. 该过程生产的不合格品实际过多，但认为不过多

B. 该过程生产的不合格品实际过多，但也认为过多

C. 该过程生产的不合格品实际不过多，但也认为不过多

D. 该过程生产的不合格品实际不过多，但认为过多

51. 在假设检验的 u 检验法（双侧）中，显著水平 $\alpha = 0.05$，则下列表述正确的有（　　）。

A. 原假设 H_0 真，以 95% 的概率判断 H_0 真

B. 原假设 H_0 真，以 5% 的概率判断 H_0 真

C. 原假设 H_0 不真，以 95% 的概率判断 H_0 真

D. 原假设 H_0 不真，以 5% 的概率判断 H_0 不真

52. 某厂订购一批自行车零件，双方规定其不合格品率不超过 5% 为合格品，现从该批产品中随机抽取 100 个零件进行检验，发现有 7 件不合格品，当显著水平 $\alpha = 0.05$ 时，该批产品的检验结论为（　　）。

A. 拒绝该批产品　　　　　　　　B. 接受该批产品

C. 既不接受也不拒绝　　　　　　D. 不能确定

53. 下列关于 t 分布特征的叙述，错误的是（　　）。

A. t 分布为单峰分布

B. t 分布曲线是一簇曲线

C. 以 0 为中心，左右对称

D. 自由度越大，t 分布曲线的峰度越低，尾部越高

54. 关于假设检验，以下选项中说法正确的是（　　）。

A. 可信区间可以回答假设检验的问题

B. 针对总体参数建立检验假设

C. $p \leq \alpha$ 表示比较指标的差异是由抽样误差引起

D. 实际工作中，不可自行选择假设检验的检验水准 α

55. 下列选项中有关总体参数的区间估计和假设检验这两种统计方法的说法正确的是（　　）。

A. 两者都属于统计推断方法

B. 区间估计建立在对研究问题有较为深入的理解基础上

C. 假设检验建立在对研究问题认识局限性很大的基础上

D. 总体参数的可信区间不包含备择假设中假定的总体参数值可以做出拒绝无效假设的推断结论

56. 假设检验的步骤是（　　）。

A. 建立假设、选择和计算统计量、确定 P 值或显著性水平，判断结果

B. 建立原假设、建立备择假设、确定检验水准

C. 确定单侧检验或双侧检验、选择 t 检验或 u 检验、估计 I 类错误和 II 类错误

D. 计算统计量，确定 P 值，做出推断结论

57. 下列选项中关于假设检验的描述，正确的是（　　）。

A. 假设检验的结果是确切无误的，因此不可能有错误出现

B. t 检验适用于各种类型的计量资料，不需要满足其他条件

C. 统计学得出差异有显著性的结论，并不一定专业上有意义

D. 双侧检验较单侧敏感，因此经常建议采用

58. 下列选项中关于单边和双边假设检验的说法错误的是（　　）。

    A. 在显著性 α 水平下，检验假设 $H_0: \mu=\mu_0$；$H_1: \mu \neq \mu_0$ 的假设检验，称为双边假设检验

    B. 右边检验和左边检验统称为单边检验

    C. 在显著性 α 水平下，检验假设为 $H_0: \mu \geq \mu_0$；$H_1: \mu < \mu_0$ 的假设检验，称为左边检验

    D. 在显著性 α 水平下，检验假设为 $H_0: \mu \geq \mu_0$；$H_1: \mu < \mu_0$ 的假设检验，称为右边检验

59. 下列选项中说法正确的是（　　）。

    A. 区间估计和假设检验都属于统计推断的内容

    B. 假设检验用于推断总体参数间是否有质的区别

    C. 区间估计除可用于推断总体参数的范围，还可以回答假设检验的问题

    D. 区间估计可以替代假设检验

60. 假设检验的一般步骤中不包括以下哪一项（　　）。

    A. 选定检验方法和计算检验统计量

    B. 对统计参数做出区间估计

    C. 建立假设和确定检验水准

    D. 间接算出 P 值

61. 从统计量出发，对总体某些特性的"假设"做出拒绝或接受的判断的过程称为（　　）。

    A. 参数估计　　　　　　　　　　B. 统计推断

    C. 区间估计　　　　　　　　　　D. 假设检验

62. 假设检验的概率依据是（　　）。

    A. 小概率原理　　　　　　　　　B. 最大似然原理

    C. 大数定理　　　　　　　　　　D. 中心极限定理

63. 容量为 3 升的橙汁容器上的标签表明，这种橙汁的脂肪含量的均值不超过 1 克，在对标签上的说明进行检验时，建立的原假设和备择假设为 $H_0: \mu \leq 1$，$H_1: \mu > 1$，该检验所犯的第 I 类错误是（　　）。

    A. 实际情况是 $\mu \geq 1$，检验认为 $\mu > 1$

    B. 实际情况是 $\mu \leq 1$，检验认为 $\mu < 1$

    C. 实际情况是 $\mu \geq 1$，检验认为 $\mu < 1$

    D. 实际情况是 $\mu \leq 1$，检验认为 $\mu > 1$

64. 如果某项假设检验的结论在 0.05 的显著性水平下是显著的（即在 0.05 的显著性水平下拒绝了原假设），则错误的说法是（　　）。

    A. 在 0.10 的显著性水平下必定也是显著的

    B. 在 0.01 的显著性水平下不一定具有显著性

C. 原假设为真时拒绝原假设的概率为 0.05

D. 检验的 p 值大于 0.05

65. 在一次假设检验中当置信水平 $1 - \alpha = 0.99$，原假设被拒绝时，则用 $\alpha = 0.05$ 时，（　　）。

 A. 原假设一定会被拒绝   B. 原假设一定不会被拒绝

 C. 需要重新检验   D. 有可能拒绝原假设

66. 关于 p 值的描述正确的是（　　）。

 A. p 值实际上是一个可靠性水平

 B. p 值决策不区分检验方向性

 C. p 值都可以通过允许显著性水平决定

 D. p 值往往是一个观察到的大概率事件

67. 当样本统计量的取值未落入原假设的拒绝域时，表示（　　）。

 A. 可以放心地接受原假设

 B. 没有充足的理由否定原假设

 C. 没有充足的理由否定备择假设

 D. 备择假设是错误的

68. 当原假设为 $\pi \leqslant 0.2$，此时的假设检验称为（　　）。

 A. 双侧检验   B. 右侧检验

 C. 左侧检验   D. 显著性检验

69. 某厂生产轴承的平均误差为 0.06。某天测得 25 根轴承的误差的均值为 $x = 1.39$，检验与原来旧设备生产相比误差是否有所下降，要求的显著性水平为 $\alpha = 0.05$，则下列选项中正确的假设形式是（　　）。

 A. H_0：$\mu = 0.06$，H_1：$\mu \neq 1.39$ B. H_0：$\mu \leqslant 0.06$，H_1：$\mu > 1.39$

 C. H_0：$\mu < 0.06$，H_1：$\mu \geqslant 0.06$ D. H_0：$\mu \geqslant 0.06$，H_1：$\mu < 0.06$

70. 一项研究表明，某地区家庭资产超过 200 万的比例超过 20%，用来检验这一结论的原假设和备择假设应为（　　）。

 A. H_0：$\mu \leqslant 20\%$，H_1：$\mu > 20\%$ B. H_0：$\pi = 20\%$ H_1：$\pi \neq 20\%$

 C. H_0：$\pi \leqslant 20\%$ H_1：$\pi > 20\%$ D. H_0：$\pi \geqslant 20\%$ H_1：$\pi < 20\%$

71. 在假设检验中，下列选项中说法错误的是（　　）。

 A. 无证据证明某个假设错误就不能拒绝该假设

 B. 可以比较统计量和临界值决策

 C. 可以利用观察到的显著性水平决策

 D. 没有证据证明某个假设正确就需要拒绝该假设

72. 若检验的假设为 H_0：$\mu \leqslant \mu_0$，H_1：$\mu > \mu_0$，则拒绝域为（　　）。

 A. $z > z_\alpha$ B. $z < -z_\alpha$

 C. $z < -z_{\alpha/2}$ 或 $z > z_{\alpha/2}$ D. $z > z_\alpha$ 或 $z < -z_\alpha$

73. 如果原假设 H_0 为真，所得到的样本结果会像实际观测取值那么极端或更极端的概率称为（　　）。

 A. 临界值   B. 统计量

 C. P 值   D. 事先给定的显著性水平

第五章　假设检验

74. 下列选项中的几个数值，检验的 P 值为哪个值时拒绝原假设的理由最充分（   ）。

    A. 95%   B. 50%

    C. 5%   D. 2%

75. 进行假设检验时，在样本量一定的条件下，犯第 I 类错误的概率减小，犯第 II 类错误的概率就会（   ）。

    A. 减小   B. 增大

    C. 不变   D. 不确定

76. 在假设检验中，犯了原假设 H_0 实际是不真实的，却由于样本的缘故而做出的接受 H_0 的错误，此类错误是（   ）。

    A. α 类错误   B. 第 I 类错误

    C. 取伪错误   D. 弃真错误

77. 假设检验中，如果增大样本容量，则犯两类错误的概率（   ）。

    A. 都增大   B. 都减小

    C. 都不变   D. 一个增大一个减小

78. 一家汽车生产企业在广告中宣称"该公司的汽车可以保证在 2 年或 24 000 公里内无事故"，但该汽车的一个经销商认为保证"2 年"这一项是不必要的，因为汽车车主在 2 年内行驶的平均里程一般不超过 24 000 公里。假定这位经销商要检验假设 H_0: $\mu \leqslant 24\,000$，H_1: $\mu > 24\,000$，取显著性水平为 $\alpha = 0.01$，假设为大样本，则此项检验的拒绝域为（   ）。

    A. z >2.33   B. z <-2.33

    C. z<2.33   D. z = 2.33

79. 某种感冒冲剂规定每包重量为 12 克，超重或过轻都是严重问题。从过去的生产数据得知，标准差为 2 克，质检员抽取 25 包冲剂称重检验，平均每包的重量为 11.85 克。假定产品重量服从正态分布。取显著性水平为 $\alpha = 0.05$，感冒冲剂的每包重量是否符合标准要求（   ）。

    A. 符合   B. 不符合

    C. 无法判断   D. 不同情况下有不同结论

80. 在假设检验中，两类错误（   ）。

    A. 都会造成影响   B. 不会造成太大影响

    C. 都不会超过 α D. 都不超过 β

81. 对于非正态总体，使用统计量 $z = \dfrac{\bar{x} - \mu}{s/\sqrt{n}}$ 估计总体均值的条件是（   ）。

    A. 小样本   B. 总体方差已知

    C. 总体方差未知   D. 大样本

82. H_0 为原假设，H_1 为备择假设，H_0: $\mu \geqslant 20$，H_1: $\mu < 20$，此为（   ）。

    A. 右侧检验   B. 左侧检验

    C. 双侧检验   D. 完全检测

83. 一个自动冲压机的设计标准是每小时冲压 100 次，现观察了 49 小时的冲压结果，得到样本平均数为（　　）次，标准差为 25 次，检验水平 α 为 0.05，说明该冲压机正常不工作。

  A. 105   B. 106

  C. 107   D. 108

84. 在假设检验中，用 α 和 β 分别表示犯第 I 类错误和第 II 类错误的概率，则当样本容量一定时，下列选项中说法正确的是（　　）。

  A. α 减小 β 也减小   B. α 增大 β 也增大

  C. α 与 β 不能同时减小，减小其中一个，另一个往往就会增大

  D. A 和 B 同时成立

85. 在假设检验中，一旦检验法选择正确，计算无误（　　）。

  A. 不可能做出错误判断

  B. 增加样本容量就不会做出错误判断

  C. 仍有可能做出错误判断

  D. 计算精确些就可避免错误判断

86. 在一个确定的假设检验问题中，与判断结果有关的因素有（　　）。

  A. 样本值及样本容量   B. 显著性水平 α

  C. 检验的统计量   D. 上述都是

87. 在假设检验中，记 H_1 为备择假设，则称（　　）为犯第 I 类错误。

  A. H_1 真，接受 H_1 B. H_1 不真，接受 H_1

  C. H_1 真，拒绝 H_1 D. H_1 不真，拒绝 H_1

88. 检验的显著性水平是（　　）。

  A. 第 I 类错误概率   B. 第 I 类错误概率的上界

  C. 第 II 类错误概率   D. 第 II 类错误概率的上界

89. 假设检验中一般情况下（　　）。

  A. 只犯第 I 类错误   B. 只犯第 II 类错误

  C. 两类错误都可能犯   D. 两类错误都不犯

90. 样本容量 n 确定后，在一个假设检验中，给定显著性水平 α，设第 II 类错误的概率为 β，则必有（　　）。

  A. $\alpha + \beta = 1$ B. $\alpha + \beta > 1$

  C. $\alpha + \beta < 1$ D. $\alpha + \beta <= 2$

91. 在统计假设的显著性检验中，给定了显著性水平 α，下列选项中结论错误的是（　　）。

  A. 拒绝域的确定与水平 α 有关

  B. 拒绝域的确定与检验法中所构造的随机变量的分布有关

  C. 拒绝域的确定与备择假设有关

  D. 拒绝域选法是唯一的

92. 设对统计假设 H_0 构造了显著性检验方法，则下列选项中说法错误的是（　　）。

  A. 对不同的样本观测值，所做的统计推断结果可能不同

B. 对不同的样本观测值，拒绝域不同

C. 拒绝域的确定与样本观测值有关

D. 对一个样本观测值，可能因显著性水平不同，而使推断结果不同

93. 设对统计假设 H_0 构造了显著性检验方法，则下列选项中结论错误的是（　　）。

　　A. 对同一个检验水平 α，基于不同的观测值所做的推断结果一定相同

　　B. 对不同的检验水平 α，基于不同的观测值所做的推断结果未必相同

　　C. 对不同检验水平 α，拒绝域可能不同

　　D. 对不同检验水平 α，接收域可能不同

94. 在统计假设的显著性检验中，取小的显著性水平 α 的目的在于（　　）。

　　A. 不轻易拒绝备选假设　　　　　　　B. 不轻易拒绝原假设

　　C. 不轻易接受原假设　　　　　　　　D. 不考虑备选假设

95. 在统计假设的显著性检验中，实际上是（　　）。

　　A. 只控制第 I 类错误，即控制"拒真"错误

　　B. 在控制第 I 类错误的前提下，尽量减小第 II 类错误（取伪）的概率

　　C. 同时控制第 I 类错误和第 II 类错误

　　D. 只控制第 II 类错误，即控制"取伪"错误

96. 设总体 $X \sim N(u, \sigma^2)$，σ^2 未知，$X_1, X_2 \cdots, X_{10}$ 为其样本，检验假设 $H_0: \mu = \mu_0$，要用统计量（　　）。

　　A. $\dfrac{\bar{x} - \mu}{\sigma / \sqrt{n}} \sim N(0, 1)$　　　　　　　　B. $\dfrac{\bar{x} - \mu}{s / \sqrt{n}} \sim t(n - 1)$

　　C. $\dfrac{\bar{x} - \mu_0}{s / \sqrt{n}} \sim t(n - 1)$　　　　　　　　D. $\dfrac{\bar{x} - \mu}{\sigma / \sqrt{n}} \sim N(\mu, \sigma^2)$

97. 设总体 $X \sim N(u, \sigma^2)$，σ^2 未知，$X_1, X_2 \cdots, X_{40}$ 为其样本，检验假设 $H_0: \mu = \mu_0$，要用统计量（　　）。

　　A. $\dfrac{\bar{x} - \mu}{s / \sqrt{n}} \sim N(0, 1)$　　　　　　　　B. $\dfrac{\bar{x} - \mu}{s / \sqrt{n}} \sim t(n - 1)$

　　C. $\dfrac{\bar{x} - \mu_0}{s / \sqrt{n}} \sim t(n - 1)$　　　　　　　　D. $\dfrac{\bar{x} - \mu}{\sigma / \sqrt{n}} \sim N(\mu, \sigma^2)$

98. 设总体 $X \sim N(u, \sigma^2)$，σ^2 已知，$X_1, X_2 \cdots, X_{10}$ 为其样本，检验假设 $H_0: \mu = \mu_0$，要用统计量（　　）。

　　A. $\dfrac{\bar{x} - \mu}{\sigma / \sqrt{n}} \sim N(0, 1)$　　　　　　　　B. $\dfrac{\bar{x} - \mu}{s / \sqrt{n}} \sim t(n - 1)$

　　C. $\dfrac{\bar{x} - \mu_0}{s / \sqrt{n}} \sim t(n - 1)$　　　　　　　　D. $\dfrac{\bar{x} - \mu}{\sigma / \sqrt{n}} \sim N(\mu, \sigma^2)$

99. 一种零件的生产标准是直径应为 10 厘米，为对生产过程进行控制，质量监测人员定期对一台加工机床检查，确定这台机床生产的零件是否符合标准要求。如果零件的平均直径大于或小于 10 厘米，则表明生产过程不正常，必须进行调整。检验生产

过程是否正常的原假设和备择假设正确的是（　　　）。

    A. $H_0: \mu > 10$ 厘米　　$H_1: \mu \neq 10$ 厘米

    B. $H_0: \mu = 10$ 厘米　　$H_1: \mu \neq 10$ 厘米

    C. $H_0: \mu < 10$ 厘米　　$H_1: \mu > 10$ 厘米

    D. $H_0: \mu > 10$ 厘米　　$H_1: \mu < 10$ 厘米

100. T 为随机变量，C 为临界值，T_0 为观察到的极端值，下列关于 p 值的表达错误的是（　　　）。

    A. 对于双侧检验，拒绝域为 $|T| > C$，p 值是 $p = P(|T| > T_0 \mid H_0)$

    B. 对于左侧检验，拒绝域为 $T < C$，p 值是 $p = P(T < T_0 \mid H_0)$

    C. 对于右侧检验，拒绝域为 $T > C$，p 值是 $p = P(T > T_0 \mid H_0)$

    D. 对于双侧检验，拒绝域为 $|T| > C$，p 值是 $p = P(|T| > T_0 \mid H_1)$

二、多项选择题

1. 假设检验中的原假设（　　　）。

    A. 是反映现象处于非常态的假设形式

    B. 是假设检验的对象

    C. 接受它的概率比拒绝它的概率大得多

    D. 也称零假设

    E. 往往是研究者更加关注和支持的假设

2. 显著性水平（　　　）。

    A. 其值愈小，检验中拒绝原假设的概率愈大

    B. 也称犯第 I 类错误的概率

    C. 其值愈大，检验中接受域的面积愈大

    D. 据此可确定检验的临界值

    E. 一般根据研究者接受风险的态度决定

3. 假设检验中，若拒绝原假设（　　　）。

    A. 原假设为真的概率只能是显著性水平

    B. 备择假设以大概率为真

    C. 检验中的 p 值小于犯第 I 类错误的概率

    D. 说明采用了非随机抽样

    E. 备择假设一定正确

4. 假设检验中，得到的 p 值越大，说明（　　　）。

    A. 拒绝原假设的可能性越大　　　　B. 备择假设真实的可能性越小

    C. 原假设真实的可能性越大　　　　D. 拒绝原假设的可能性越小

    E. 越有充分证据证明原假设为真

5. 统计推断的具体内容很广泛，归纳起来主要是（　　　）。

    A. 回归分析　　　　　　　　　　　B. 方差分析

    C. 参数估计　　　　　　　　　　　D. 抽样分布

    E. 假设检验

6. 统计推断包括以下几个方面的内容（　　　）。

    A. 通过构造统计量，运用样本信息，实施对总体参数的估计

    B. 从统计量出发，对总体某些特性的"假设"做出拒绝或接受的判断

    C. 相关分析　　　　　　　　　　　D. 时间序列分析

    E. 回归分析

7. 假设检验的基本思想是（　　　）。

    A. 先对总体的参数或分布函数的表达式做出某种假设，然后寻求是否存在在假设成立条件下出现可能性甚小的小概率事件

    B. 如果试验或抽样的结果使该小概率事件出现了，这与小概率原理相违背，表明原来的假设有问题，应予以否定，即拒绝这个假设

    C. 若该小概率事件在一次试验或抽样中并未出现，就没有理由否定这个假设，表明试验或抽样结果支持这个假设，这时称假设与实验结果是相容的，或者说可以接受原来的假设

    D. 如果试验或抽样的结果使该小概率事件出现了，则不能否认这个假设

    E. 若该小概率事件在一次试验或抽样中并未出现，则否定这个假设

8. 假设检验的具体步骤包括（　　　）。

    A. 根据实际问题的要求，提出原假设及备择假设

    B. 确定检验统计量，并找出在假设成立条件下，该统计量所服从的概率分布

    C. 根据所要求的显著性水平和所选取的统计量，查概率分布临界值表，确定临界值与否定域

    D. 将样本观察值代入所构造的检验统计量中，计算出该统计量的值

    E. 判断计算出的统计量的值是否落入否定域，如落入否定域，则拒绝原假设，否则接受原假设

9. 下列选项中说法错误的是（　　　）。

    A. 原假设正确的概率为 α

    B. 如果原假设被拒绝，就可以证明备择假设是正确的

    C. 如果原假设未被拒绝，就可以证明原假设是正确的

    D. 如果原假设未被拒绝，也不能证明原假设是正确的

    E. 如果原假设被拒绝，在一定程度上可以认为备择假设是正确的

10. 总体均值的假设统计量可能服从的分布类型是（　　　）。

    A. 正态分布　　　　　　　　　　　B. 学生氏分布

    C. 卡方分布　　　　　　　　　　　D. F 分布

    E. 均匀分布

11. 下列选项中关于假设检验的说法，正确的有（　　　）。

    A. 假设检验是对总体的参数（或分布形式）提出某种假设，然后利用样本信息判断假设是否成立的过程

    B. 检验采用逻辑上的反证法：先提出假设 H_0，再根据一次抽样所得到的样本值进行计算，若导致小概率事件发生，则否认假设 H_0；否则，接受假设 H_0

    C. 依据统计上的小概率原理

D. 假设检验就是要对事先设定的假设做出正确的判断

E. 假设检验实质是建立在对事物认识不够充分的基础上的揣测

12. 关于原假设和备择假设，下列选项中说法正确的是（　　）。

A. 原假设也称为 0 假设
B. 备择假设也称为研究假设
C. 一般将等号放在原假设
D. 原假设和备择假设相互排斥
E. 原假设和备择假设是完备事件组

13. 关于两类错误，下列选项中说法正确的是（　　）。

A. 两类错误都可能发生
B. 两类错误发生的概率是有条件的
C. 两类错误可能同时发生
D. 两类错误可能同时不发生
E. 两类错误发生的概率可以同时降低

14. 关于第 I 类错误，下列选项中说法正确的是（　　）。

A. 第 I 类错误是弃真错误
B. 第 I 类错误是取伪错误
C. 第 I 类错误后果可能更严重
D. 需要重点控制第 I 类错误
E. 第 I 类错误犯错的概率越低越好

15. 关于第 II 类错误，下列选项中说法正确的是（　　）。

A. 第 II 类错误是弃真错误
B. 第 II 类错误是取伪错误
C. 第 II 类错误后果可能更严重
D. 需要重点控制第 II 类错误
E. 第 II 类错误犯错的概率越低越好

16. 关于两类错误的关系，下列选项中说法正确的是（　　）。

A. 两类错误同时发生或同时不发生

B. 当样本容量 n 一定时，若减少犯第 I 类错误的概率，则犯第 II 类错误的概率往往增大

C. 若要使犯两类错误的概率都减小，除非增加样本容量

D. 增大样本容量，同时增大两类错误犯错概率

E. 减小样本方差可以降低两类错误发生的概率

17. 关于显著性水平，下列选项中说法正确的是（　　）。

A. 是原假设为真时，检验统计量落在拒绝域的概率

B. 是指定的犯第 I 类错误概率的最大允许值

C. 一般认为第 I 类错误的后果更严重，通常取一个较小值

D. 假设检验必须先给定显著性水平

E. 显著性水平可以实际测量得到

18. 检验统计量取某个区域 C 中的值时，我们拒绝原假设，则称区域 C 为拒绝域，对拒绝域的理解正确的是（　　）。

A. 拒绝域大小由样本统计量决定

B. 拒绝域是拒绝原假设 H_0 的所有样本值的集合

C. 拒绝域是拒绝原假设 H_0 的检验统计量的取值范围

D. 拒绝域具有方向性

E. 拒绝域是小概率区域

19. 关于接受域，下列选项中说法正确的是 （ ）。

    A. 接受域是拒绝域的互补区域

    B. 接受域是接受原假设 H_0 的所有样本值的集合

    C. 接受域是接受原假设 H_0 的检验统计量的取值范围

    D. 接受域没有方向性

    E. 一般接受域是大概率区域

20. 关于检验方向性，下列选项中说法正确的有 （ ）。

    A. 所有检验都具有检验方向

    B. 检验方向性由研究人员予以反对的假设确定

    C. 双侧检验具有方向性，单侧检验没有方向性

    D. 如果一个检验没有方向性，计算临界值时显著性水平要平分

    E. 如果一个检验有方向性，需要根据备择假设的符号确定方向

21. 关于 p 值，下列选项中说法正确的是 （ ）。

    A. 是在原假设为真的条件下，检验统计量的观察值的数据或更极端值的概率，双侧检验为分布中两侧面积的总和

    B. 反映实际观测到的数据与原假设 H_0 之间不一致的程度

    C. 被称为观察到的 （或实测的） 显著性水平

    D. P 值可以认为是在对一个总体抽取多个样本的情况下，证明原假设正确的某一类数据出现的频数

    E. 任何检验都具有明确的方向性，p 值决策也具有方向性

22. 关于 P 值的表现形式，正确的有 （ ）。

    A. 若是双侧检验，拒绝域为 $|T| > C$，p 值是 $p = P(|T| > T_0 | H_0)$

    B. 若是双侧检验，拒绝域为 $|T| > C$，p 值是 $p = P(|T| < T_0 | H_0)$

    C. 若是左侧检验，拒绝域为 $T < C$，p 值是 $p = P(T < T_0 | H_0)$

    D. 若是右侧检验，拒绝域为 $T > C$，p 值是 $p = P(T > T_0 | H_0)$

    E. 若是单侧检验，拒绝域为 $|T| > C$，p 值是 $p = P(|T| < T_0 | H_0)$

23. 掷一枚均匀硬币 100 次，根据正反面出现的次数判断硬币是否均匀，如果出现正面的次数分别是 50，55，60，65 次，对应的 p 值是 （ ）。

    A. 0.5   B. 0.317 4

    C. 0.126 8   D. 0.045 6

    E. 0.002 6

24. 在总体均值检验中，使用 t 检验量的条件包括 （ ）。

    A. 总体服从任何分布   B. 总体方差已知

    C. 总体服从正态分布   D. 总体方差未知

    E. 小样本

25. 关于临界值、统计量之间的关系，正确的描述有 （ ）。

    A. 如果拒绝一个原假设，统计量一定大于临界值

    B. 如果接受一个原假设，统计量一定小于临界值

    C. 临界值和统计量之间的大小不能直接作假设决策

D. 临界值是由 p 值决定的，统计量可以决定显著性水平

E. 在检验方向确定的前提下，可以通过对比临界值和统计量进行假设决策

26. 在假设检验中，根据事先给定的显著性水平进行决策，可以（　　　）。

A. 确定拒绝域　　　　　　　　　　B. 确定检验统计量

C. 给出观测数据和原假设之间不一致的精确度量

D. 给出观测值和拒绝域之间不一致程度的精确度量

E. 给出观测值和接受域之间一致程度的精确度量

27. 总体比率假设检验的前提条件是（　　　）。

A. 总体服从二项分布　　　　　　　B. 可以用正态分布来近似

C. 总体服从正态分布　　　　　　　D. 大样本

E. 小样本

28. 关于总体方差假设检验，说法正确的是（　　　）。

A. 要求总体近似服从正态分布　　　B. 统计量服从卡方分布

C. 大样本　　　　　　　　　　　　D. 小样本

E. 样本比率必须已知

29. 关于拒绝域的边界值，说法正确的是（　　　）。

A. 边界值是由显著性水平确定的

B. 显著性水平越大，边界值越靠近中间

C. 边界值可以由样本统计量计算得到

D. 边界值是观察到的极端值

E. 边界值将统计量分成了两个不同的决策区域

30. 在一个假设检验中，不拒绝原假设意味着（　　　）。

A. 一定要接受原假设　　　　　　　B. 一定要拒绝备择假设

C. 拒绝原假设的证据不足　　　　　D. 原假设一定正确

E. 原假设不一定正确

31. 在一个假设检验中，拒绝原假设意味着（　　　）。

A. 原假设一定错误　　　　　　　　B. 一定要接受备择假设

C. 原假设有可能被误判　　　　　　D. 备择假设不一定正确

E. 原假设不一定正确

32. 使用 z 统计量进行总体均值检验的可能情况有（　　　）。

A. 大样本　　　　　　　　　　　　B. 小样本正态总体

C. 正态总体方差未知　　　　　　　D. 正态总体方差已知

E. 非正态分布总体方差已知

33. 在假设检验中，下列选项中结论错误的是（　　　）。

A. 只犯第Ⅰ类错误

B. 只犯第Ⅱ类错误

C. 既可能犯第Ⅰ类错误，也可能犯第Ⅱ类错误

D. 不犯第一类也不犯第Ⅱ类错误

E. 可能同时犯第一类也可能犯第Ⅱ类错误

34. 显著性水平 α 越大，说明（　　）。

    A. 犯错误的可能性越大　　　　　　B. 拒绝原假设的可能性越大

    C. 接受原假设的可能性越大　　　　D. 拒绝备择假设的可能性越大

    E. 接受备择假设的可能性越大

35. 关于 p 值决策，正确的说法是（　　）。

    A. p 值决策不需要计算统计量

    B. p 值越大拒绝原假设的证据越充分

    C. p 值越大拒绝备择假设的证据越充分

    D. p 值越小接受原假设的证据越不充分

    E. p 值越小接受备择假设的证据越不充分

36. 进行假设检验的步骤包括：（a）计算统计量；（b）设定假设；（c）计算临界值；（d）对比分析；（e）决策。下列步骤正确的有（　　）。

    A. bacde　　　　　　　　　　　　B. bcade

    C. cadeb　　　　　　　　　　　　D. eacdb

    E. cbade

37. 某炼铁厂的铁水含碳量在正常情况下服从正态分布，现就操作工艺进行了改进，从中抽取 5 炉铁水进行调整，测得其含碳量分别为 4.412%、4.052%、4.287%、4.683%、4.357%，据此对采用新工艺炼铁后含碳量方差是否仍为 0.108^2 进行显著性水平为 0.05 的检验，下列选项中说法正确的有（　　）。

    A. 检验统计量为 17.764　　　　　　B. 临界值为 0.484 和 11.143

    C. 方差发生了改变　　　　　　　　D. 属于总体均值检验

    E. 总体的标准差发生了改变

38. 在检验总体均值过程中，如果某次抽样发现样本均值刚好等于假设均值，则下列选项中说法正确的是（　　）。

    A. 如果是双侧检验，一定要接受原假设

    B. 如果是单侧检验，一定要接受原假设

    C. 如果是左侧检验，不能接受原假设

    D. 如果是右侧检验，不能接受原假设

    E. 如果是双侧检验，不能接受原假设

39. 某研究者估计本市居民家庭的汽车拥有率为 30%。现随机抽查了 200 个家庭，其中 68 个家庭拥有汽车。以 0.05 的显著性水平检验该说法的可信度，下列选项中说法正确的是（　　）。

    A. 该假设的统计量为 1.234　　　　B. 这是一个比率检验问题

    C. 该检验是双侧检验　　　　　　　D. 该检验的临界值为 1.96

    E. 研究者的说法可信

40. 过去大量资料显示，某厂生产的灯泡的使用寿命服从正态分布 N（1 020，100^2）。现从最近生产的一批产品中随机抽取 16 只，测得样本平均寿命为 1 080 小时。在 0.05 的显著性水平下判断这批产品的使用寿命是否有显著提高，下列选项中说法正确的是（　　）。

A. 该假设为左侧检验　　　　　　B. 该假设为右侧检验

C. 该假设临界值为 2.4　　　　　　D. 该批灯泡使用寿命明显提高

E. 该假设采用 z 检验

三、判断题

1. 如果拒绝原假设将会造成企业严重的经济损失，那么 α 的值应取得小一些。

（　　）

2. 统计假设总是成对提出的，即既要有原假设 H_0，也要有备择假设 H_1。　（　　）

3. 犯第 Ⅱ 类错误的概率与犯第 Ⅰ 类错误的概率是密切相关的，在样本一定条件下，α 减小，β 就增大；α 增大，β 就减小。为了同时减小 α 和 β，可以增大样本容量，减小抽样分布的离散性，这样才能达到目的。

（　　）

4. 随着显著性水平 α 取值的减小，拒绝原假设的理由将变得充分。　（　　）

5. 假设检验是一种决策方法，使用它不犯错误。　（　　）

6. 从 10 000 件产品中随机抽取 100 件进行质量检验，结果有 3 件不合格，则样本比例的方差为 0.03。

（　　）

7. 在某项医学临床试验中，女性患者只占了 30%，为减少女性患者的比例，实验团队采取一系列方案。为了解方案的实际效果，采用随机抽样的方式，从各个医院抽取了 400 名患者，其中男性 300 人，女性 100 人。在显著性水平为 0.01 的要求下对女性患者改观情况进行假设检验，应提出原假设 H_0：$P \geqslant 30\%$ 和备择假设 H_1：$P < 30\%$。

（　　）

8. 检验一个正态总体的方差时所使用的分布是 F 分布。　（　　）

9. 某企业生产的产品需用纸箱进行包装，按规定供应商提供的纸箱用纸的厚度不应低于 5 毫米。已知用纸的厚度服从正态分布，σ 一直稳定在 0.1 毫米。企业从某供应商提供的纸箱中随机抽查了 100 个样品，得样本平均厚度为 4.55 毫米。在 $\alpha = 0.05$ 的显著性水平上，可以接受该批纸箱，该检验中会犯第 Ⅰ 类错误。　（　　）

10. 某厂产品的优质品率一直保持在 40%，近期质检部门来厂抽查，共抽查了 50 件产品，其中优质品为 9 件。在 $\alpha = 0.01$ 的显著性水平上，可以认为其优质品率仍保持在 40%。

（　　）

11. 在假设检验中，两类错误都不能犯，所以需要做好调查方案，杜绝错误发生。

（　　）

12. t 检验只适合在正态分布小样本且总体方差未知的情况。　（　　）

13. p 值实际上是一个实际观察到的犯错误的概率值。　（　　）

14. 原假设和备择假设是完备事件组。　（　　）

15. 研究人员提出的假设是原假设。　（　　）

16. 要检验总体方差，需要采用卡方分布。　（　　）

17. 显著性水平实际上是一个条件概率。　（　　）

18. 显著性水平是一个允许犯错误的极限值。　（　　）

19. 在假设检验中，错误不可避免，我们要尽量不犯第 Ⅰ 类错误，少犯第 Ⅱ 类错误。

（　　）

20. 当提高显著性水平时，犯第 I 类错误的可能性将提高。 （　　）

21. 当提高显著性水平时，犯第 II 类错误的可能性将提高。 （　　）

22. 判断一个检验的方向性，需要首先考察原假设。 （　　）

23. 拒绝域接受域的划分是由统计量决定的。 （　　）

24. 如果一个检验是左侧检验，在划分接受域和拒绝域时需要将显著性水平分为两半。 （　　）

25. 如果一个检验是双侧检验，在划分接受域和拒绝域时需要将显著性水平分为两半。 （　　）

26. 设定假设带有一定的主观色彩，所以在一个具体问题中，假设设定具有不确定性。 （　　）

27. 一般需要进行假设设定时，先从研究者予以支持的假设开始。 （　　）

28. p 值反映的是实际观测到的数据与原假设之间不一致程度的一个概率值。 （　　）

29. 显著性水平不是固定不变的，依据拒绝区间所可能承担的风险来决定，所以可以随时变化。 （　　）

30. 一饮料厂称其生产的听装饮料每听的重量不小于 250 毫升，在显著性水平为 0.05 的条件下对其生产的饮料的每听净重量是否小于 250 毫升进行检验，若将显著性水平改为 0.01，出现的后果是当该厂的陈述正确时，判断错误的可能性会减小。 （　　）

31. 接受域是接受原假设 H_0 的检验统计量的取值范围。 （　　）

32. 如果一个假设没有特定的方向，那么可以是左侧检验也可以是右侧检验，但是一开始一定要明确方向。 （　　）

33. 假设检验是基于小概率事件的，小概率事件是不可能发生的事件。 （　　）

34. 在一个特定问题中，双侧检验统计量可能在左侧，也可能在右侧，也可能同时在两边出现。 （　　）

35. 在假设检验中，可以用 p 值决策，也可以用临界值和统计量对比决策，但都需要计算临界值。 （　　）

36. 在假设检验中，用 p 值决策时不需要计算统计量。 （　　）

37. 在假设检验中，p 值决策和检验的方向性无关。 （　　）

38. 在假设检验中，p 值越大拒绝原假设的可能性越大。 （　　）

39. 总体方差检验和总体均方差检验方法完全一样。 （　　）

40. 不拒绝原假设意味着必须接受原假设，也就是说原假设被证明是正确的。 （　　）

四、计算题

1. 假设随机变量 X 服从正态分布 $N(\mu, 1)$，$(x_1, x_2 \cdots, x_{10})$ 是取自 X 的 10 个观测值，要在 $\alpha = 0.05$ 下检验 $H_0: \mu = 0$，$H_1: \mu \neq 0$。取拒绝域为 $C = \{|\bar{X}| \geq k\}$。

（1）求 k 的值；

（2）若已知 $\bar{x} = 1$，是否可以据此样本推断 $\mu = 0$（$\alpha = 0.05$）？

（3）如果以 $C = \{|\bar{X}| \geqslant 0.8\}$ 作为该检验 $H_0 : \mu = 0$ 的拒绝域，试求检验的显著性水平 α。

2. 设总体 $N \sim (\mu, 36)$，未知参数 μ 只可能取两个值：$\mu = 8$ 或 $\mu = 11$。$(X_1, \cdots, X_n)$ 是取自总体 X 的样本，给定显著性水平 α，检验假设 $H_0 : \mu = 8$，$H_1 : \mu = 11$ 的拒绝域为 $C = \{(X_1, \cdots, X_n) : U_0 = \dfrac{\bar{X} - 8}{6/\sqrt{n}} > u_\alpha\}$。

（1）试求此检验犯第 II 类错误的概率 β；

（2）分别给出 $\alpha = 0.05$ 和 $\alpha = 0.01$ 下，犯第 II 类错误的概率；

（3）若在 $\alpha = 0.05$ 下，欲使 β 不超过 0.05，应取多大容量的样本？

3. 由于时间和成本对产量变动的影响很大，所以在一种新的生产方式投入使用之前，生产厂家必须确信其所推荐的新生产方式能降低成本。目前生产中所用的生产方式成本均值为每小时 200 元。对某种新的生产方式，测量其一段样本生产期的成本。

（1）该项研究中，建立适当的原假设和备择假设。

（2）当不能拒绝原假设时，试对所做的结论进行评述。

（3）当可以拒绝原假设时，试对所做的结论进行评述。

4. 某洗涤剂厂有一台瓶装洗洁精的灌装机，在生产正常时，每瓶洗洁精的净重服从正态分布，均值为 454 克，标准差为 12 克。为检验近期机器是否正常，从中抽取 16 瓶，称得其净重的平均值为 456.64 克。

（1）试对该机器正常与否做出判断（取 $\alpha = 0.01$，假定总体方差不变）。

（2）若标准差未知，但测得 16 瓶洗洁精的样本标准差为 12 克，试对机器是否正常做出判断。

5. 某厂产品的优质率一直保持在 40%，近期质监部门进行抽查，共抽查了 15 件产品，其中优质品为 15 件，在 $\alpha = 0.05$ 的水平上是否能够认为其优质品率仍保持在 40%。

6. 过去的大量资料表明，某酒厂生产的一种瓶装酒的容量服从标准差为 5 的正态分布，企业标示的产品平均容量为 250 毫升。监督机构从市场上随机抽取了该产品 12 瓶进行检测，测得平均容量为 246 毫升。试在 $\alpha = 0.05$ 时检验该酒厂生产的这种瓶装酒是否存在容量不足的问题。

7. 某企业生产的一种袋装食品，按规定要求平均每袋重量为 800 克。先从一批产品中随机抽取 10 袋，测得平均重量为 791.1 克，方差为 17.136 克。假设重量服从正态分布，要求在 $\alpha = 0.05$ 水平下，检验这批产品的重量是否符合要求。

8. 某企业生产的一种袋装食品，按规定要求平均每袋重量为 800 克。先从一批产品中随机抽取 10 袋，测得平均重量为 791.1 克，方差为 17.136 克。如果按要求产品重量的标准差不超过 5 克，试在 $\alpha = 0.05$ 水平下检验这批产品重量的波动是否符合要求。

9. 某工厂用一台包装机包装产品，额定标准为每袋净重 0.5 千克。设包装机称得的重量服从正态分布，其方差为 0.015 2 千克。某天开工后，为检验包装机的工作是否正常，随机抽取了 9 袋产品，称得的净重分别为（单位：千克）：0.497，0.496，0.518，0.524，0.488，0.511，0.520，0.515，0.512。当 $\alpha = 0.05$ 时，检验这台包装机的工作是否正常。

10. 从统计资料观察，某厂生产的某种电子元件服从均值为 200 小时、标准差未知的正态分布，通过改变生产线后，抽得 10 件做样本，测得数据（单位：小时）为：202，209，213，198，206，210，195，208，200，207。当 $\alpha = 0.05$ 时，分析新工艺下这种电子元件的平均值是否有所提高。

11. 某种零件的长度服从正态分布，方差为 1.21 毫米。现从零件堆中随机抽取 6 件，测得长度为（单位：毫米）：32.46，31.54，30.10，29.76，31.67，31.23。当 $\alpha = 0.05$ 时，判断这批零件的平均长度是否为 32.50 毫米。

12. 某食品公司销售一种果酱，按标准规格每罐净重为 250 克，标准差为 3 克，现从生产果酱的工厂进了一批货，抽取其中的 100 罐作为样本，测得平均重量为 251 克。当 $\alpha = 0.05$ 时，分析该批果酱净重是否符合标准。

13. 某质量管理部门从一企业抽查了准备出厂的产品 180 件作为样本进行检查，发现其中有 168 件为合格品。当显著性水平为 0.05 时，分析该企业全部产品的合格率是否达到 95%。

14. 根据原有资料，某城市居民家庭的汽车拥有率为 60%。现根据最新 100 户的抽样调查，发现汽车拥有率为 80%。当 $\alpha = 0.05$ 时，分析居民家庭汽车的拥有率是否有新增长。

15. 某企业推销员称该企业的某种产品的正品率为 98%，该公司产品的质量一直很好。一位采购员随机抽取了 240 件产品作为样本，结果发现有 5 件次品。

（1）在 $\alpha = 0.05$ 的情况下，检验推销员的话是否属实；

（2）科学确定显著性水平（如果采购员犯了弃真错误，其所属企业将损失 20 万元；如果采购员犯了取伪错误，其所属企业将损失 100 万元。在此情况下，显著性水平应该取小还是取大，为什么）。

16. 某纺织厂生产的一种细纱的标准差为 1.2 毫米。现从当日生产的一批产品中，随机抽取了 16 个进行测量，求得样本标准差为 2.1 毫米。当 $\alpha = 0.05$ 时，在正态总体的情况下，判断纺纱的均匀度是否变劣。

17. 对某种金属的熔点做了 4 次测定，数据如下表所示。

单位：℃

次序	1	2	3	4
熔点	1 269	1 271	1 263	1 265

假定数据服从正态分布，在 $\alpha = 0.05$ 的情况下，检验假设熔点的标准差不大于 2℃ 是否成立。

18. 某地区有 30 000 户居民，根据历史资料，其家庭每月收入服从正态分布。每月均收入为 3 750 元，标准差为 750 元。今年社会经济调查队随机抽取了 100 户居民，计算出户均收入为 3 900 元，根据此抽样结果，是否可以认为该区居民月均收入水平没有发生显著的变化。（ $\alpha = 0.05$ ）

19. 某省估计大中型商业企业商品销售利润增长的企业比例数不低于 75%，为检查其结果，现对该省大中型商业企业进行随机抽样，抽取 60 家进行调查，其中有 51 家企业实现了销售利润增长。要求在 $\alpha = 0.05$ 下检验估计结果的正确性。

20. 机械包装食盐，假设每袋食盐的净重量服从正态分布，规定标准为每袋误差不能超过 0.02 千克。某天开工后为检查机器工作是否正常，从包装好的食盐袋中随机抽取 9 袋，测得其方差为 0.001 028 千克。现要求在显著性水平 $\alpha = 0.05$ 的条件下，检验这天包装机工作是否正常。

第三节　答案解析

一、单项选择题

1. D。【解析】显著性水平是指原假设为真的情况下拒绝原假设的概率。

2. A。【解析】无论服从哪种分布，统计量形式均为 $\dfrac{|\bar{x} - \mu_0|}{\text{抽样标准误差}} = 0$，一定会掉在接受域。

3. D。【解析】无论服从哪种分布，统计量形式均为 $\dfrac{|\bar{x} - \mu_0|}{\text{抽样标准误差}} = 0$，一定会掉在接受域，不拒绝原假设。但有可能原假设为假，也会取原假设，犯取伪错误。

4. A。【解析】当显著性水平 $\alpha = 0.01$ 时被拒绝，说明检验量掉在了一个较小区间内，当显著性水平 $\alpha = 0.05$ 时，拒绝域扩大，检验量不变，一定在拒绝域。

5. D。【解析】原假设为真时，显著性水平降低判断失误的可能性会降低。

6. C。【解析】t 检验适合样本为小样本正态总体，方差未知的情况。

7. D。【解析】不拒绝意味着没证据证明原假设错误，但也不意味着原假设一定正确。

8. A。【解析】假设是对总体参数所做的陈述。

9. B。【解析】假设检验的假设是针对总体参数假设值而言的。

10. A。【解析】假设检验就是对总体参数提出某个假设，然后利用样本信息加以验证的过程。

11. B。【解析】研究者搜集证据予以支持的是备择假设。

12. A。【解析】研究者搜集证据予以反对的是原假设。

13. D。【解析】备择假设具有特定方向性的假设检验是单侧检验。

14. C。【解析】备择假设没有特定方向性的是双侧检验。

15. A。【解析】当原假设为真时拒绝原假设称为弃真错误，是第 I 类错误。

16. C。【解析】备择假设和原假设是一对完备事件组。

17. B。【解析】当原假设为假时接受原假设称为取伪错误，是第 II 类错误。

18. A。【解析】两类错误同时降低可以通过增加样本容量实现。

19. A。【解析】对两类错误，一般先控制第 I 类错误。

20. D。【解析】检验统计量的标准化是点估计量减去假设值然后除以抽样标准误差。

21. D。【解析】拒绝域是拒绝原假设的全部检验统计量的集合。

22. B。【解析】拒绝域的边界值是临界值。

23. D。【解析】拒绝域的大小和显著性水平有关。

24. B。【解析】拒绝域的面积和显著性水平大小成正比。

25. A。【解析】p 值越小拒绝原假设可能性越大。

26. A。【解析】p 值越小越不利于原假设。

27. D。【解析】方差检验使用的是卡方分布。

28. D。【解析】一个假设被拒绝，只能说无法否认另一个假设，但也不一定说另一个假设就一定是正确的。

29. B。【解析】本题是左侧检验，拒绝域为 $z < -z_\alpha$。

30. A。【解析】检验量为 $\dfrac{60-65}{15/\sqrt{100}} = -3.33$。

31. B。【解析】假设检验的基本思路就是小概率事件，小概率事件一般认为是不可能发生的事件，一旦发生就意味着原假设可能是错误的；拒绝域总是在极端值发生的左侧、右侧或两侧。

32. D。【解析】对于单侧检验和双侧检验，显著性水平不能直接对比。

33. A。【解析】原假设和备择假设一定会有一个成立，相互排斥，共同构成样本空间。

34. A。【解析】显著性水平一样时，$z_\alpha < z_{\alpha/2}$。

35. B。【解析】总体成数（比率）的检验统计量近似服从正态分布。

36. C。【解析】两类错误的关系是此消彼长。

37. B。【解析】假设检验是检验总体指标的假设是否成立。

38. D。【解析】拒绝原假设可能会犯弃真错误，拒绝备择假设可能会犯取伪错误。

39. B。【解析】本研究是双侧检验，统计量为 $\dfrac{39.5-40}{0.8/\sqrt{49}} = -4.375$，临界值为 $\pm z_{0.025} = \pm 1.96$，拒绝原假设。

40. B。【解析】判断检验的方向性主要看备择假设。

41. D。【解析】备择假设是 "<" 符号，是左侧检验。

42. D。【解析】该假设强调下降，支持减小，备择假设为 $\mu < 1.40$。

43. B。【解析】该假设支持超过 20%，备择假设支持 $\pi > 20\%$。

44. D。【解析】p 值检验基本规则就是 $p < \alpha$。

45. A。【解析】单侧检验单边拒绝域大于双侧检验单边拒绝域。

46. C。【解析】犯第 I 类错误的概率是原假设成立的时候拒绝原假设的概率。

47. A。【解析】显著性水平高的时候接受原假设，显著性水平降低更应该接受原假设。

48. A。【解析】显著性水平以原假设成立为前提展开研究的。

49. B。【解析】显著性水平低的时候接受原假设，显著性水平提高的时候可能接受也可能拒绝原假设。

50. A。【解析】第 II 类错误是原假设错误，接受原假设。

51. A。【解析】显著性水平是原假设为真的前提下判断失误的概率。

52. B。【解析】原假设 H_0: $\pi \leq 0.05$; H_1: $\pi > 0.05$,统计量为 $\dfrac{0.07-0.05}{\sqrt{0.07 \times 0.93/100}}=$

0.783 9,临界值 $Z_{0.05}=1.65$,所以接受原假设。

53. D。【解析】t 分布是关于 y 轴对称的。

54. B。【解析】假设检验针对总体参数而建立。

55. A。【解析】区间估计和假设检验都属于推断统计。

56. A。【解析】假设检验的基本过程是:建立假设、选择和计算统计量、确定 P 值或显著性水平,判断结果。

57. C。【解析】统计学得出的差异显著和实际情况可能存在差异,差异显著与否存在主观性,和所研究问题的精度要求有关。

58. D。【解析】检验的方向性由备择假设决定。

59. A。【解析】区间估计和假设检验是两种不同的推断统计方法,都是解决相同的问题。

60. B。【解析】假设检验不需要设定估计区间。

61. D。【解析】假设检验是对总体做假设然后搜集证据证明的过程。

62. A。【解析】假设检验依据小概率原理。

63. D。【解析】原假设为真的情况下拒绝原假设,即 $\mu \leq 1$ 的情况下认为 $\mu > 1$。

64. D。【解析】p 值小于显著性水平拒绝原假设。

65. A。【解析】低显著性水平下拒绝,高显著性水平下一定会拒绝。

66. B。【解析】p 值是实际观察到的显著性水平,是一个较小的极端值,p 值决策不区分方向性。

67. B。【解析】统计量落在接受域表明否定原假设的证据不足。

68. B。【解析】由原假设可以推断备择假设为>符号,是右侧检验。

69. D。【解析】研究者支持的有下降,备择假设应为 $\mu < 0.06$。

70. D。【解析】研究表明超过20%,检验者持怀疑态度,支持不超过20%。

71. D。【解析】没有证据证明某个假设正确无法直接拒绝该假设。

72. A。【解析】该假设为右侧检验、单侧检验,拒绝域在右边,$z > z_\alpha$。

73. C。【解析】p 值是实际观察到的显著性。

74. D。【解析】p 值越小拒绝原假设的理由越充分。

75. B。【解析】两类错误的关系像坐跷跷板,一个增大另一个减小。

76. C。【解析】原假设错误接受原假设是第Ⅱ类取伪错误。

77. B。【解析】增大样本容量,两类错误的概率都将降低。

78. A。【解析】该检验为右侧检验,当 $\alpha = 0.01$ 时,临界值为2.33,拒绝域为 $z > 2.33$。

79. A。【解析】本研究为双侧检验,统计量为 $\dfrac{11.85-12}{2/\sqrt{25}}=-0.375$,临界值为 $\pm z_{0.025} = \pm 1.96$,$-0.375 > -1.96$,接受原假设。

80. D。【解析】两类错误肯定都会造成一定影响,但是具体值不一定,和检验者风险承受能力有关系。

81. D。【解析】大样本总体方差未知可用样本方差代替。

82. B。【解析】备择假设为"<"符号，是左侧检验。

83. D。 【解析】该检验为双侧检验，临界值为 $z_{0.025} = 1.96$，检验统计量为 $\dfrac{\bar{x} - 100}{25 / \sqrt{49}}$，当统计量大于 1.96 时拒绝原假设，从而样本均值为 108。

84. C。【解析】当样本容量一定时，两类错误此消彼长。

85. C。【解析】方法正确、数据正确也不一定判断正确。

86. D。【解析】假设检验的判断结果和样本容量、显著性水平、统计量等都有密切关系。

87. B。【解析】第 I 类错误是 H_0 为真拒绝 H_0，同时也是 H_1 为假接受 H_1。

88. B。【解析】显著性水平是犯第 I 类错误的上限。

89. C。【解析】假设检验两类错误都可能犯。

90. C。【解析】两类错误的概率都是小概率，整个判断正确的概率和错误的概率和为 1，犯错的概率应该小于 1。

91. D。【解析】拒绝域由显著性水平决定，和检验方向性有关。

92. B。【解析】对同一个检验问题，显著性水平一定的情况下拒绝域相同。

93. A。【解析】对同一个检验水平，不同观测值推断结果是不一样的。

94. B。【解析】一般认为犯第 I 类错误影响更大，所以尽量设较小的显著性水平。

95. B。【解析】一般更关注第 I 类错误，尽可能首先控制。

96. C。【解析】小样本总体方差未知的情况。

97. A。【解析】大样本总体方差已知的情况。

98. A。【解析】小样本总体方差已知的情况。

99. B。【解析】研究者支持的是不正常，确定备择假设为 $\mu \neq 10$ 厘米。

100. D。【解析】p 值的条件概率表达 $p = P\left(\left|T\right| > T_0 \mid H_1\right)$。

二、多项选择题

1. BCD。【解析】原假设是检验的对象，也称为零假设，是研究者予以反对的假设。

2. BDE。【解析】显著性水平是犯第 I 类错误的概率，可以确定临界值和拒绝域。

3. BC。【解析】若拒绝原假设说明备择假设可能为真，同时 p 值小于显著性水平。

4. BCD。【解析】p 值越大，说明拒绝原假设可能性越小，原假设成立的可能性越大。

5. BCDE。【解析】推断统计包括参数估计、假设检验、方差分析、抽样分布等。

6. AB。【解析】推断统计主要是参数估计和假设检验。

7. ABC。【解析】假设检验的基本思想是从小概率出发，如果小概率事件发生说明假设可能错误。

8. ABCDE。【解析】假设检验步骤：设立假设、抽选样本、设定显著性水平、计算统计量、判断决策。

9. ABCE。【解析】原假设被拒绝说明备择假设不能被否定，未被拒绝也不能肯定该假设一定正确。

10. AB。【解析】总体均值检验可能是正态分布和 t 分布。

11. ABCE。【解析】假设检验依据小概率原理，采用反证法，假设检验是建立在对事物有一定程度认识但认识不充分的基础上的。

12. ABCDE。【解析】原假设和备择假设是完备事件组，备择假设是研究假设。

13. ABCDE。【解析】两类错误要么都不发生，要么都发生。

14. ACDE。【解析】第 I 类错误是弃真错误，危害更恶劣，需首先控制，犯错概率越小越好。

15. BE。【解析】第 II 类错误是取伪错误，也需要控制适当降低。

16. ABC。【解析】两类错误关系是此消彼长、同步发生，可以同时降低。

17. ABCD。【解析】显著性水平是认为事先设定的犯错允许误差，越小越好，显著性水平不能测量。

18. CDE。【解析】拒绝域是统计量的取值范围，由显著性水平决定，具有方向性。

19. ACE。【解析】接受域和拒绝域互补，构成整个检验范围，都有方向性。

20. ADE。【解析】检验都有方向性，由备择假设决定。

21. ABC。【解析】p 值是实际观察到的显著性水平，p 值越小对原假设越不利。

22. ACD。【解析】p 值是一个条件概率，表现形式为双侧 $p = P(|T| > T_0 | H_0)$、左侧 $p = P(T < T_0 | H_0)$ 或右侧 $p = P(T > T_0 | H_0)$。

23. ABDE。【解析】观测到的统计量为 $\dfrac{p - 0.5}{\sqrt{p(1-p)/100}}$，当 $p = 0.5$、0.55、0.6、0.65 时可以分别计算出统计量分别为 0、1、2、3，然后查表得到对应的 p 值。

24. CDE。【解析】t 检验是对正态分布、小样本、总体方差未知的情况下检验总体均值时使用。

25. CE。【解析】依据统计量和临界值关系做决策还需要考虑检验方向性。

26. ADE。【解析】根据显著性水平和检验方向性可以决定接受域和拒绝域。

27. AB。【解析】总体比率检验的假设是满足二项分布，可以近似正态分布。

28. AB。【解析】总体方差检验要求总体服从正态分布，统计量服从卡方分布。

29. ABE。【解析】临界值由显著性水平决定。

30. ABCE。【解析】不拒绝原假设意味着没办法否定原假设，就需要接受，但原假设不一定正确。

31. BCDE。【解析】拒绝一个假设，一定要接受另一个假设。

32. AD。【解析】使用 z 统计量针对大样本、正态分布总体已知的小样本。

33. ABD。【解析】在假设检验中两类错误都可能犯。

34. ABE。【解析】显著性水平越高，说明犯错误的可能性越大。

35. CD。【解析】p 值是由统计量算出来的实际显著性水平，p 值越小越可能拒绝原假设。

36. AB。【解析】假设检验中，首先都需要先设定假设，计算临界值和计算统计量不分先后顺序。

37. ABCE。【解析】统计量为 $\dfrac{(n-1)s^2}{\sigma^2}$，样本容量为5，显著性水平为0.05，是双侧检验。

38. AB。【解析】刚好相等说明统计量为0，一定会接受原假设、和方向性无关。

39. ABCE。【解析】比率检验问题，双侧检验。

40. BCDE。【解析】总体均值的检验，单侧检验。

三、判断题

1. 对。【解析】第Ⅰ类错误越小越好，对风险越敏感 α 越应该取小。

2. 对。【解析】假设必须包括原假设和备择假设。

3. 对。【解析】两类错误一个增大另一个减小。

4. 对。【解析】显著性水平越小，说明越不可能发生，如果小概率发生了，拒绝理由更充分。

5. 错。【解析】任何统计方法都不可能不犯错误。

6. 错。【解析】样本比率方差为 $\dfrac{0.97 \times 0.03}{100} \times \dfrac{10\,000 - 100}{10\,000 - 1}$。

7. 对。【解析】研究者支持女性患者比例下降。

8. 错。【解析】正态总体方差检验使用卡方分布。

9. 对。【解析】根据数据应该可以接受原假设，但是可能会犯第Ⅰ类错误。

10. 错。【解析】统计量为 $\dfrac{0.18 - 0.4}{\sqrt{0.18 \times 0.82/50}}$。

11. 错。【解析】假设检验错误是不可避免的，但是可以降低错误发生概率。

12. 错。【解析】t 检验在很多场合都适合。

13. 错。【解析】p 值是实际观察到的极端统计量对应的实测概率。

14. 对。【解析】原假设和备择假设相互排斥，共同构成样本空间。

15. 错。【解析】研究人员反对的假设是原假设。

16. 对。【解析】总体方差是使用卡方分布统计量。

17. 对。【解析】显著性水平实质是原假设正确的情况下犯错误的概率。

18. 对。【解析】显著性水平是允许犯错的最大极限值。

19. 错。【解析】假设中错误不可避免，尽量让第Ⅰ类错误降低。

20. 对。【解析】显著性水平就是犯第Ⅰ类错误的概率。

21. 错。【解析】犯第Ⅰ类错误可能性提高，犯第Ⅱ类错误可能性将降低。

22. 错。【解析】检验方向性由备择假设决定。

23. 错。【解析】拒绝域和接受域的划分是根据显著性水平决定的。

24. 错。【解析】单侧检验不需要划分显著性水平。

25. 对。【解析】双侧检验两边都可能犯错，需要平分显著性水平。

26. 错。【解析】假设虽然带有主观性，但是正确的假设是唯一的。

27. 对。【解析】研究者明确自己支持的观点，一般从备择假设开始。

28. 对。【解析】p 值是实际观察到的显著性水平。

29. 对。【解析】显著性水平可以根据问题的实际情况调整。

30. 对。【解析】如果原假设正确，显著性水平越低判断错误可能性越小。

31. 对。【解析】接受域是接受原假设的所有统计量取值集合。

32. 错。【解析】没有特定方向性就是双侧检验。

33. 错。【解析】小概率事件是发生概率较小的事件，并不是一定不发生。

34. 错。【解析】双侧检验统计量不可能两边同时出现。

35. 错。【解析】p 值决策不需要临界值。

36. 错。【解析】p 值是通过统计量计算而得的。

37. 对。【解析】p 值决策只需要和显著性水平对比，和方向性无关。

38. 错。【解析】p 值越小拒绝原假设可能性越大。

39. 对。【解析】检验了总体方差，实际总体均方差也就得到了检验。

40. 错。【解析】不拒绝原假设只能说拒绝原假设的证据不足。

四、计算题

1.【解析】（1）检验 $H_0: \mu = 0$，$H_1: \mu \neq 0$ 的拒绝域为 $C = \{(X_1, \cdots, X_n):$

$|U_0| > u_{\alpha/2}\}$，其中 $U_0 = \dfrac{\bar{X} - \mu_0}{\sigma/\sqrt{n}}$，所以上述拒绝域等价于 $C = \{(X_1, \cdots, X_n): |\bar{X}| >$

$u_{\alpha/2} \times \dfrac{\sigma}{\sqrt{n}}\}$，即 $k = u_{\alpha/2} \times \dfrac{\sigma}{\sqrt{n}} = 1.96 \times \dfrac{1}{\sqrt{10}} = 0.62$；

（2）由于 $|\bar{X}| = 1 > 0.62 = k$，所以拒绝原假设，不能推断 $\mu = 0$；

（3）显著性水平 α 是当原假设为真时拒绝原假设的概率，故有 $\alpha = P$（拒绝 $H_0 | H_0$

为真）$= P[(x_1 \cdots, x_n) \in C | \mu = 0] = P(|\bar{X}| \geq 0.8 | \mu = 0)$ [此时 $|\bar{X}| \sim N(0, \dfrac{1}{10})$]

$= P(\left|\bar{X} / \dfrac{1}{\sqrt{10}}\right| \geq 0.8 / \dfrac{1}{\sqrt{10}} | \mu = 0) = 2[1 - \Phi_0(0.8 / \dfrac{1}{\sqrt{10}})] = 0.011\ 4$。

2.【解析】（1）根据 β 的定义，有 $\beta = P[(x_1, x_2 \cdots, x_n) \notin C | u = 11] = P(U_0 <$

$u_\alpha | u = 11)$

$= P(\dfrac{\bar{X} - 8}{6/\sqrt{n}} < u_\alpha | u = 11) = P(\dfrac{\bar{X} - 11}{6/\sqrt{n}} < u_\alpha + \dfrac{\bar{X} - 8}{6/\sqrt{n}} | u = 11) = \Phi_0(u_\alpha - \dfrac{\sqrt{n}}{2})$ [此时

$X \sim N(11, 6^2)$]；

（2）给定 $\alpha = 0.05$ 和 $\alpha = 0.01$，查附表 $u_{0.05} = 1.64$，$u_{0.01} = 2.33$，犯第 II 类错误的

概率分别为 $\beta_{0.05} = \Phi_0(1.64 - \dfrac{\sqrt{n}}{2})$，$\beta_{0.01} = \Phi_0(2.33 - \dfrac{\sqrt{n}}{2})$；

（3）欲使给定 $\alpha = 0.05$ 时，$\beta_{0.05} = \Phi_0(1.64 - \dfrac{\sqrt{n}}{2}) \leq 0.05$，注意到 $\Phi_0(-u_{0.05}) =$

0.05，必须 $1.64 - \dfrac{\sqrt{n}}{2} \leq -u_{0.05} = -1.64$，得 $n \geq 43.04$，即至少要 44。

3.【解析】（1）$H_0: \mu \geq 200$，$H_1: \mu < 200$（厂家支持能降低成本，至少和原来持

平，按照规范，等号一般放在备择假设中）；

（2）当不能拒绝原假设时，说明这种新的生产方式不能使成本降低；

（3）可以拒绝原假设，说明该种新的生产方式能够降低生产成本。

4.【解析】（1）①假设：$H_0: \mu = 454$，$H_1: \mu \neq 454$；

②计算统计量，该问题是总体为正态分布，总体方差已知的小样本，统计量为 $z =$

$$\frac{\bar{x} - \mu}{\frac{\sigma}{\sqrt{n}}} = \frac{456.64 - 454}{\frac{12}{\sqrt{16}}} = 0.88;$$

③查表得临界值 $z_{\alpha/2} = z_{0.005} = 2.576$；

④因为 $2.576 > 0.88$，所以接受原假设，即机器正常。

（2）①假设：$H_0: \mu = 454$，$H_1: \mu \neq 454$；

②计算统计量，该问题是总体为正态分布，总体方差未知的小样本，统计量为 $t =$

$$\frac{\bar{x} - \mu}{\frac{s}{\sqrt{n}}} = \frac{456.64 - 454}{\frac{12}{\sqrt{16}}} = 0.88;$$

③查表得临界值 $t_{\alpha/2}(15) = 3.286$；

④因为 $3.286 > 0.88$，所以接受原假设，即机器正常。

5.【解析】①假设：$H_0: \pi = 40\%$，$H_1: \mu \neq 40\%$；

②计算统计量，该问题统计量为 $z = \dfrac{p - \pi}{\sqrt{\dfrac{\pi(1 - \pi)}{n}}} = \dfrac{1 - 0.4}{\sqrt{0.6 \times 0.4/15}} = 4.74$；

③查表得临界值 $z_{\alpha/2} = z_{0.025} = 1.96$；

④因为 $1.96 < 4.74$，所以拒绝原假设，即不能认为继续保持在 40%。

6.【解析】①假设：$H_0: \mu \geqslant 250$，$H_1: \mu < 454$；

②计算统计量，该问题是总体为正态分布，总体方差已知的小样本，统计量为 $z =$

$$\frac{\bar{x} - \mu}{\frac{\sigma}{\sqrt{n}}} = \frac{246 - 250}{\frac{5}{\sqrt{12}}} = -2.77;$$

③查表得临界值 $z_{\alpha} = z_{0.05} = -1.64$；

④因为 $-2.77 < -1.64$，所以拒绝原假设，即生产的瓶装酒存在容量不足的问题。

7.【解析】①假设：$H_0: \mu = 800$，$H_1: \mu \neq 800$；

②计算统计量，该问题是总体为正态分布，总体方差未知的小样本，统计量为 $t =$

$$\frac{\bar{x} - \mu}{\frac{s}{\sqrt{n}}} = \frac{791.1 - 800}{\frac{\sqrt{17.136}}{\sqrt{10}}} = -6.80;$$

③查表得临界值 $t_{\alpha/2}(n - 1) = t_{0.025}(9) = -2.685$；

④因为 $-2.685 > -6.8$，所以拒绝原假设，即这批产品重量不符合要求。

8.【解析】①假设：$H_0: \sigma^2 \leqslant 5^2$，$H_1: \sigma^2 > 5^2$；

②计算统计量 $\dfrac{(n-1)s^2}{\sigma^2} = \dfrac{(10-1) \times 17.136}{25} = 6.17$；

③查表得临界值 $x^2_{\alpha/2}(n-1) = x^2_{0.025}(9) = 19.023$，$x^2_{1-\alpha/2}(n-1) = x^2_{0.975}(9) = 2.7$；

④因为 2.7<6.17<19.023，所以接受原假设，即这批产品的波动符合要求。

9.【解析】（1）提出假设 $H_0: \mu = 0.5 \leftrightarrow H_1: \mu \neq 0.5$；

（2）计算统计量 u=0.219；

（3）做出决策：给定显著性水平 0.05，拒绝域为 $(-\infty, -1.96) \cup (1.96, \infty)$，所以不拒绝零假设，即认为包装机工作正常。

10.【解析】（1）提出假设 $H_0: \mu \leqslant 200 \leftrightarrow H_1: \mu > 200$；

（2）计算统计量 t=2.62；

（3）做出决策：给定显著性水平 0.05，拒绝域为 $(1.83, \infty)$，所以拒绝零假设，即电子元件的平均值有所提高。

11.【解析】（1）提出假设 $H_0: \mu = 32.5 \leftrightarrow H_1: \mu \neq 32.5$；

（2）计算统计量 u=-3.06；

（3）做出决策：给定显著性水平 0.05，拒绝域为 $(-\infty, -1.96) \cup (1.96, \infty)$，所以拒绝零假设，即认为这批零件的平均长度不是 32.50 毫米。

12.【解析】（1）提出假设 $H_0: \mu = 250 \leftrightarrow H_1: \mu \neq 250$；

（2）计算统计量 u=3.33；

（3）做出决策：给定显著性水平 0.05，拒绝域为 $(-\infty, -1.96) \cup (1.96, \infty)$，所以拒绝零假设，即认为该批果酱净重不符合标准。

13.【解析】（1）提出假设 $H_0: P = 0.95 \leftrightarrow H_1: P \neq 0.95$；

（2）计算统计量 u=1.03；

（3）做出决策：给定显著性水平 0.05，拒绝域为 $(-\infty, -1.96) \cup (1.96, \infty)$，所以不拒绝零假设，即该企业全部产品的合格率达到了 95%。

14.【解析】（1）提出假设 $H_0: P \leqslant 0.6 \leftrightarrow H_1: P > 0.6$；

（2）计算统计量 u=5；

（3）做出决策：给定显著性水平 0.05，拒绝域为 $(-\infty, -1.645) \cup (1.645, \infty)$，所以不拒绝零假设，即居民的汽车家庭拥有率有增长。

15.【解析】（1）提出假设 $H_0: P = 0.98 \leftrightarrow H_1: P \neq 0.98$，

计算统计量 u=0.09，

做出决策：给定显著性水平 0.05，拒绝域为 $(-\infty, -1.96) \cup (1.96, \infty)$，所以不拒绝零假设，即认为推销员的话真实。

（2）显著性水平 α 应该大，从而犯第 Ⅱ 类错误的概率就小，损失就越小。

16.【解析】（1）提出假设 $H_0: \sigma \leqslant 1.2 \leftrightarrow H_1: \sigma > 1.2$；

（2）计算统计量 $\chi^2 = 45.94$；

（3）做出决策：给定显著性水平 0.05，拒绝域为 $(7.261, \infty)$，所以拒绝零假设，即纱的均匀度变差。

17.【解析】（1）提出假设 $H_0: \sigma \leqslant 2$，$H_1: \sigma > 2$；

（2）计算统计量 $\chi^2 = 10$；

（3）做出决策：给定显著性水平 0.05，拒绝域为（$-\infty$，0.216）$\cup$（9.348，∞），所以拒绝零假设，即熔点的标准差大于 2℃。

18.【解析】假设 H_0：$\mu = 3\,750$，H_1：$\mu \neq 3\,750$，由 $\alpha = 0.05$ 得临界值为 -1.96 和 1.96。计算统计量为 $z = \dfrac{\bar{x} - \mu}{\sigma / \sqrt{n}} = 2$。因为 2>1.96，拒绝原假设，所以收入水平有明显变化。

19.【解析】假设 H_0：$\pi \leqslant 0.75$，H_1：$\pi > 0.75$，由 $\alpha = 0.05$ 得临界值为 1.65。计算统计量为 $z = \dfrac{p - \pi}{\sqrt{\dfrac{p(1-p)}{n}}} = 1.789$。因为 1.789>1.65，拒绝原假设，所以估计结果是正确的。

20.【解析】假设 H_0：$\sigma^2 \geqslant 0.02^2$，$H_1$：$\sigma^2 < 0.02^2$，由 $\alpha = 0.05$ 得临界值为 $x_{1-\alpha}^2(n-1) = 2.733$。计算统计量为 $x^2 = \dfrac{(n-1)s^2}{\sigma^2} = 20.56$。因为 20.56>2.733，接受原假设，所以这天包装机工作是正常的。

第六章

方差分析

第一节 知识结构

（1）方差分析是检验多个总体均值是否相等（通过分析数据的误差判断），是研究分类型自变量对数值型因变量的影响，一个或多个分类尺度的自变量，两个或多个（k 个）处理水平或分类，一个间隔或比率尺度的因变量。方差分析分为单因素方差分析和双因素方差分析。

（2）方差分析中所要检验的对象称为检验的因素或因子；因子的不同表现称为水平；在每个因素水平下得到的样本数据称为观测值；因素的每一个水平可以看作是一个总体。

（3）在方差分析中，不同总体均值是否相等，需要考查误差来源，包括随机误差和系统误差。随机误差是随机因素影响造成的误差，系统误差是系统本身原因存在的误差。如果随机误差/系统误差>>1，说明系统误差小，总体之间无差别；如果随机误差/系统误差<<1，说明系统误差大，总体之间有差别。

（4）从误差表现来看，误差又分为组内误差和组间误差。因素的同一水平（同一个总体）下样本数据的误差是组内误差；因素的不同水平（不同总体）下各样本之间的误差是组间误差。组内误差只有随机误差，组间误差既有随机误差又可能有系统误差。

（5）方差分析的三个基本假设：同方差、正态性、独立性。其实质是判断具有同方差的正态总体的均值是否相等。

（6）方差分析问题的一般提法：设因素有 k 个水平，每个水平的均值分别用 μ_1、$\mu_2 \cdots \mu_k$ 表示，则假设为

原假设：$\mu_1 = \mu_2 = \cdots = \mu_k$；

备择假设：μ_1、$\mu_2 \cdots \mu_k$ 不全相等。

（7）方差分析的目的是要检验各个水平的均值 μ_1、$\mu_2 \cdots \mu_k$ 是否相等，实现这个目的的手段是通过方差的比较，水平间方差（组间方差）和水平内方差（组内方差）之

比是一个统计量，数理统计证明，这个统计量服从 F 分布：F=组间方差/组内方差。

（8）单因素方差分析的步骤：提出假设、计算统计量（计算各水平的均值；计算全部观测值的总均值；计算误差平方和 SST、SSA、SSE；计算均方差 MSA、MSE；计算统计量 F）、做决策。

（9）多重比较是通过总体均值之间的配对比较来进一步检验到底哪些均值之间存在差异，一般采用 LSD 法。

（10）双因素方差分析是分析两个因素（行因素 Row 和列因素 Column）对试验结果的影响；如果两个因素对试验结果的影响是相互独立的，则分别判断行因素和列因素对试验数据的影响，这时的双因素方差分析称为无交互作用的双因素方差分析或无重复双因素方差分析；如果除了行因素和列因素对试验数据的单独影响外，两个因素的搭配还会对结果产生一种新的影响，这时的双因素方差分析称为有交互作用的双因素方差分析或可重复双因素方差分析。

（11）双因素方差分析的步骤：提出假设、计算统计量（计算各水平的均值；计算误差平方和 SST、SSA、SSE；计算均方差 MSR、MSC、MSE；计算检验统计量 MSR/MSE、MSC/MSE；计算统计量 F）、做决策。

（12）方差分析表

①单因素方差分析表

误差来源	平方和 SS	自由度 df	均方差 MS	F 值
组内	SSA	K−1	MSA	MSA/MSE
组间	SSE	n−k	MSE	
总和	SST	n−1		

其中：$SST=SSA+SSE$，$MSA=SSA/(k-1)$，$MSE=SSE/(n-k)$。

②无交互双因素方差分析表

误差来源	平方和 SS	自由度 df	均方差 MS	F 值
行因素	SSR	k−1	MSR	Fr=MSR/MSE
列因素	SSC	r−1	MSC	Fc=MSC/MSE
误差	SSE	(k−1)(r−1)	MSE	
总和	SST	kr−1		

其中：$SST=SSR+SSC+SSE$，$MSR=SSR/(k-1)$，$MSC=SSC/(r-1)$，$MSE=SSE/[(k-1)(r-1)]$。

第二节 习题集锦

一、单项选择题

1. 方差分析的主要目的是判断（　　　）。
   - A. 各总体是否存在方差
   - B. 各样本数据之间是否有显著差异
   - C. 分类型自变量对数值型因变量的影响是否显著
   - D. 分类型因变量对数值型自变量的影响是否显著

2. 在方差分析中，检验统计量 F 是（　　　）。
   - A. 组间均方除以组内均方
   - B. 组间平方和除以组内平方和
   - C. 组间平方和除以总平方和
   - D. 组间均方除以总均方

3. 方差分析是检验（　　　）。
   - A. 多个总体方差是否相等的统计方法
   - B. 多个总体均值是否相等的统计方法
   - C. 多个样本方差是否相等的统计方法
   - D. 多个样本均值是否相等的统计方法

4. 方差分析判断分类型自变量对数值型因变量的影响，是通过检验（　　　）。
   - A. 各总体的均值是否相等
   - B. 各总体的方差是否相等
   - C. 各样本的均值是否相等
   - D. 各样本的方差是否相等

5. 在方差分析中，所要检验的对象称为因子，因子的不同表现称为（　　　）。
   - A. 因素
   - B. 方差
   - C. 处理
   - D. 观测值

6. 在方差分析中，涉及的两个变量（　　　）。
   - A. 都是自变量
   - B. 都是因变量
   - C. 一个分类型的自变量和一个数值型的因变量
   - D. 一个数值型的自变量和一个分类型的自变量

7. 在方差分析中，自变量的不同水平之间的误差称为（　　　）。
   - A. 随机误差
   - B. 非随机误差
   - C. 系统误差
   - D. 非系统误差

8. 在方差分析中，某一水平下样本数据之间的误差称为（　　　）。
   - A. 随机误差
   - B. 非随机误差
   - C. 系统误差
   - D. 非系统误差

9. 在方差分析中，衡量不同水平之间样本数据之间的误差称为（　　　）。
   - A. 组内误差
   - B. 组间误差
   - C. 组内平方
   - D. 组间平方

10. 在下面的假定中，不属于方差分析中的假设的是（　　　）。

    A. 每个总体都服从正态分布　　　　　B. 各总体的方差相等

    C. 观测值是独立的　　　　　　　　　D. 各总体的方差等于 0

11. 与假设检验方法相比，方差分析方法可以使犯第 I 类错误的概率（　　　）。

    A. 提高　　　　　　　　　　　　　　B. 降低

    C. 等于 0　　　　　　　　　　　　　D. 等于 1

12. 在方差分析中，数据的误差是用平方和来表示的，其中反映全部观测值误差大小的平方和称为（　　　）。

    A. 误差项平方和　　　　　　　　　　B. 组内平方和

    C. 组间平方和　　　　　　　　　　　D. 总平方和

13. 在方差分析中，数据的误差是用平方和表示的，其中组间平方和反映的是（　　　）。

    A. 一个样本观测值之间误差大小

    B. 全部观测值误差大小

    C. 各个样本均值之间误差大小

    D. 各个样本方差之间误差大小

14. 在方差分析中，数据的误差是用平方和表示的，其中组间平方和反映了（　　　）。

    A. 自变量对因变量的影响　　　　　　B. 因变量对自变量的影响

    C. 自变量对自变量的影响　　　　　　D. 因变量对因变量的影响

15. 在方差分析中，数据的误差是用平方和表示的，其中组内平方和度量了（　　　）。

    A. 随机误差的大小　　　　　　　　　B. 系统误差的大小

    C. 全部数据方差的大小　　　　　　　D. 随机误差和系统误差的大小

16. 设因素的水平个数为 k，全部观测值的个数为 n，组内平方和的自由度为（　　　）。

    A. k　　　　　　　　　　　　　　　B. $k-1$

    C. $n-k$　　　　　　　　　　　　　D. $n-1$

17. 设因素的水平个数为 k，全部观测值的个数为 n，组间平方和的自由度为（　　　）。

    A. k　　　　　　　　　　　　　　　B. $k-1$

    C. $n-k$　　　　　　　　　　　　　D. $n-1$

18. 设因素的水平个数为 k，全部观测值的个数为 n，总平方和的自由度为（　　　）。

    A. k　　　　　　　　　　　　　　　B. $k-1$

    C. $n-k$　　　　　　　　　　　　　D. $n-1$

19. 在方差分析中，用于检验的统计量是（　　　）。

    A. x^2 统计量　　　　　　　　　　　B. t 统计量

    C. z 统计量　　　　　　　　　　　　D. F 统计量

20. 在方差分析中，用于度量自变量与因变量之间关系强度的统计量是（　　）。

A. R^2　　　　　　　　　　　　　　B. SST

C. MSA　　　　　　　　　　　　　　D. MSE

21. 在方差分析中，进行多重比较的前提是（　　）。

A. 拒绝原假设　　　　　　　　　　B. 不拒绝原假设

C. 各样本均值相等

D. 可以拒绝原假设，也可以不拒绝

22. 在方差分析中，多重比较的目的是通过配对比较来进一步检验（　　）。

A. 哪些总体均值之间有差异

B. 哪些总体方差之间有差异

C. 哪些样本均值之间有差异

D. 哪些样本方差之间有差异

23. 设用于检验的行因素为 R，列因素为 C，并假设两个因素没有交互作用，用于检验因素 R 的统计量是（　　）。

A. $F = \dfrac{\text{SSR}}{\text{SSC}}$　　　　　　　　　　B. $F = \dfrac{\text{MSR}}{\text{MSC}}$

C. $F = \dfrac{\text{MSR}}{\text{MSE}}$　　　　　　　　　　D. $F = \dfrac{\text{MSR}}{\text{MST}}$

24. 设用于检验的行因素为 R，列因素为 C，并假设两个因素没有交互作用，用于检验因素 C 的统计量是（　　）。

A. $F = \dfrac{\text{SSR}}{\text{SSC}}$　　　　　　　　　　B. $F = \dfrac{\text{MSR}}{\text{MSC}}$

C. $F = \dfrac{\text{MSR}}{\text{MSE}}$　　　　　　　　　　D. $F = \dfrac{\text{MSC}}{\text{MSE}}$

25. 设用于检验的行因素为 R，列因素为 C，行因素有 k 个水平，列因素有 r 个水平，并假设两个因素没有交互作用，行因素平方和的自由度是（　　）。

A. $k-1$　　　　　　　　　　　　　B. $kr-1$

C. $r-1$　　　　　　　　　　　　　D. $(k-1)(r-1)$

26. 设用于检验的行因素为 R，列因素为 C，行因素有 k 个水平，列因素有 r 个水平，并假设两个因素没有交互作用，列因素平方和的自由度是（　　）。

A. $k-1$　　　　　　　　　　　　　B. $kr-1$

C. $r-1$　　　　　　　　　　　　　D. $(k-1)(r-1)$

27. 设用于检验的行因素为 R，列因素为 C，行因素有 k 个水平，列因素有 r 个水平，并假设两个因素没有交互作用，残差平方和的自由度是（　　）。

A. $k-1$　　　　　　　　　　　　　B. $kr-1$

C. $r-1$　　　　　　　　　　　　　D. $(k-1)(r-1)$

28. 如果分类型自变量有 6 个值，这意味着把数据分成 6 组。此时组间平方和的自由度是（　　）。

A. 3　　　　　　　　　　　　　　　B. 4

C. 5　　　　　　　　　　　　　　　D. 6

29. 如果样本中共有分成 6 组的 50 个观测值，此时组内平方和的自由度是（　　）。

    A. 41   B. 42

    C. 43   D. 44

30. 在方差分析中，因子是指（　　）。

    A. 所要检验的均值   B. 所要检验的方差

    C. 所要检验的样本数据   D. 所要检验的对象

31. 方差分析的目的是（　　）。

    A. 比较各总体的方差是否相等

    B. 分析各样本数据之间是否有显著差异

    C. 判断各总体是否存在有限方差

    D. 研究类别自变量对数值因变量的影响是否显著

32. 在方差分析中，一组内每个数据减去该组均值后所得结果的平方和称为（　　）。

    A. 总离差平方和   B. 组间离差平方和

    C. 组内离差平方和   D. 以上都不是

33. 单因素方差分析中，若有 r 个水平，总样本量为 n，计算 F 统计量，则其分子与分母的自由度各为（　　）。

    A. $r-1$，$n-r$ B. r，n

    C. $r-n$，$n-r$ D. $n-r$，$r-1$

34. 单因素方差分析，从 4 个总体中各抽取了 3 个观测值，得到组间平方和 SSA = 546，组内平方和 SSE = 808，则组间均方差与组内均方差分别为（　　）。

    A. 273，101   B. 182，87.78

    C. 273，89.78   D. 182，101

35. 在单因素方差分析中，用于检验的 F 统计量的计算公式是（　　）。

    A. $[(n-r)SSA]/[(r-1)SSE]$ B. $[(n-1)SSE]/[(r-1)SSA]$

    C. SSA/SSE   D. SSA/SST

36. 在只考虑主效应的双因素方差分析中，因素 A 有 r 个水平，因素 B 有 s 个水平，因素 A 和 B 每个水平组合只有一个观测值，观测值共 rs 个，下面结论正确的是（　　）。

    A. 因素 A 检验统计量为 $[SSA/(r-1)]/[SSE/(rs-r-s+1)]$

    B. 随机误差的均方差为 SSE/$(rs-1)$

    C. 因素 A 的均方差为 SSA/r

    D. SSA+SSB = SST

37. 只考虑主效应的双因素方差分析中，因素 A、B 的水平数分别是 3 和 4，因素 A 和 B 每个水平组合只有一个观测值，则随机误差的自由度等于（　　）。

    A. 12   B. 6

    C. 11   D. 3

38. 在方差分析中，（　　）反映的是样本数据与其组平均值的差异。

A. 总离差   B. 组间误差

C. 抽样误差   D. 组内误差

39. 单因素方差分析中，若要研究的因素共有 k 个水平，样本总量为 n，则 F 检验统计量的第一自由度和第二自由度分别为（   ）。

     A. k，n B. k，$n-k$

     C. $k-1$，$n-k$ D. $n-k$，$k-1$

40. 方差分析研究的是（   ）。

     A. 分类型自变量对分类型因变量的影响

     B. 分类型自变量对数值型因变量的影响

     C. 分类型因变量对数值型自变量的影响

     D. 分类型因变量对数值型因变量的影响

41. 方差分析所要检验的对象是（   ）。

     A. 因子   B. 方差

     C. 处理   D. 观测值

42. 在方差分析中，自变量的不同水平之间的误差称为（   ）。

     A. 随机误差   B. 非随机误差

     C. 系统误差   D. 非系统误差

43. 在方差分析中，不同水平下样本数据之间的误差称为（   ）。

     A. 随机误差   B. 非随机误差

     C. 组间误差   D. 非系统误差

44. 组内误差是（   ）。

     A. 衡量同一水平下样本数据的误差

     B. 衡量不同水平下样本数据的误差

     C. 衡量全部样本数据的误差

     D. 衡量某一个特定水平下样本数据的误差

45. 在方差分析中，衡量所有样本数据和总体均值之间的误差称为（   ）。

     A. 组内误差   B. 总误差

     C. 组间误差   D. 组间平方

46. 组间误差是衡量不同水平下各样本数据之间的误差，它（   ）。

     A. 只包括随机误差   B. 只包括系统误差

     C. 既包括随机误差也可能包括系统误差

     D. 有时包括随机误差，有时包括系统误差

47. 组内误差是衡量某一水平下样本数据之间的误差，它（   ）。

     A. 只包括随机误差   B. 只包括系统误差

     C. 既包括随机误差也包括系统误差

     D. 有时包括随机误差，有时包括系统误差

48. 单因素方差分析只涉及（   ）。

     A. 一个分类型自变量   B. 一个数值型因变量

     C. 两个分类型自变量   D. 两个数值型因变量

49. 双因素方差分析考虑（　　　）。

    A. 两个分类型自变量　　　　　　　　B. 两个数值型自变量

    C. 两个分类型因变量　　　　　　　　D. 两个数值型因变量

50. 在方差分析中，误差用平方和表示，其中反映各个样本均值之间误差大小的平方和称为（　　　）。

    A. 误差项平方和　　　　　　　　　　B. 组内平方和

    C. 组间平方和　　　　　　　　　　　D. 总平方和

51. 在方差分析中，数据的误差用平方和表示，其中总平方和反映的是（　　　）。

    A. 一个样本观测值之间误差大小　　B. 全部观测值误差大小

    C. 各个样本均值之间误差大小

    D. 各个样本方差之间误差大小

52. 在方差分析中，组间平方和度量了（　　　）。

    A. 随机误差的大小　　　　　　　　　B. 系统误差的大小

    C. 随机误差和系统误差的大小　　　D. 全部数据方差的大小

53. 在方差分析中，组内平方和度量了（　　　）。

    A. 随机误差的大小　　　　　　　　　B. 系统误差的大小

    C. 随机误差和系统误差的大小　　　D. 全部数据方差的大小

54. 均方差的计算是平方和除以相应的（　　　）。

    A. 误差总和　　　　　　　　　　　　B. 数据个数

    C. 自由度　　　　　　　　　　　　　D. 标准差

55. 组间平方和除以相应的自由度称为（　　　）。

    A. 组内平方和　　　　　　　　　　　B. 组内均方差

    C. 组间均方差　　　　　　　　　　　D. 总均方差

56. SST 是总的误差，SST 除以相应的自由度称为（　　　）。

    A. 组内平方和　　　　　　　　　　　B. 组内均方差

    C. 组间均方差　　　　　　　　　　　D. 总均方差

57. 在方差分析中，统计量 F 是（　　　）。

    A. 组间误差/组内误差　　　　　　　B. 组间均方/组内均方

    C. 组间自由度/组内自由度　　　　　D. 组间误差/组间自由度

58. 在方差分析中，如果拒绝原假设，则意味着（　　　）。

    A. 所检验的各个总体均值之间不全相等

    B. 所检验的各个总体均值之间全不相等

    C. 所检验的各个样本均值之间不全相等

    D. 所检验的各个样本均值之间全不相等

59. 无交互作用的双因素方差分析是指用于检验的两个因素（　　　）。

    A. 对因变量的影响是独立的

    B. 对因变量的影响是有交互作用的

    C. 对自变量的影响是独立的

    D. 对自变量的影响是有交互作用的

60. 有交互作用的双因素方差分析是指用于检验的两个因素（　　）。

    A. 对因变量的影响是独立的

    B. 对因变量的影响是有交互作用的

    C. 对自变量的影响是独立的

    D. 对自变量的影响是有交互作用的

61. 考察某一种催化剂在何种温度条件下催化效果能够使得某化工产品的提取率达到最佳水平，该问题是（　　）问题。

    A. 单因素方差分析

    B. 无交互作用的双因素方差分析

    C. 有交互作用的双因素方差分析

    D. 假设检验

62. 对两个总体随机分别抽取了 $n_1 = 7$ 和 $n_2 = 6$ 的两个独立随机样本，得到 SSA = 7.50，SST = 33.69，则组内误差为（　　）。

    A. 26.19   B. 25.19

    C. 24.19   D. 23.19

63. 对两个总体随机分别抽取了 $n_1 = 7$ 和 $n_2 = 6$ 的两个独立随机样本，得到 SSA = 7.50，SST = 33.69，则组间均方差为（　　）。

    A. 4.50   B. 5.50

    C. 6.50   D. 7.50

64. 对两个总体随机分别抽取了 $n_1 = 7$ 和 $n_2 = 6$ 的两个独立随机样本，得到 SSA = 7.50，SST = 33.69，则统计量为（　　）。

    A. 2.11   B. 2.15

    C. 2.51   D. 3.15

65. 对两个总体随机分别抽取了 $n_1 = 7$ 和 $n_2 = 6$ 的两个独立随机样本，得到 SSA = 7.50，SST = 33.69，则组内均方差为（　　）。

    A. 2.11   B. 2.38

    C. 2.51   D. 3.15

66. 从三个总体中分别抽取 $n_1 = 3$、$n_2 = 4$ 和 $n_3 = 3$ 的三个独立随机样本，经计算得到 SSA = 6.22，SSE = 9.83，则总的误差平方和为（　　）。

    A. 6.22   B. 9.83

    C. 10   D. 16.05

67. 从三个总体中分别抽取 $n_1 = 3$、$n_2 = 4$ 和 $n_3 = 3$ 的三个独立随机样本，经计算得到 SSA = 6.22，SSE = 9.83，则总的方差为（　　）。

    A. 1.78   B. 1.87

    C. 2.63   D. 3.11

68. 从三个总体中分别抽取 $n_1 = 3$、$n_2 = 4$ 和 $n_3 = 3$ 的三个独立随机样本，经计算得到 SSA = 6.22，SSE = 9.83，则组间均方差为（　　）。

    A. 1.78   B. 1.87

    C. 2.63   D. 3.11

69. 从三个总体中分别抽取 $n_1=3$、$n_2=4$ 和 $n_3=3$ 的三个独立随机样本，经计算得到 SSA=6.22，SSE=9.83，则组内均方为（　　）。

    A. 1.38　　　　　　　　　　　　B. 1.40

    C. 2.63　　　　　　　　　　　　D. 3.11

70. 从三个总体中分别抽取 $n_1=3$、$n_2=4$ 和 $n_3=3$ 的三个独立随机样本，经计算得到 SSA=6.22，SSE=9.83，则检验统计量为（　　）。

    A. 2.22　　　　　　　　　　　　B. 9.83

    C. 10　　　　　　　　　　　　　D. 16.05

71. 在下面的假定中，不属于方差分析中的假定的是（　　）。

    A. 每个总体都服从正态分布　　　B. 各总体的方差相等

    C. 观测值是独立的　　　　　　　D. 各总体的均值相等

【资料】现欲观察零售业、旅游业、航空业、制造业四个行业的服务质量有没有行业差别，通过随机抽样抽取了 7 个零售企业、6 个旅游企业、5 个航空公司和 5 个制造企业，观测这些企业的顾客投诉情况，根据分析得到总的平方和为 4 164.61，组内误差平方和为 2 708。取显著性水平为 0.05。根据上述资料，完成 72~80 题。

72. 在该问题中，组间自由度为（　　）。

    A. 2　　　　　　　　　　　　　B. 3

    C. 6　　　　　　　　　　　　　D. 22

73. 在该问题中，组内自由度为（　　）。

    A. 3　　　　　　　　　　　　　B. 19

    C. 22　　　　　　　　　　　　　D. 23

74. 在该问题中，SST 的自由度为（　　）。

    A. 3　　　　　　　　　　　　　B. 19

    C. 22　　　　　　　　　　　　　D. 23

75. 在该问题中，组间均方差为（　　）。

    A. 485.54　　　　　　　　　　　B. 142.53

    C. 189.30　　　　　　　　　　　D. 181.07

76. 在该问题中，组内均方差为（　　）。

    A. 485.54　　　　　　　　　　　B. 142.53

    C. 189.30　　　　　　　　　　　D. 181.07

77. 在该问题中，总的抽样方差为（　　）。

    A. 485.54　　　　　　　　　　　B. 142.53

    C. 189.30　　　　　　　　　　　D. 181.07

78. 在该问题中，检验统计量的值为（　　）。

    A. 485.54　　　　　　　　　　　B. 142.53

    C. 189.30　　　　　　　　　　　D. 3.41

79. 在该问题中，检验临界值为（　　）。

    A. 2.15　　　　　　　　　　　　B. 1.42

    C. 3.13　　　　　　　　　　　　D. 3.41

80. 在该问题中，检验结论是（　　　）。

　　A. 各个行业之间的服务质量没有差别

　　B. 零售业和航空业的服务质量有差别

　　C. 航空业和制造业之间的服务质量没有差别

　　D. 各个行业之间的服务质量有差别

【资料】为了分析电脑品牌和销售区域对销售量是否有影响，随机抽取了四个品牌的电脑在五个地区的销售数据，得到品牌误差平方和为 13 004.55，地区误差平方和为 2 011.70，总的误差平方和为 17 888.95。取显著性水平为 0.05，根据上述资料，完成 81~94 题。

81. 在该问题中，品牌因素的自由度为（　　　）。

　　A. 3　　　　　　　　　　　　　　B. 4

　　C. 5　　　　　　　　　　　　　　D. 19

82. 在该问题中，地区因素的自由度为（　　　）。

　　A. 3　　　　　　　　　　　　　　B. 4

　　C. 5　　　　　　　　　　　　　　D. 20

83. 在该问题中，随机误差的自由度为（　　　）。

　　A. 3　　　　　　　　　　　　　　B. 4

　　C. 12　　　　　　　　　　　　　　D. 20

84. 在该问题中，总的平方和的自由度为（　　　）。

　　A. 3　　　　　　　　　　　　　　B. 4

　　C. 5　　　　　　　　　　　　　　D. 19

85. 在该问题中，品牌因素的均方差为（　　　）。

　　A. 239.39　　　　　　　　　　　　B. 502.93

　　C. 941.52　　　　　　　　　　　　D. 4 334.85

86. 在该问题中，地区因素的均方差为（　　　）。

　　A. 239.39　　　　　　　　　　　　B. 502.93

　　C. 941.52　　　　　　　　　　　　D. 4 334.85

87. 在该问题中，随机误差项的均方差为（　　　）。

　　A. 239.39　　　　　　　　　　　　B. 502.93

　　C. 941.52　　　　　　　　　　　　D. 4 334.85

88. 在该问题中，品牌因素的统计量为（　　　）。

　　A. 2.10　　　　　　　　　　　　　B. 3.26

　　C. 3.49　　　　　　　　　　　　　D. 18.11

89. 在该问题中，地区因素的统计量为（　　　）。

　　A. 2.10　　　　　　　　　　　　　B. 3.26

　　C. 3.49　　　　　　　　　　　　　D. 18.11

90. 在该问题中，品牌因素的临界值为（　　　）。

　　A. 2.10　　　　　　　　　　　　　B. 3.26

　　C. 3.49　　　　　　　　　　　　　D. 18.11

91. 在该问题中，地区因素的临界值为（　　　）。

    A. 2. 10   B. 3. 26

    C. 3. 49   D. 18. 11

92. 在该问题中，品牌因素统计量的第一自由度和第二自由度分别为（　　　）。

    A. 3，4   B. 3，12

    C. 4，12   D. 12，19

93. 在该问题中，地区因素统计量的第一自由度和第二自由度分别为（　　　）。

    A. 3，4   B. 3，12

    C. 4，12   D. 12，19

94. 在该问题中，检验结论正确的是（　　　）。

    A. 品牌和地区都有影响   B. 品牌和地区都没有影响

    C. 品牌之间有影响，地区之间没有影响

    D. 品牌之间没有影响，地区之间有影响

95. 在单因素方差分析中，SST 是（　　　）。

    A. 全部观测值与总平均值的误差平方和，反映了全部观测值的离散程度

    B. 各组平均值与总平均值的误差平方和，反映了各总体的样本均值之间的离散程度

    C. 每个水平的各样本数据与其水平平均值误差的平方和，反映了每个样本各观测值的离散程度

    D. 全部样本观测值和组平均值的离差平方和

96. 在单因素方差分析中，SSA 是（　　　）。

    A. 全部观测值与总平均值的误差平方和，反映了全部观测值的离散程度

    B. 各组平均值与总平均值的误差平方和，反映了各总体的样本均值之间的离散程度

    C. 每个水平的各样本数据与其水平平均值误差的平方和，反映了每个样本各观测值的离散程度

    D. 全部样本观测值和组平均值的离差平方和

97. 在单因素方差分析中，SSE 是（　　　）。

    A. 全部观测值与总平均值的误差平方和，反映了全部观测值的离散程度

    B. 各组平均值与总平均值的误差平方和，反映了各总体的样本均值之间的离散程度

    C. 每个水平的各样本数据与其水平平均值误差的平方和，反映了每个样本各观测值的离散程度

    D. 全部样本观测值和组平均值的离差平方和

98. 方差分析实质是假设检验，根据假设方向性，方差分析属于（　　　）。

    A. 双侧检验   B. 左侧检验

    C. 右侧检验   D. t 检验

99. LSD 方法主要用于（　　　）。

    A. 方差分析中的多重比较   B. 单因素方差分析

    C. 有交互的双因素方差分析   D. 无交互的双因素方差分析

100. LSD 法的统计量服从 t 分布，其自由度为（　　　）。

A. $k-1$ B. $n-1$

C. $n-k$ D.（$n-1$）（$k-1$）

二、多项选择题

1. 对于方差分析法，下列选项中叙述正确的有（　　　）。

A. 是用于多个总体是否相互独立的检验

B. 是用于多个总体的均值是否相等的检验

C. 是区分观测值变化主要是系统性或随机性影响的检验

D. 是用于多个总体是否服从正态分布的检验

E. 是检验多个总体的方差是否相等

2. 单因素方差分析，若检验统计量 F 近似等于 1，说明（　　　）。

A. 组间均方差近似等于组内均方差

B. 方差分析中应拒绝原假设

C. 方差分析中应不拒绝原假设

D. 收集数据的样本量不足

E. 组间组内都主要是随机误差

3. 对于方差分析，下列选项中说法正确的是（　　　）。

A. 综合比较了随机因素和系统因素的影响

B. 双因素方差分析一定存在交互效应

C. 组内均方差消除了观测值多少对误差平方和的影响

D. 组内均方差一定小于组间均方差

E. 组间均方差一定不小于组内均方差

4. 在单因素方差分析中，已知组间离差平方和为 618.916 7，自由度为 2；组内误差平方和为 598，自由度为 9，方差分析的 P-value 为 0.040 8，则下列选项中结论正确的有（　　　）。

A. 组间的均方差是 309.458 4

B. F 统计量的值等于 4.657 4

C. 总离差平方和的自由度是 9

D. 方差分析 F 检验的第一自由度是 1，第二自由度是 8

E. 如果显著性水平为 0.05，则应该拒绝原假设

5. 在只考虑 A、B 主效应的双因素方差分析中，已知 SSA = 13 004.55，自由度为 3；SSE = 2 872.7，自由度为 12；SST = 17 888.95，自由度为 19，则下列选项中结论正确的是（　　　）。

A. 因素 B 的自由度是 4

B. SSB = 2 011.7

C. 随机误差的均方差等于 502.925

D. 统计量 FB 的值等于 2.100 8

E. 统计量 FA 的值等于 18.11

6. 应用方差分析的前提条件是（　　　）。

    A. 各个总体服从正态分布　　　　　　　　B. 各个总体均值相等

    C. 各个总体具有相同的方差　　　　　　　D. 各个总体均值不等

    E. 各个随机变量之间是相互独立的

7. 若检验统计量 F 近似远远大于 1，说明（　　　）。

    A. 组间方差中不包含系统因素的影响

    B. 组内方差中不包含系统因素的影响

    C. 组间方差中包含系统因素的影响

    D. 方差分析中应拒绝原假设

    E. 方差分析中应接受原假设

8. 单因素方差分析中，若要研究的因素共有 r 个水平，样本总量为 n，对于组内误差，下列选项中说法正确的有（　　　）。

    A. 其自由度为 $r-1$　　　　　　　　　　　B. 反映的是随机因素的影响

    C. 反映的是随机因素和系统因素的影响

    D. 组内误差一定小于组间误差

    E. 组内误差有可能等于组间误差

9. 方差分析的基本假设包括（　　　）。

    A. 各个总体的方差必须相同　　　　　　　B. 各个总体都应服从正态分布

    C. 观测值相互独立　　　　　　　　　　　D. 各个总体的均值必须相等

    E. 各个总体的方差必须为 0

10. 单因素方差分析的基本步骤包括（　　　）。

    A. 计算总平均值　　　　　　　　　　　　B. 计算水平均值

    C. 计算总离差平方和　　　　　　　　　　D. 计算均方差

    E. 计算 F 值

11. 对单因素方差分析，下列选项中描述正确的是（　　　）。

    A. 如果有 k 个水平，则 SSA 的自由度为 $k-1$

    B. 如果总的调查样本容量为 n，则 SST 的自由度为 $n-1$

    C. 随机误差的自由度为总样本容量减去水平数

    D. F 统计量是组间误差平方和与组内误差平方和的比值

    E. 临界值是由显著性水平确定的，和样本观测值无关

12. 关于多重比较，下列选项中说法正确的是（　　　）。

    A. 方差分析中进行多重比较的方法称为 LSD 法

    B. 多重比较的统计量为两个总体的样本均值之差

    C. 多重比较的统计量服从自由度为 $n-k$ 的 t 分布

    D. 多重比较主要是进一步分析具体是哪些总体有差异

    E. 多重比较的前提是拒绝原假设

13. 关于无交互双因素方差分析的自由度，下列选项中说法正确的是（　　　）。

    A. 行因素的误差平方和的自由度为行数

    B. 列因素的误差平方和的自由度为列数

C. 随机误差平方和的自由度为行数和列数的乘积

D. 总误差平方和的自由度为行数和列数乘积减 1

E. 行统计量的自由度为 ［行数−1，（行数−1）（列数−1）］

14. 无交互作用的双因素分析中（　　）。

　　A. 对行因素的影响是独立的　　　　B. 对列因素的影响是独立的

　　C. 对自变量的影响是独立的　　　　D. 对水平的影响是独立的

　　E. 对观测值的影响是独立的

15. 在单因素方差分析中，从误差来源角度需要考虑的误差类型有（　　）。

　　A. 随机误差　　　　　　　　　　　B. 组内误差

　　C. 组间误差　　　　　　　　　　　D. 系统误差

　　E. 抽样误差

16. 在单因素方差分析中，从误差范围角度需要考虑的误差类型有（　　）。

　　A. 随机误差　　　　　　　　　　　B. 组内误差

　　C. 组间误差　　　　　　　　　　　D. 系统误差

　　E. 抽样误差

17. 单因素方差分析需要计算的平方和包括（　　）。

　　A. 总误差平方和　　　　　　　　　B. 水平项误差平方和

　　C. 组间平方和　　　　　　　　　　D. 组内平方和

　　E. 误差项误差平方和

18. 无交互双因素方差分析需要计算的平方和包括（　　）。

　　A. 总的样本平均值误差平方和　　　B. 行因素误差平方和

　　C. 列因素误差平方和　　　　　　　D. 随机误差项平方和

　　E. 系统误差平方和

19. 某工厂实行三班工作制，工厂管理部门想了解不同班次工作劳动效率是否存在差别。每个班次抽取了 7 名工人，得到相关数据资料为 $SSA = 786.280\ 7$，$SSE = 38.857\ 1$，如果显著性水平为 0.05，下列选项中说法正确的是（　　）。

　　A. SSA 的自由度为 2　　　　　　　B. SSE 的自由度为 20

　　C. MSA 的值为 393.140 4　　　　　D. 临界值为 3.55

　　E. 检验统计量的值为 182.12

20. 对于无交互作用的双因素分析，如果行因素水平为 k，列因素水平为 r；SST、SSR、SSC、SSE 分别为总误差平方和、行误差平方和、列误差平方和、随机项平方和；MSR、MSC、MSE 分别是行误差均方差、列误差均方差、随机项均方差；F_R 和 F_C 分别是行检验统计量和列检验统计量。则下列选项中说法正确的是（　　）。

　　A. $SST = SSR + SSC + SSE$　　　　B. $MSR = SSR / (k-1)$

　　C. $F_R = MSR / MSC$　　　　　　　D. $F_C = MSC / MSE$

　　E. SSE 的自由度为 $(k-1)(r-1)$

三、判断题

1. 检验多个总体均值是否相等时，用多个 t 检验分析比方差分析方法犯第 I 类错误

的概率更大。   （ ）

2. 在双因素方差分析中，总离差平方和自由度等于因素 A 的自由度、因素 B 的自由度、交互作用的自由度、随机误差的自由度相加减去 4。   （ ）

3. 单因素方差分析本质上是对多个正态总体均值差异性的统计检验。 （ ）

4. 只考虑主效应的三因素方差分析过程需要构造三个 F 统计量分别进行检验。

                     （ ）

5. 在单因素方差分析中，要求每个水平下的观测值的个数是相同的。 （ ）

6. 方差分析中，组间离差平方和总是大于组内离差平方和。   （ ）

7. 为检验 k 个总体均值是否显著不同，也可以用 t 检验，且与方差分析相比，犯第 I 类错误的概率不变。   （ ）

8. 方差分析中，若拒绝了零假设，则认为各个总体均值均有显著性差异。（ ）

9. 在方差分析中，用于度量自变量与因变量之间关系强度的统计量是 F。（ ）

10. 方差分析所研究的是各总体的方差是否相等。   （ ）

11. 在方差分析中，数据的误差是用平方和来表示的。其中组间平方和反映的是各个样本之间误差大小。   （ ）

12. 在方差分析中，检验统计量 F 是组间平方和除以组内平方和。 （ ）

13. 单因素方差分析中，统计量服从自由度为 $n-1$ 的 t 分布。 （ ）

14. 单因素方差分析中，临界值一定是大于零的数。   （ ）

15. 无交互作用的双因素分析，需要对行变量和列变量分别设定假设，利用相同的检验统计量进行决策。   （ ）

16. 所有的均方差都是用误差平方和除以其对应的自由度。 （ ）

17. 方差分析本质是比较不同总体的方差是否相等，需要从方差的来源入手进行方差的肢解。   （ ）

18. 方差分析建立在多种假设基础之上，其主要原因就是要撇开误差来源。

                     （ ）

19. 双因素方差分析有没有交互作用主要看两个因素是否会交叉影响，判断依据主要是行业知识和对研究对象的背景知识。   （ ）

20. 要研究工商管理专业五个班级学生的学习情况，假设每个班级都是 42 人，在该研究中，统计量服从的分布为 $F(4, 205)$。   （ ）

四、计算题

1. 为了检验不同品牌电池的质量，质监部门抽检了 3 家生产商生产的五号电池，在每个厂家随机抽取了 5 个电池，测得使用寿命数据如下表所示：

试验号	电池生产商		
	厂商 A	厂商 B	厂商 C
1	50	32	45
2	50	28	42

试验号	电池生产商		
	厂商 A	厂商 B	厂商 C
3	43	30	38
4	40	34	48
5	39	26	40

用 Excel 输出的方差分析表如下所示：

差异源	SS	Df	MS	F	P-value	F Critical
组间	615.6	②	⑤	⑦	0.000 31	3.885 29
组内	216.4	③	⑥	—	—	—
总计	①	④	—	—	—	—

（1）将方差分析表中所缺数值补充完整。

（2）分析三个生产商生产的电池的平均寿命之间有无显著差异（显著性水平取 0.05）；如果有差异，到底哪些厂商之间有差异（显著性水平取 0.05）。

2. 5 种不同品牌的鲜牛奶在不同的超市出售。为研究不同品牌的牛奶销售量是否存在差异，随机抽取了 8 家超市，记录了一周内各品牌牛奶的销售量数据（单位：箱，每箱 30 袋，每袋 500 克），结果如下表所示：

品牌	商场							
	1	2	3	4	5	6	7	8
A	71	73	66	69	58	60	70	61
B	71	78	81	89	78	85	90	84
C	73	78	76	86	74	80	81	76
D	73	75	73	80	75	71	73	72
E	62	66	69	81	60	64	61	57

显著性水平为 0.05，用 Excel 分析表如下所示：

差异源	SS	Df	MS	F	P-value	F Crit
行（品牌）	1 760	②	⑥	⑨	0.000 0	2.714 1
列（商场）	①	③	⑦	⑩	0.005 3	2.359 3
误差	552	④	⑧	—	—	—
总计	2 832	⑤	—	—	—	—

（1）在方差分析表中将所缺数值填写完整；

（2）分析品牌和商场对牛奶销售量是否有影响。

3. 填写下面方差分析表：

差异源	SS	df	MS	F	P-value	F crit
组间	①	3	168	②	5.06E-05	3.490 295
组内	98	③	④			
总计	⑤	15				

4. 为了对不同行业的服务质量进行评价，消费者协会在零售业、旅游业、航空公司、家电制造业分别抽取了不同的企业作为样本。其中零售业抽取了 7 家，旅游业抽取了 6 家，航空公司抽取了 5 家，家电制造业抽取了 5 家。假设四个行业的方差相同。现经过统计计算得到各数值为 MSA = 485，MSE = 142，SST = 4 153。

完成下面的方差分析表；若显著性水平 $\alpha = 0.05$，检验服务质量在行业之间是否有显著差异。

差异源	SS	Df	MS	F
组间	①	③	485	⑥
组内	②	④	142	—
总计	4 153	⑤	—	—

5. 填写下面方差分析表。

差异源	SS	df	MS	F	VP-value	F crit
组间	①	2	3.11	⑤	0.18	4.74
组内	9.83	③	④			
总计	②	9				

6. 有四个品牌的彩电在五个地区有销售，为了分析彩电的品牌（因素 A）和销售地区（因素 B）对销售是否有影响，对每个品牌在各地区的销售量取得如下样本数据：

数量	地区				
	B1	B2	B3	B4	B5
A1	365	350	343	340	323
A2	345	368	363	330	333
A3	358	323	353	343	308
A4	288	280	298	260	298

假定品牌和销售地区两个因素对销售量的影响是相互独立的，请将下面的方差分析表补充完整，并分析品牌和销售地区对彩电的销售量是否有显著影响。（$\alpha = 0.05$）

差异源	SS	df	MS	F	P-value	F crit
行	13 004.55	3	4 334.85	18.107 77	9.46E-05	3.490 295
列	2 011.7	4	502.925	2.100 846	0.143 665	3.259 167
误差	2 872.7	12	239.391 7			
总计	17 888.95	19				

7. 某单位为研究其商品的广告费用（x）对其销售量（y）的影响，收集了过去 12 年的有关数据。通过分析得到如下表所示结果：

变差来源	SS	df	MS	F	Sig.
回归	1 602 708.6	②	④	⑥	0.000
残差	40 158.08	③	⑤	—	—
总计	①	11	—	—	—

要求：

（1）计算上面方差分析表中的值。

（2）商品销售量的变差有多少是由广告费用的差异引起的？

（3）销售量与广告费用之间的相关系数是多少？

8. 某企业使用 3 种方法组装一种新的产品，为确定哪种方法生产效率最高，随机抽取 30 名工人，并指定每人使用其中的一种方法。通过对每个工人生产的产品数进行分析得到如下所示的方差分析表。

变差来源	SS	df	MS	F	Sig.
组间	①	③	210	⑥	0.000
组内	3 836	④	⑤	—	—
总计	②	29	—	—	—

要求：请完成方差分析表。

9. 为研究某种商品的价格（x）对其销售量（y）的影响，收集了 12 个地区的有关数据。通过分析得到如下所示结果：

变差来源	SS	df	MS	F	Sig.
回归	①	②	④	⑥	0.000
残差	205 158.07	③	⑤	—	—
总计	1 642 866.67	11	—	—	—

要求：（1）计算方差分析表中的值。

（2）商品销售量的变差有多少是由价格的差异引起的？

（3）销售量与价格之间的相关系数是多少？

10. 某农科院使用4种方法培育稻米，为确定哪种方法生产效率最高，随机划出40块试验田，并指定每块试验田使用其中的一种方法。通过对每块试验田的产量进行分析得到如下所示的方差分析表。

变差来源	SS	df	MS	F	Sig.
组间	①	③	320	⑥	0.000
组内	6 048	④	⑤	—	—
总计	②	39	—	—	—

要求：请完成方差分析表。

第三节　答案解析

一、单项选择题

1. C。【解析】方差分析是分类型自变量和数值型因变量之间的关系。

2. A。【解析】$F = MSA / MSE$。

3. B。【解析】方差分析主要是检验不同总体均值是否相等。

4. A。【解析】通过分析方差来源判断总体均值是否相等。

5. C。【解析】因子的不同表现称为水平或处理。

6. C。【解析】方差分析的两个变量一个是分类型自变量一个是数值型因变量。

7. C。【解析】不同水平之间差异是系统原因造成的。

8. A。【解析】同一水平内部误差是抽样原因引起的，是随机误差。

9. B。【解析】不同水平之间的误差是组间误差。

10. D。【解析】方差分析只要求方差相等，并一定要为0。

11. B。【解析】方差分析可以降低犯第Ⅰ类错误的概率。

12. D。【解析】总平方和反映所有观测值的误差大小。

13. C。【解析】组间平方和反映各个样本均值之间误差大小。

14. A。【解析】组间平方和反映自变量对因变量的影响。

15. A。【解析】组内平方和反映随机误差大小。

16. C。【解析】组内平方和自由度为 $n - k$。

17. B。【解析】组间平方和自由度为 $k - 1$。

18. D。【解析】总平方和自由度为 $n - 1$。

19. D。【解析】方差分析的统计量是 F 统计量。

20. A。【解析】度量自变量和因变量相关性的统计量是相关系数。

21. A。【解析】进行多重比较的前提是各总体均值不全相等。

22. A。【解析】多重比较是要进行两两比较，判断具体哪些总体均值相等。

23. C。【解析】行因素检验量为行均方差除以随机均方差。

24. D。【解析】列因素检验量为列均方差除以随机均方差。

25. A。【解析】行因素平方和自由度为行数减1。

26. C。【解析】列因素平方和自由度为列数减1。

27. D。【解析】无交互双因素残差自由度为 $(k-1)(r-1)$。

28. C。【解析】单因素组间平方和自由度为组数减1。

29. D。【解析】单因素组内平方和自由度为样本容量减组数。

30. D。【解析】所要检验的对象称为因素或因子。

31. D。【解析】方差分析的目的是检验各水平均值是否相等，即分类型自变量对数值型因变量是否有影响。

32. D。【解析】一组内每个数据减去均值后得到的平方和是残差项平方和。

33. A。【解析】单因素方差分析统计量服从第一自由度为水平数减1，第二自由度为样本容量减水平数的 F 分布。

34. D。【解析】MSA = 546/3，MSE = 808/（12−4）。

35. A。【解析】F = MSA/MSE。

36. A。【解析】F_A = MSA/MSE。

37. B。【解析】随机误差的自由度为（行水平数−1）×（列水平数−1）。

38. D。【解析】组内误差是每个样本数据和组平均数的差异。

39. C。【解析】单因素方差分析统计量自由度为 $(k-1, n-k)$。

40. B。【解析】方差分析研究分类型自变量对数值型因变量的影响。

41. A。【解析】方差分析检验的对象是因子或因素。

42. C。【解析】不同水平之间的差异是系统原因造成的。

43. C。【解析】不同水平之间的差异是组间误差。

44. A。【解析】组内误差是水平内部差异，是随机误差。

45. B。【解析】所有样本数据和总均值离差平方和为总误差。

46. C。【解析】组间误差包含随机误差，可能有系统误差。

47. A。【解析】组内误差是抽样随机性引起的。

48. A。【解析】单因素方差分析只有一个类型自变量。

49. A。【解析】双因素方差分析有两个类型自变量（行变量和列变量）。

50. C。【解析】各个样本均值之间的差异是组和组之间的差异。

51. B。【解析】总平方和反映全部观测值误差大小。

52. C。【解析】组间平方和度量随机误差和系统误差大小。

53. A。【解析】组内平方和度量随机误差大小。

54. C。【解析】均方差为平方和除以相应的自由度（误差个数）。

55. C。【解析】组间均方差为组间平方和除以对应自由度。

56. D。【解析】SST/$(n-1)$ 就是总方差。

57. B。【解析】F = MSA/MSE。

58. A。【解析】拒绝原假设则各个总体均值不全相等。

59. A。【解析】无交互作用是两个因素没有交叉影响。

60. B。【解析】有交互作用是两个因素相互影响，同时叠加影响。

61. C。【解析】不仅温度和催化剂有影响，温度和催化剂也会叠加影响。

62. A。【解析】SSE=SST-SSA。

63. D。【解析】MSA=SSA/1。

64. D。【解析】F=MSA/MSE=7.5/（26.19/11）。

65. B。【解析】MSE=SSE/（13-2）=2.38。

66. D。【解析】SST=SSA+SSE。

67. A。【解析】总方差为SST/（n-1）。

68. D。【解析】组间均方差为MSA=SSA/（3-1）。

69. B。【解析】组内均方差为MSE=SSE/（10-3）。

70. A。【解析】统计量为F=MSA/MSE。

71. D。【解析】方差分析是判断总体均值是否相等。

72. B。

73. B。

74. C。

75. A。

76. B。

77. C。

78. D。

79. C。

80. D。

【72~80解析】本研究中 $k=4$，$n=23$，SST=4 164.61，SSE=2 708，SSA=1 456.61，显著性水平为 0.05。SSA、SSE、SST 自由度分别为 3，19，22，均方差 MSA、MSE 分别为 485.54、142.53，总方差为 4 164.61/22=189.30，检验统计量为 F=MSA/MSE=3.41，临界值为 $F_{0.05}(3, 19)=3.13$，统计量大于临界值，拒绝原假设。

81. A。

82. B。

83. C。

84. D。

85. D。

86. B。

87. A。

88. D。

89. A。

90. C。

91. B。

92. B。

93. C。

94. C。

【81~94解析】本问题是无交互双因素方差分析，品牌因素（设为 R 因素）有 4 个水平，地区因素（设为 C 因素）有 5 个水平，SSR=13 004.55，SSC=2 011.70，

SST = 17 888.95，显著性水平为 0.05。品牌自由度为 3，地区自由度为 4，随机误差自由度为 3×4＝12，总平方和自由度为 5×4－1＝19，MSR ＝ 13 004.55/3 ＝ 4 334.85，MSC ＝ 2 011.70/4 ＝ 502.93，MSE ＝（17 888.95－2 011.70－13 004.55）/12 ＝ 239.39，Fr ＝ MSR/MSE ＝ 18.11，Fc ＝ MSC/MSE ＝ 2.1，品牌因素的临界值为 $F_{0.05}(3, 12)$ ＝ 3.49，地区因素的临界值为 $F_{0.05}(4, 12)$ ＝ 3.26，结论是品牌有影响地区没影响。

95. A。【解析】SST 是全部观测值的误差平方和。

96. B。【解析】SSA 是组间误差平方和。

97. C。【解析】SSE 是组内误差平方和。

98. C。【解析】方差分析是右侧检验。

99. A。【解析】LSD 方法用于多重比较。

100. C。【解析】LSD 的自由度为随机误差 SSE 的自由度。

二、多项选择题

1. BC。【解析】方差分析是检验多个总体均值是否相等，通过分析误差是随机性误差还是系统性误差来判断。

2. ACE。【解析】F 近似为 1，说明组间、组内误差接近，都是随机误差。

3. ACE。【解析】方差分析通过分析误差来源，根据随机误差、系统误差、组间误差、组内误差差异判断。

4. ABE。【解析】组间均方为 618.916 7/2 ＝ 309.458 4，组内均方为 66.44，F 统计量为 309.458 4/66.44 ＝ 4.657 4。

5. ABDE。【解析】SSA 自由度和 SSB 自由度乘积等于 SSE 自由度；SSA＋SSB＋SSE ＝ SST。

6. ACE。【解析】方差分析的假设是正态总体、同方差、独立性。

7. CD。【解析】F 远远大于 1，说明组间有系统差异，应该拒绝原假设。

8. BE。【解析】组内误差反映随机误差，组间差异受随机因素和系统因素共同影响。

9. ABC。【解析】方差分析要求每个水平符合正态分布，方差相同而且相互独立。

10. ABCDE。【解析】方差分析步骤包括：计算平均值、计算均方差、计算 F 值。

11. ABCE。【解析】单因素方差分析 SST、SSA、SSE 的自由度分别为 $n-1$，$k-1$，$n-k$。

12. ABCDE。【解析】多重比较的方法是 LSD 法，统计量为样本均值差，服从 $n-k$ 的 t 分布。

13. DE。【解析】无交互双因素方差分析行（列）因素自由度为行（列）数减 1，行统计量的自由度为［行数－1，（行数－1）（列数－1）］。

14. AB。【解析】无交互双因素分析，行因素、列因素分别独立。

15. AD。【解析】误差来源包括系统误差和随机误差。

16. BC。【解析】误差范围包括组间误差和组内误差。

17. ABE。【解析】单因素方差分析需要计算总误差平方和、水平项误差平方和、误差项误差平方和。

18. ABCD。【解析】无交互双因素方差分析需要计算的平方和包括总误差平方和、行（列）因素误差平方和、随机误差项平方和。

19. ACDE。【解析】SSA 自由度为 $3-1=2$；SSE 自由度为 $3×7-3=18$；$MSA = 786.280\ 7/2 = 393.140\ 4$，$MSE = 38.857\ 1/18 = 2.158\ 7$；统计量为 $MSA/MSE = 182.12$，临界值为 $F_{0.05}(2, 18) = 3.55$。

20. ABDE。【解析】$SST = SSR+SSC+SSE$，$F_R = MSR/MSE$。

三、判断题

1. 对。【解析】t 检验是两两比较，前提条件是方差分析存在差异。

2. 错。【解析】总离差平方和自由度为 $(k-1)(r-1)$。

3. 对。【解析】单因素方差分析的假设决定单因素方差分析是对多个同方差正态总体均值相等性进行检验。

4. 对。【解析】三因素方差分析要有三个统计量。

5. 错。【解析】单因素方差分析每个水平下的观测值可以不同。

6. 错。【解析】SSA 和 SSE 可能不等，可能相等。

7. 错。【解析】可以用 t 检验，但是显著性水平会发生变化。

8. 错。【解析】拒绝了零假设，说明各总体均值不完全相同，但并不是完全不相同。

9. 错。【解析】度量自变量和因变量关系强度的统计量是相关系数。

10. 错。【解析】方差分析是研究正态分布同方差的各总体平均值是否相等。

11. 对。【解析】数据误差用平方和表示，组间误差反映样本之间差异。

12. 错。【解析】在单因素方差分析中，$F=MSA/MSE$。

13. 错。【解析】统计量服从 F 分布。

14. 对。【解析】F 分布是第一象限的右偏分布，随机变量一定大于 0。

15. 错。【解析】行变量和列变量统计量不一定相同。

16. 对。【解析】均方差等于误差平方和除以对应的自由度表示。

17. 错。【解析】本质是比较不同总体的平均值是否相等。

18. 错。【解析】方差分析的假设主要是要求对应总体具有可比性。

19. 对。【解析】有没有交互取决于事物本身。

20. 对。【解析】单因素方差分析统计量服从自由度为 $(k-1, n-k)$ 的 F 分布。

四、计算题

1.【解析】(1) ①832，②2，③12，④14，⑤307.8，⑥18.03，⑦17.07；

（2）假设 $H_0: \mu_A = \mu_B = \mu_C$，$H_1: \mu_A, \mu_B, \mu_C$ 不全相等，

查表得当显著性水平为 0.05 时，$F = 3.885\ 29$，统计量 $F = 17.07$，因为 $17.07 > 3.885\ 29$，拒绝原假设三个厂商生产的电池平均寿命有差异。

①假设 1：$H_0: \mu_A = \mu_B$，$H_1: \mu_A \neq \mu_B$；

假设 2：$H_0: \mu_A = \mu_C$，$H_1: \mu_A \neq \mu_C$；

假设 3：$H_0: \mu_B = \mu_C$，$H_1: \mu_B \neq \mu_C$。

②计算统计量：$|\bar{x}_A = \bar{x}_B| = 14.4$

$|\bar{x}_A = \bar{x}_C| = 1.8$

$|\bar{x}_C = \bar{x}_B| = 12.6$

③计算 LSD：

$$LSD_1 = t_{\alpha/2}(n-1)\sqrt{MSE\left(\frac{1}{n_A} + \frac{1}{n_B}\right)} = 2.51 \times \sqrt{18.03 \times \left(\frac{1}{5} + \frac{1}{5}\right)} = 6.74 = LSD_2 = $$

LSD_3

④因为 14.4>6.74，12.6>6.74，所以 A 和 B 有差异，B 和 C 有差异，A 和 C 没有差异。

2.【解析】

（1）①520，②4，③7，④28，⑤39，⑥440，⑦74.29，⑧19.71，⑨22.32，⑩3.77；

（2）①对于品牌，假设：$H_0: \mu_A = \mu_B = \mu_C = \mu_D = \mu_E$，

$H_1: \mu_A, \mu_B, \mu_C, \mu_D, \mu_E$ 不全相等

对于商场，假设 $H_0: \mu_1 = \mu_2 = \mu_3 = \mu_4 = \mu_5 = \mu_6 = \mu_7 = \mu_8$

$H_1: \mu_1, \mu_2, \mu_3, \mu_4, \mu_5, \mu_6, \mu_7, \mu_8$ 不全相等。

②当显著性水平为 0.05 时，$F_R = 2.7141$，$F_c = 2.3593$。

③统计量品牌和商场分别为 22.32，3.77。

④因为对品牌来说，22.32>2.7141，拒绝原假设，品牌有差异；

对于商场来说，3.77>2.3593，拒绝原假设，商场有差异。

3.【解析】① 504，②20.57，③12，④8.17，⑤602。

4.【解析】（1）①1 455，②2 698，③3，④19，⑤22，⑥3.415；

（2）$F = 3.415 > F_{0.05}(3, 19) = 3.13$，拒绝原假设。结论：行业对投诉次数有显著影响，即服务质量在行业之间有显著差异。

5.【解析】①6.22，②16.05，③7，④140，⑤2.22。

6.【解析】提出假设：

因素 A（品牌）：$H_0: \mu_1 = \mu_2 = \mu_3 = \mu_4$，$H_1: \mu_1, \mu_2, \mu_3, \mu_4$ 不全相等；

因素 B（地区）：$H_0: \mu_1 = \mu_2 = \mu_3 = \mu_4 = \mu_5$，$H_1: \mu_1, \mu_2, \mu_3, \mu_4, \mu_5$ 不全相等；

由于 $F_A = 18.1078 > F_\alpha = 3.4903$，所以拒绝原假设，即四种彩电的品牌对销售量有显著影响。

由于 $F_B = 2.1008 < F_\alpha = 3.2592$，接受原假设，即五个销售地区对彩电的销售量没有显著影响。

7.【解析】（1）①1 642 866.68，②1，③10，④1 602 708.6，⑤4 015.808，⑥399；

（2）$R^2 = \dfrac{1\ 602\ 708.6}{1\ 642\ 866.68} = 0.976$，商品销售量的变差中有 97.6% 是由广告费用的差异引起的；

（3）销售量与广告费用之间的相关系数是 0.987。

8.【解析】①420，②4 256，③2，④27，⑤142.1，⑥1.48。

9.【解析】（1）①1 437 708.6，②1，③10，④1 437 708.6，⑤20 515.8，⑥70.1；

（2）商品销售量的变差中有 $R^2 = \dfrac{1\ 437\ 708.6}{1\ 642\ 866.67} = 87.5\%$ 是由价格的差异引起的；

（3）销售量与价格之间的相关系数是 0.935。

10.【解析】①960，②7 008，③3，④36，⑤168，⑥1.9。

第七章

相关与回归分析

第一节　知识结构

（1）现实生活中变量之间存在两种关系：函数关系和相关关系。设有两个变量 x 和 y，当自变量 x 取某个数值时，因变量 y 依确定的关系取相应的值，则称 y 是 x 的函数，记为 y = f(x)，其中 x 称为自变量，y 称为因变量，这种关系为确定性的函数关系。当一个或几个相互联系的变量取一定数值时，与之相对应的另一个变量的值虽然不确定，但它仍然按某种规律在一定范围内变化，变量间的这种关系称为相关关系。

（2）相关关系按照变量多少分为单相关、复相关；按表现形式分为线性相关、非线性相关；按相关方向分为正相关（同增同减）、负相关（一增一减）；按相关程度分为完全相关、不完全相关、完全不相关。

（3）样本相关系数是根据从总体中抽取的随机样本的观测值计算出来的，是对总体相关系数的估计，它是个随机变量。

（4）相关系数的特点：r 的取值范围是 $[-1, 1]$；$|r| = 1$，为完全相关，$r = 1$，为完全正相关，$r = -1$，为完全负相关；$r = 0$，不存在线性相关关系；$0 < |r| < 1$，存在一定的线性相关关系；$-1 < r < 0$，为负相关；$0 < r < 1$，为正相关；$|r|$ 越趋于 1 表示关系越密切；$|r|$ 越趋于 0 表示关系越不密切。

（5）相关系数的检验：

①设定假设 $H_0: \rho = 0$；$H_1: \rho \neq 0$。

②计算统计量：$t = \dfrac{|r|\sqrt{n-2}}{1-r^2} \sim t(n-2)$。

③确定显著性水平，做决策。

（6）回归分析是对一个因变量对若干解释变量依存关系的研究，其实质是由固定的自变量去估计因变量的总体平均值。回归分析需要确定关系式、检验关系式和预测。

（7）一元线性回归的基本假设：零均值、同方差、无自相关性、正态性、独立性。

（8）判断回归模型拟合程度优劣最常用的数量尺度是样本决定系数（又称可决系数、判定系数），它是建立在对总离差平方和进行分解的基础之上的，$R^2 = \text{SSR}/\text{SST}$。

（9）可决系数的特点：非负性、随机性、关联性（相关系数的平方）。

（10）估计标准误差 S_e 是对随机误差项的标准差 σ 的估计，用来度量各实际观察点在直线周围的散布状况的一个统计量，其计算公式为：$S_e \approx \sqrt{\dfrac{\text{SSE}}{n-2}} = \sqrt{\dfrac{(y-\hat{y})^2}{n-2}} =$

$\sqrt{\dfrac{e^2}{n-2}} = \sqrt{\dfrac{\sum y^2 - \alpha \sum y - \beta \sum xy}{n-2}}$。

（11）一元线性回归中对回归系数的检验一般只针对斜率 β 进行检验，检验步骤为：

①设定假设 $H_0: \beta = 0$；$H_1: \beta \neq 0$。

②计算统计量：$t = \dfrac{\hat{\beta}}{s_e(\beta)} \sim t(n-2)$。

③确定显著性水平，做决策。

（12）一元线性回归方程的检验等价于对回归系数的检验，其检验统计量为 $F = \dfrac{\text{MSR}}{\text{MSE}} = \dfrac{\text{SSR}/1}{\text{SSE}/(n-2)}$。

第二节　习题集锦

一、单项选择题

1. 相关关系与函数关系之间的联系体现在（　　）。

   A. 相关关系普遍存在，函数关系是相关关系的特例

   B. 函数关系普遍存在，相关关系是函数关系的特例

   C. 相关关系与函数关系是两种完全独立的现象

   D. 相关关系与函数关系没有区别

2. 具有因果关系的现象（　　）。

   A. 必然具有函数关系　　　　　　　B. 必然具有相关关系

   C. 必然具有线性相关关系　　　　　D. 必然具有非线性相关关系

3. 下面现象间的关系属于相关关系的是（　　）。

   A. 圆的周长和它的半径之间的关系

   B. 家庭收入愈多，其消费支出也有增长的趋势

   C. 价格不变条件下，商品销售额与销售量之间的关系

   D. 正方形面积和它的边长之间的关系

4. 下列选项中属于相关现象的是（　　）。

   A. 利息与利率　　　　　　　　　　B. 居民收入与储蓄存款

   C. 电视机产量与鸡蛋产量　　　　　D. 某种商品的销售额与销售价格

5. 变量 x 与 y 之间的负相关是指（　　）。

    A. x 增大时 y 也随之增大

    B. x 减少时 y 也随之减少

    C. x 增大（或减少）时 y 也随之减少（或增大）

    D. y 的取值几乎不受 x 取值的影响

6. 现象之间的相关密切程度越高，则相关系数越接近于（　　）。

    A. 0   B. 0.3~0.5

    C. 0.8~0.9   D. ±1

7. 一般来说，当居民的收入减少时，居民的储蓄款也会相应减少，两者之间的关系是（　　）。

    A. 负相关   B. 复相关

    C. 完全相关   D. 正相关

8. 如果相关系数 r 为负，说明（　　）。

    A. y 一般小于 x B. 随着一个变量增加，另一个变量减少

    C. x 一般小于 y D. 随着一个变量减少，另一个变量减少

9. 已知 x 与 y 之间存在负相关关系，指出下列肯定错误的回归方程（　　）。

    A. $\hat{y} = -20 - 0.82x$ B. $\hat{y} = 300 - 1.82x$

    C. $\hat{y} = -150 + 0.75x$ D. $\hat{y} = 87 - 0.32x$

10. 下列现象中，相关密切程度最高的是（　　）。

    A. 商品销售量与商品销售额之间的相关系数为 0.90

    B. 商品销售额与商业利润率之间的相关系数为 0.60

    C. 商业利润率与流通费用率之间的相关系数为 -0.95

    D. 商品销售额与流通费用率之间的相关系数为 -0.85

11. 某研究人员发现，举重运动员的体重与他能举起的重量之间的相关系数为 0.6，则（　　）。

    A. 体重越重，运动员平均能举起的重量越多

    B. 平均来说，运动员能举其体重 60% 的重量

    C. 如果运动员体重增加 10 千克，则可多举 6 千克的重量

    D. 举重能力的 60% 归因于其体重

12. 产品产量与单位成本的相关系数是 -0.85，单位成本与利润率的相关系数是 0.90，产量与利润的相关系数是 0.80，因此（　　）。

    A. 产量与利润的相关程度最高

    B. 单位成本与利润率的相关程度最高

    C. 产量与单位成本的相关程度最高

    D. 无法判断哪对变量的相关程度高

13. 由同一资料计算的相关系数 r 与回归系数 b 之间的关系是（　　）。

    A. r 大 b 也大   B. r 小 b 也小

    C. r 与 b 同值   D. r 与 b 同符号

14. 在直线回归方程 $\hat{y} = a + bx$ 中，回归系数 b 表示（　　）。

A. 当 $x=0$ 时 y 的平均值

B. x 变动一个单位时 y 的变动总量

C. x 变动一个单位时 y 的平均变动量

D. y 变动一个单位时 x 的平均变动量

15. 用最小平方法拟合直线趋势方程 $\hat{y}_t = a + bt$，若 b 为负数，则该现象趋势为（　　　）。

  A. 上升趋势   B. 下降趋势

  C. 水平趋势   D. 不能确定

16. 当自变量的数值确定后，因变量的数值也随之完全确定，这种关系属于（　　　）。

  A. 相关关系   B. 函数关系

  C. 回归关系   D. 随机关系

17. 现象之间的相互关系可以归纳为两种类型，即（　　　）。

  A. 相关关系和函数关系   B. 相关关系和因果关系

  C. 相关关系和随机关系   D. 函数关系和因果关系

18. 相关分析中，要求相关的两变量（　　　）。

  A. 都是随机观测的   B. 都不是随机变量

  C. 其中因变量是随机变量   D. 其中自变量是随机变量

19. 测定变量之间相关密切程度的代表性指标是（　　　）。

  A. 估计标准误差   B. 两个变量的协方差

  C. 相关系数   D. 两个变量的标准差

20. 相关系数的取值范围是（　　　）。

  A. $0 \leq r \leq 1$ B. $-1 < r < 1$

  C. $-1 \leq r \leq 1$ D. $-1 \leq r \leq 0$

21. 现象之间线性依存关系的程度越低，则相关系数（　　　）。

  A. 越接近 -1 B. 越接近 1

  C. 越接近 0   D. 在 0.5~0.8 之间

22. 若物价上涨，商品的需求量相应减少，则物价和商品需求量之间的关系是（　　　）。

  A. 不相关   B. 负相关

  C. 正相关   D. 复相关

23. 现象之间线性相关关系的程度越高，则相关系数（　　　）。

  A. 越接近于 0   B. 越接近于 1

  C. 越接近于 -1 D. 越接近于 $+1$ 或 -1

24. 测定变量之间相关关系密切程度的主要方法是（　　　）。

  A. 相关表   B. 相关图

  C. 相关分析   D. 定性分析

25. 如果变量 x 和变量 y 之间的相关系数为 1，说明两变量之间（　　　）。

  A. 不存在相关关系   B. 相关程度很低

C. 相关程度显著　　　　　　　　D. 完全相关

26. 相关关系中，两个变量的关系是对等的，从而变量 x 和变量 y 的相关同变量 y 对变量 x 的相关（　　）。

    A. 完全不同　　　　　　　　　B. 有联系但不一样

    C. 是同一问题　　　　　　　　D. 不一定相同

27. 回归分析中，对于没有明显因果关系的两变量（　　）。

    A. 可给定自变量数值估计因变量的可能性

    B. 可给定因变量值推出自变量值

    C. 可以都是随机变量

    D. 可以都是非随机变量

28. 线性相关的条件下，自变量的标准差是 10，因变量的标准差是 16，相关系数是 0.9，则回归系数是（　　）。

    A. 1.44　　　　　　　　　　　B. 0.56

    C. 0.16　　　　　　　　　　　D. 14.4

29. 配合回归直线方程对资料的要求是（　　）。

    A. 因变量是给定的数值，自变量是随机的

    B. 自变量是给定的数值，因变量是随机的

    C. 自变量和因变量都是随机的

    D. 自变量和因变量都不是随机的

30. 在回归直线方程 $y = a + bx$ 中，a 表示（　　）。

    A. 当 x 增加一个单位时，y 增加 a 的数值

    B. 当 y 增加一个单位时，x 增加 a 的数值

    C. 当 x 为零时，y 的初始值

    D. 回归直线的斜率

31. 估计标准误差说明回归直线的代表性，因此（　　）。

    A. 估计标准误差数值越大，说明回归直线的代表性越大

    B. 估计标准误差越大，说明回归直线的代表性越小

    C. 估计标准误差越小，说明回归直线的代表性越小

    D. 估计标准误差越小，说明回归直线的实用价值越小

32. 估计标准误差和相关系数的关系是（　　）。

    A. 估计标准误差越大，相关系数绝对值小

    B. 估计标准误差越大，相关系数绝对值大

    C. 估计标准误差和相关系数没有任何关系

    D. 估计标准误差和相关系数没有必然联系

33. 下列回归方程中，（　　）是错误的。

    A. $y = 35 + 0.3x$，$r = 0.8$　　　　　B. $y = -124 + 1.4x$，$r = 0.89$

    C. $y = 18 - 2.2x$，$r = 0.74$　　　　D. $y = -87 - 0.9x$，$r = -0.9$

34. 某校经济与管理类的学生学习"统计学"的时间（x）和考试成绩（y）之间建立线性回归方程 $y = a + bx$，经计算，方程为 $y = 20 - 0.8x$，该方程参数的计算（　　）。

A. a 值是明显不对的   B. b 值是明显不对的

C. a 和 b 值都是不对的   D. a 和 b 值都是正确的

35. 计算估计标准误差的依据是（　　　）。

    A. 因变量的数列   B. 因变量的总变差

    C. 因变量的回归变差   D. 因变量的剩余变差

36. 下列直线回归方程中，肯定错误的是（　　　）。

    A. $y = 2 + 3x$, $r = 0.88$ B. $y = 4 + 5x$, $r = 0.55$

    C. $y = -10 - 0.9x$, $r = -0.83$ D. $y = -10 + 5x$, $r = -0.9$

37. 相关分析和回归分析，在是否需要确定自变量和因变量的问题上（　　　）。

    A. 两者均须确定   B. 前者无须确定，后者需要确定

    B. 两者均无须确定   D. 前者需要确定，后者无须确定

38. 从变量之间相关的方向可以分为（　　　）。

    A. 正相关和负相关   B. 直线相关和曲线相关

    C. 单相关和复相关   D. 完全相关和无相关

39. 估计标准误差是反映（　　　）。

    A. 平均数代表性的指标   B. 相关关系的指标

    C. 回归直线的代表性指标   D. 序时平均数代表性指标

40. 如果估计标准误差 $S_e = 0$，则下列选项中说法错误的是（　　　）。

    A. 全部观测值和回归值相等   B. 回归值等于 y

    C. 全部观测值和回归值的离差和为零

    D. 全部观测值都落在回归直线上

41. 下列选项中不属于相关关系的现象是（　　　）。

    A. 雪糕销量与气候变化   B. 城市房价与居民收入

    C. 儿童吃牛排与智商高低   D. 网络广告流量与商品销售量

42. 当 $r = 0.8$ 时，下列选项中说法正确的是（　　　）。

    A. 80% 的点都密集在一条直线的周围

    B. 80% 的点高度相关

    C. 其线性程度是 $r = 0.4$ 的两倍

    D. 两变量高度正线性相关

43. 关于直线回归方程的描述正确的是（　　　）。

    A. 任何一对数据都可以建立回归方程

    B. 回归方程必须建立在高度相关基础之上

    C. 回归分析和相关分析是独立的

    D. 回归直线方程和实际情况一般情况下都是吻合的

44. 可决系数越大，则回归方程（　　　）。

    A. 拟合程度越低   B. 拟合程度越高

    C. 拟合程度有可能高，有可能低   D. 用回归方程进行预测越不准确

45. 下列选项中具有因果关系但没有函数关系的现象是（　　　）。

    A. 太阳照射植物生长   B. 销量上升利润增加

C. 半径增大周长增大　　　　　　　　D. 学习用功成绩倒退

46. 对于有线性相关关系的两变量建立的有意义的直线回归方程 $y = a + bx$ 中，回归系数 b （　　　）。

A. 可能小于 0　　　　　　　　　　B. 只能是正数

C. 只能为 0　　　　　　　　　　　D. 只能是负数

47. 对于线性回归模型，我们一般假设随机误差项 ε 服从（　　　）。

A. 正态分布　　　　　　　　　　　B. t 分布

C. 二项分布　　　　　　　　　　　D. 均匀分布

48. 下列选项中关系属于相关关系而非函数关系的是（　　　）。

A. 价格和销售量　　　　　　　　　B. 工资总额与人均工资

C. 销售总额与销售量　　　　　　　D. 圆的面积与半径

49. 若两个变量之间的相关系数为 0.9，则（　　　）。

A. 回归系数为 0.81　　　　　　　　B. 判定系数为 0.81

C. 判定系数为 0.95　　　　　　　　D. 回顾估计标准误为 0.81

50. 皮尔逊线性相关系数的正负取决于（　　　）。

A. 标准差 s_x　　　　　　　　　　B. 标准差 s_y

C. 协方差 s_{xy}^2　　　　　　　　D. $s_x s_y$

51. 拟合回归方程的最小平方法指的是（　　　）。

A. $\sum (y - y_c)$ 是最大值　　　　B. $\sum (y - y_c)$ 是最小值

C. $\sum (y - y_c)^2$ 是最小值　　　D. $\sum (y - y_c)^2$ 是最大值

52. 当所有的观察值 y 都落在直线 $y_c = a + bx$ 上时，x 和 y 之间的相关系数是（　　　）。

A. $r = 1$　　　　　　　　　　　　B. $r = -1$

C. $r = 0$　　　　　　　　　　　　D. $|r| = 1$

53. 相关系数 $r = 0$ 表示（　　　）。

A. 存在平衡关系　　　　　　　　　B. 两变量独立

C. 不存在线性相关关系　　　　　　D. 不存在相关关系

54. 对相关系数的显著性检验，通常采用的是（　　　）。

A. T 检验　　　　　　　　　　　　B. Z 检验

C. 卡方检验　　　　　　　　　　　D. F 检验

55. 线性回归的检验中，检验整个方程显著性的是（　　　）。

A. DW 检验　　　　　　　　　　　B. T 检验

C. R 检验　　　　　　　　　　　　D. F 检验

56. 下列现象的相关密切程度最高的是（　　　）。

A. 某商店职工人数与商店销售额之间的相关系数为 0.79

B. 商品销售额与流通费用率之间的相关系数为 -0.76

C. 商品销售额与商业利润率之间的相关系数是 0.62

D. 流通费用率与商品利润率之间的相关系数是 -0.89

57. 当有（　　）时才可能计算相关系数。

    A. 一个单一的序列数据

    B. 来自不同现象的两组测量数据

    C. 50 个以上测验的数据

    D. 服从某一确定模型的数据

58. 研究者已经测得不同汽车的车速与耗油量的相关系数为 $r = 0.35$，却发现所有的测速表每小时快了 5 里，如果用正确的速度重新计算相关系数，则相关系数可能是（　　）。

    A. −0.04   B. −0.40

    C. −0.07   D. 0.36

59. 删去两端的数据所得到的新的相关系数（　　）。

    A. 比原来的大   B. 比原来的小

    C. 不变   D. 无法判断

60. 如果 S_x 不等于 S_y，则 r 可能等于（　　）。

    A. 1.00   B. 0.00

    C. −0.50   D. −1.00～1.00 之间

61. 研究发现，体重和坏脾气之间是零相关，这说明（　　）。

    A. 胖子倾向于有坏脾气   B. 瘦人倾向于有坏脾气

    C. 没有人有坏脾气

    D. 一个坏脾气的人可能是胖子也可能是瘦子

62. 下列选项中关于皮尔逊相关系数 r 的说法错误的是（　　）。

    A. $r = 0.00$ 说明不存在线性相关关系

    B. 两个变量之间的关系一定是非线性的

    C. $r = 0.76$ 与 $r = -0.76$ 有同样的相关程度

    D. $r = 1.00$ 代表完全正相关

63. 下列选项中哪种情况可能会导致错误的相关系数（　　）。

    A. 限制变量的范围

    B. 变量之间是非线性的关系

    C. 两个变量之间是曲线相关

    D. 以上三个全是

64. 选择相关系数的类型时依据的条件是（　　）。

    A. 每个变量的测量类型   B. 分布的特性

    C. 两个变量相关的种类   D. 以上三个都是

65. 只有两对数据的相关系数可能是（　　）。

    A. 0.00 或 1.00   B. 0.00 或 −1.00

    C. 1.00 或 −1.00   D. −0.50 或 0.50

66. 当自变量的数值确定后，因变量的数值也随之完全确定，这种关系属于（　　）。

    A. 相关关系   B. 函数关系

67. 变量 x 和变量 y 的协方差可以表示为（　　　）。

A. $\dfrac{\sum (x - \bar{x})^2}{n - 1}$　　　　　　　　B. $\dfrac{\sum (y - \bar{y})^2}{n - 1}$

C. $\dfrac{\sum (x - \bar{x})(y - \bar{y})}{n - 1}$　　　　D. $\dfrac{\sum (y - \bar{x})^2}{n - 1}$

68. 一元线性回归所采用的方法是（　　　）。

A. 最小二乘法　　　　　　　　B. 最大插值法

C. 宏观研究法　　　　　　　　D. 区间估计法

69. 要表示 x 和 y 两个变量的关系最好采用（　　　）。

A. 直方图　　　　　　　　　　B. 圆形图

C. 柱形图　　　　　　　　　　D. 散点图

70. 变量之间的相关程度越低，则相关系数的数值（　　　）。

A. 越小　　　　　　　　　　　B. 越接近于 0

C. 越接近于 -1　　　　　　　　D. 越接近于 1

71. 兄弟之间的身高关系可能是（　　　）。

A. 不完全的依存关系　　　　　B. 不完全的随机关系

C. 完全的随机关系　　　　　　D. 完全的依存关系

72. 身高和体重的关系是（　　　）。

A. 函数关系　　　　　　　　　B. 无关系

C. 共变关系　　　　　　　　　D. 严格的依存关系

73. 相关系数是（　　　）与变量 x 和 y 的标准差乘积之比。

A. x 和 y 的协方差　　　　　B. x 的方差

C. y 的方差　　　　　　　　　D. x 和 y 的平均差

74. 每一吨铸铁成本（元）依铸件废品率（%）变动的回归方程为：$y_0 = 56 + 8x$，这意味着（　　　）。

A. 废品率每增加 1%，成本每吨增加 64 元

B. 废品率每增加 1%，成本每吨增加 8%

C. 废品率每增加 1%，成本每吨增加 8 元

D. 如果废品率增加 1%，则每吨成本为 56 元

75. 某校对学生的考试成绩和学习时间的关系进行测定，建立了考试成绩依学习时间变动的直线回归方程：$y = 180 - 5x$，该方程明显有错，错误在于（　　　）。

A. a 值的计算有误，b 值是对的

B. b 值的计算有误，a 值是对的

C. a 值和 b 值的计算都有误

D. 自变量和因变量的关系搞错了

76. 配合回归方程对资料的要求是（　　　）。

A. 给定自变量，观察因变量的固定值

B. 给定自变量，观察因变量的期望值

C. 给定因变量，观察自变量的随机值

D. 给定因变量，观察自变量的期望值

77. 下列选项中不能作为估计标准误的计算公式是（　　　）。

A. $\sqrt{\dfrac{SSE}{n-2}}$　　　　　　　　　　B. $\sqrt{\dfrac{Sxy^2}{SxSy}}$

C. $\sqrt{\dfrac{(y-\hat{y})^2}{n-2}}$　　　　　　　D. $\sqrt{\dfrac{\sum y^2 - \alpha \sum y - \beta \sum xy}{n-2}}$

78. 在相关分析中，相关系数（　　　）。

    A. 没有单位　　　　　　　　　　B. 单位和自变量相同

    C. 单位和因变量相同　　　　　　D. 是复合单位

79. 在回归分析中，回归估计标准差的单位（　　　）。

    A. 没有单位　　　　　　　　　　B. 单位和自变量相同

    C. 单位和因变量相同　　　　　　D. 是复合单位

80. 相关关系是（　　　）。

    A. 现象之间，客观存在的依存关系

    B. 现象之间客观存在的，关系数值是固定的依存关系

    C. 现象之间客观存在的，关系数值不固定的依存关系

    D. 函数关系

81. 判断现象之间相关关系密切程度的主要方法是（　　　）。

    A. 对客观现象作定性分析　　　　B. 编制相关表

    C. 绘制相关图　　　　　　　　　D. 计算相关系数

82. 当变量 x 按一定数额变化时，变量 y 也随之近似地按固定的数额变化，那么变量 x 和 y 之间存在着（　　　）。

    A. 正相关关系　　　　　　　　　B. 负相关关系

    C. 直线相关关系　　　　　　　　D. 曲线相关关系

83. 多个变量间的相关关系称为（　　　）。

    A. 单相关　　　　　　　　　　　B. 无相关

    C. 复相关　　　　　　　　　　　D. 多相关

84. 如果两个变量之间的相关系数 $|r|>0.8$，说明这两个变量之间存在（　　　）。

    A. 低度相关关系　　　　　　　　B. 高度相关关系

    C. 完全相关关系　　　　　　　　D. 显著相关关系

85. 已知 $L_{xx}=400$，$L_{xy}=-1\,000$，$L_{yy}=3\,000$，则相关系数为（　　　）。

    A. 0.925　　　　　　　　　　　B. -0.913

    C. 0.957　　　　　　　　　　　D. 0.913

86. 已知 $\sum (x-\bar{x})^2$ 是 $\sum (y-\bar{y})^2$ 的两倍，并已知 $\sum (x-\bar{x})(y-\bar{y})$ 是 $\sum (y-\bar{y})^2$ 的 1.2 倍，则相关系数 Y 为（　　　）。

    A. 不能计算　　　　　　　　　　B. 0.6

    C. $1.2/\sqrt{2}$　　　　　　　　　D. $\sqrt{1.2}/2$

87. 不计算相关系数，是否也能判断两个变量之间相关关系的密切程度（　　　）。

    A. 能够

    B. 不能够

    C. 有时能够，有时不能

    D. 能判断但不能计算出具体数值

88. 相关分析研究的是（　　　）。

    A. 变量间的相互依存关系

    B. 变量间的因果关系

    C. 变量间严格的一一对应关系

    D. 变量间的线性关系

89. 下列选项中情况，称为正相关的是（　　　）。

    A. 随着一个变量增加，另一个变量相应减少

    B. 随着一个变量减少，另一个变量相应增加

    C. 随着一个变量增加，另一个变量相应增加

    D. 随着一个变量增加，另一个变量不变

90. 相关系数等于零表明两个变量（　　　）。

    A. 是严格的函数关系

    B. 不存在相关关系

    C. 不存在线性相关关系

    D. 存在曲线相关关系

91. 调查显示，团队合作程度越高越容易出成果，因此（　　　）。

    A. 团队合作紧密度和成果之间是函数关系

    B. 团队合作紧密度和成果之间是相关关系

    C. 团队合作紧密度和成果之间是依存关系

    D. 团队合作紧密度和成果之间没有直接关系

92. 在回归分析中，自变量同因变量的地位不同，两变量 y 对 x 回归和 x 对 y 回归（　　　）。

    A. 是同一问题

    B. 不一定相同

    C. 有联系但不是一个问题

    D. 完全不同

93. 回归分析中的简单回归是指（　　　）。

    A. 两个变量之间的回归

    B. 变量之间的线性回归

    C. 两个变量之间的线性回归

    D. 变量之间的简单回归

94. 当自变量的数值确定后，因变量的数值也随之完全确定，这种关系属于（　　　）。

    A. 随机关系

    B. 相关关系

    C. 函数关系

    D. 因果关系

95. 回归系数和相关系数的符号是一致的，其符号可用来判断现象（　　　）。

    A. 线性相关还是非线性相关

    B. 正相关还是负相关

    C. 完全相关还是不完全相关

    D. 单相关还是复相关

96. 在回归直线 $y = a + bx$，$b < 0$，则 x 与 y 之间的相关系数（　　　）。

    A. $r = 0$

    B. $r = 1$

    C. $0 < r < 1$

    D. $-1 < r < 0$

97. 现象之间相互依存关系的程度是对等的，则相关系数（　　　）。

    A. 越小于 0

    B. 越接近-1 或 1

    C. 无法判断

    D. 越接近于 0

98. 相关关系中，两个变量的关系是对等的，从而变量 x 对变量 y 的相关，同变量 y 对变量 x 的回归（　　　）。

A. 是同一问题　　　　　　　　　B. 不一定相同

C. 有联系但是不是一个问题　　　D. 完全不同

99. 某研究表明，现在月光族越来越多，尤其是刚就业的年轻人在收入不高的情况下高消费、超前消费比较普遍，据此可以判断（　　　）。

A. 收入和消费没关系　　　　　　B. 收入和消费有关系但不是绝对的

C. 低收入支持高消费　　　　　　D. 高消费促进高收入

100. 如果变量 x 和变量 y 之间的散点图如下图所示，则其相关系数可能是（　　　）。

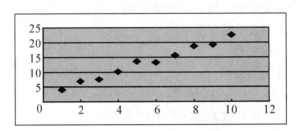

A. 0.29　　　　　　　　　　　　B. -0.86

C. 1.06　　　　　　　　　　　　D. 0.92

二、多项选择题

1. 测定现象之间有无相关关系的方法是（　　　）。

A. 配合回归方程　　　　　　　　B. 计算估计标准误

C. 对客观现象做定性分析　　　　D. 绘制相关图

E. 考察事物分布形态

2. 直线回归分析中（　　　）。

A. 利用一个回归方程，两个变量可以互相推算

B. 两个变量不是对等的关系

C. 根据回归系数可判定相关的方向

D. 自变量是可控变量，因变量是随机的

E. 利用回归方程可以计算相关系数

3. 相关关系和函数关系的关系为（　　　）。

A. 研究相关关系需要借助函数关系

B. 函数关系是特殊的相关关系

C. 函数关系有时也会变成相关关系

D. 相关关系一定会发展成函数关系

E. 两者没有关系

4. 可用来判断现象之间相关方向的指标有（　　　）。

A. 回归系数　　　　　　　　　　B. 判定系数

C. 相关系数　　　　　　　　　　　D. 估计标准误

　E. 计算两变量的方差

5. 下列选项中哪些现象之间的关系为相关关系（　　　　）。

　　A. 家庭收入与消费支出关系

　　B. 圆的面积与它的半径关系

　　C. 广告支出与商品销售额关系

　　D. 单位产品成本与利润关系

　　E. 在价格固定的情况下，销售量与商品销售额关系

6. 相关系数表明两个变量之间的（　　　　）。

　　A. 线性关系　　　　　　　　　　B. 因果关系

　　C. 变异程度　　　　　　　　　　D. 相关方向

　　E. 相关的密切程度

7. 对于一元线性回归分析来说（　　　　）。

　　A. 两变量之间必须明确哪个是自变量，哪个是因变量

　　B. 回归方程是据以利用自变量的给定值来估计和预测因变量的平均可能值

　　C. 可能存在着 y 依 x 和 x 依 y 的两个回归方程

　　D. 如果变量之间是正相关关系，回归系数是正号

　　E. 确定回归方程时，尽管两个变量也都是随机的，但要求自变量是给定的

8. 可用来判断现象相关程度的指标有（　　　　）。

　　A. 相关系数　　　　　　　　　　B. 可决系数

　　C. 回归方程参数 b 　　　　　　　D. 估计标准误差

　　E. x、y 的平均数

9. 单位成本（元）依产量（千件）变化的回归方程为 $y = 78 - 2x$，这表示（　　　　）。

　　A. 产量为 1 000 件时，单位成本 76 元

　　B. 产量为 1 000 件时，单位成本 78 元

　　C. 产量每增加 1 000 件时，单位成本下降 2 元

　　D. 产量每增加 1 000 件时，单位成本下降 78 元

　　E. 当单位成本为 72 元时，产量为 3 000 件

10. 估计标准误的作用是表明（　　　　）。

　　A. 回归方程的代表性　　　　　　B. 样本的变异程度

　　C. 估计值与实际值的平均误差　　D. 样本指标的代表性

　　E. 总体的变异程度

11. 销售额与流通费用率，在一定条件下，存在相关关系，这种相关关系属于（　　　　）。

　　A. 正相关　　　　　　　　　　　B. 单相关

　　C. 负相关　　　　　　　　　　　D. 复相关

　　E. 完全相关

12. 在直线相关和回归分析中（　　　　）。

　　A. 据同一资料，相关系数只能计算一个

B. 据同一资料，相关系数可以计算两个

C. 据同一资料，回归方程只能配合一个

D. 据同一资料，回归方程随自变量与因变量的确定不同，可能配合两个

E. 回归方程和相关系数均与自变量和因变量的确定无关

13. 相关系数 r 的数值（   ）。

A. 可为正值   B. 可为负值

C. 可大于 1   D. 可等于 -1

E. 可等于 1

14. 从变量之间相互关系的表现形式看，相关关系可分为（   ）。

A. 正相关   B. 负相关

C. 直线相关   D. 曲线相关

E. 不相关和完全相关

15. 确定直线回归方程必须满足的条件是（   ）。

A. 现象间确实存在数量上的相互依存关系

B. 相关系数 r 必须等于 1

C. y 与 x 必须同方向变化

D. 现象之间存在着较为密切的线性关系

E. 相关系数 r 必须大于 0

16. 当两个现象完全相关时，下列统计指标值可能为（   ）。

A. $r = 1$ B. $r = 0$

C. $r = -1$ D. $S_{yx} = 0$

E. $S_{yx} = 1$

17. 在直线回归分析中，确定直线回归方程的两个变量必须是（   ）。

A. 一个自变量，一个因变量   B. 均为随机变量

C. 对等关系

D. 一个是随机变量，一个是可控制变量

E. 不对等关系

18. 配合直线回归方程是为了（   ）。

A. 确定两个变量之间的变动关系

B. 用因变量推算自变量

C. 用自变量推算因变量

D. 两个变量相互推算

E. 确定两个变量间的相关程度

19. 在直线回归方程中（   ）。

A. 在两个变量中须确定自变量和因变量

B. 回归系数小于 0 则相关系数小于 0

C. 一个回归方程只能做一种推算

D. 回归系数只能取正值

E. 要求因变量是随机的，而自变量是给定的

20. 相关系数与回归系数（　　）。

　　A. 回归系数大于零则相关系数大于零

　　B. 回归系数小于零则相关系数小于零

　　C. 回归系数大于零则相关系数小于零

　　D. 回归系数小于零则相关系数大于零

　　E. 回归系数等于零则相关系数等于零

21. 测定现象之间有无线性关系的方法有（　　）。

　　A. 绘制相关表　　　　　　　　B. 绘制散点图

　　C. 计算估计标准误差　　　　　D. 计算相关系数

　　E. 对现象进行定性分析

22. 下列选项中有关相关系数数值大小的叙述正确的有（　　）。

　　A. 与回归系数没有关系

　　B. 表明两个变量的相关关系程度的高低

　　C. 和估计标准误差数值成反比

　　D. 和估计标准误差数值成正比

　　E. 和估计标准误差没有关系

23. 在一元线性回归中，随机项误差需要（　　）。

　　A. 条件期望为 0　　　　　　　B. 给定 x 的条件下方差相等

　　C. 与自变量不相关　　　　　　D. 逐次值互不相关

　　E. 服从正态分布

24. 两个变量之间相关系数为 0.96，说明（　　）。

　　A. 这两个变量之间是正相关

　　B. 这两个变量之间存在着线性相关关系

　　C. 对这两个变量之间的相关系数进行检验时使用 t 检验

　　D. 对这两个变量之间的相关系数进行检验时使用 F 检验

　　E. 这两个变量中一个变量增加一个单位时，另外一个变量随之增加 0.96 个单位

25. 关于回归方程的统计检验中，说法正确的是（　　）。

　　A. 对线性回归方程的显著性进行检验时，需进行 F 检验

　　B. 对线性回归方程的显著性进行检验时，需进行 t 检验

　　C. 对线性回归方程的显著性进行检验时，需进行 R 检验

　　D. 对回归系数的显著性进行检验时，需进行 F 检验

　　E. 对回归系数的显著性进行检验时，需进行 t 检验

26. 下列选项中存在相关关系的现象有（　　）。

　　A. 工作压力与心脏病发病率　　B. 身高和体重

　　C. 收入与受教育程度　　　　　D. 冰激凌销量与气候变化

　　E. 儿童时期吃牛排与成年后收入

27. 下列选项中关于因果性判断条件，正确的是（　　）。

　　A. 有引起和被引起关系　　　　B. 有相关关系

C. 有逻辑上先后关系　　　　　　D. 变化不是第三方原因造成的

E. 存在偶然性

28. 关于相关系数描述正确的是（　　　）。

A. 总体相关系数是常数　　　　　　B. 样本相关系数是随机变量

C. 总体相关系数是随机变量　　　　D. 反映的线性相关关系

E. 可以用样本相关系数推断总体相关系数

29. 回归分析的基本工作包括（　　　）。

A. 确定相关系数　　　　　　　　　B. 确定回归方程式

C. 检验相关系数　　　　　　　　　D. 检验回归方程

E. 利用回归方程进行预测

30. 关于总体回归函数和样本回归函数的关系，说法正确的是（　　　）。

A. 总体回归函数虽然未知，但它是确定的

B. 样本回归线随抽样波动而变化，可以有许多条，样本回归线至多只是未知总体回归线的近似表现

C. 样本回归函数的参数可估计，但是随抽样而变化，是随机变量

D. 总体回归函数中的 u_i 是不可直接观测的

E. 样本回归函数中的 e_i 是只要估计出样本回归的参数就可以计算的数值

31. 最小二乘法估计参数的性质包括（　　　）。

A. 估计量都是服从正态分布的随机变量

B. 是总体回归系数的无偏估计量

C. 回归系数最小二乘估计具有有效性

D. 最小二乘法估计参数方差为 0

E. 最小二乘法估计参数方差相等

32. 一元线性回归方程的检验包括（　　　）。

A. 经济意义的检验　　　　　　　　B. 统计意义的检验

C. 计量经济学检验　　　　　　　　D. 预测检验

E. 实践检验

33. 关于回归误差平方和的说法正确的有（　　　）。

A. 误差平方和大小可以用来判断回归效果的优劣

B. SST 反映因变量的 n 个观察值与其均值的总离差

C. SSR 反映自变量 x 的变化对因变量 y 取值变化的影响

D. SSE 反映除 x 以外的其他因素对 y 取值的影响

E. SST = SSR + SSE

34. 关于可决系数，下列说法正确的有（　　　）。

A. 可以用来评估回归方程回归效果的优劣

B. 是回归平方和占总离差平方和的比例

C. 其值越大，说明回归方程拟合得越好

D. 具有非负性

E. 可以表示为 SSR/SST

35. 下列选项中关于可决系数的特点说法正确的有（　　　）。

    A. 对一个回归分析来说可决系数是确定的

    B. 可决系数是随机变量

    C. 可决系数和相关系数没有关系

    D. 可决系数和相关系数具有量的相关性

    E. 可决系数可以由相关系数计算而得到

36. 关于回归系数显著性检验，下列选项中说法正确的有（　　　）。

    A. 回归系数检验是 t 检验　　　　　　B. 回归系数检验是双侧检验

    C. 回归系数检验是 F 检验　　　　　　D. 回归系数检验是单侧检验

    E. 回归系数统计量自由度是 $n-2$

37. 根据变量多少可以将相关关系分为（　　　）。

    A. 正相关　　　　　　　　　　　　　B. 负相关

    C. 单相关　　　　　　　　　　　　　D. 复相关

    E. 线性相关

38. 根据相关关系的紧密程度可以将相关关系分为（　　　）。

    A. 正相关　　　　　　　　　　　　　B. 单相关

    C. 完全相关　　　　　　　　　　　　D. 不完全相关

    E. 完全不相关

39. 使用相关系数时需要注意（　　　）。

    A. 相关关系是对称的

    B. 相关关系只反映相关程度，不能确定因果关系

    C. 相关系数只反映线性相关程度，不能说明非线性相关

    D. 相关系数要和实际情况结合使用

    E. 相关系数是反映相关关系的唯一指标

40. 已知 $n=5$，$\sum x=15$，$\sum x^2=55$，$\sum xy=506$，$\sum y=158$，$\sum y^2=5\,100$，则下列选项中表述正确的有（　　　）。

    A. 相关系数为 0.975 6　　　　　　　B. 回归方程斜率为 3.2

    C. 回归方程截距为 22　　　　　　　　D. 可决系数为 0.951 8

    E. 回归方程为 $y=3.2+22x$

三、判断题

1. 正相关指的是因素标志和结果标志的数量变动方向都是上升的。　　（　　　）

2. 相关系数是测定变量之间相关关系的唯一方法。　　　　　　　　　（　　　）

3. 相关系数的取值范围介于 0 与 1 之间。　　　　　　　　　　　　　（　　　）

4. 若变量 x 的值减少时变量 y 的值也减少，说明变量 x 与 y 之间存在正相关关系。

                                                  （　　　）

5. 回归系数和相关系数都可以用以判断现象之间相关的密切程度。　　（　　　）

6. 回归系数可以用来判断现象之间的相关方向。　　　　　　　　　　（　　　）

7. 计算相关系数的两个变量都是随机变量。　　　　　　　　　　　　（　　　）

8. 回归分析中的两个变量是不对等的，必须区分自变量和因变量。（　　）

9. 回归分析中的自变量是随机变量，因变量是可控制变量。（　　）

10. 对于没有确定因果关系的两变量，可以求得两个回归方程。（　　）

11. 在任何相关条件下，都可以用相关系数说明变量之间相关的密切程度。

（　　）

12. 变量 y 倚变量 x 回归和由变量 x 倚变量 y 回归所得到的回归方程之所以不同，主要是因为方程中参数表示的意义不同。（　　）

13. 利用一个回归方程，两个变量可以相互推算。（　　）

14. 估计标准误差指的就是实际值与估计值的平均误差程度。（　　）

15. 估计标准误差越大，说明回归直线的代表性越大。（　　）

16. 估计标准误差数值越小，说明回归直线的实用价值越小。（　　）

17. 甲产品产量与单位成本之间的相关系数是 0.8，乙产品单位成本与利润率之间的相关系数是-0.95，则甲比乙的相关程度高。（　　）

18. 相关关系和函数关系都属于完全确定性的依存关系。（　　）

19. 如果两个变量的变动方向一致，同时呈上升或下降趋势，则两者是正相关关系。

（　　）

20. 当直线相关系数为 0 时，说明变量之间不存在任何直线相关关系。（　　）

21. 相关系数有正负、有大小，因而它反映的是两现象之间具体的数量变动关系。

（　　）

22. 在进行相关和回归分析时，必须以定性分析为前提，判断现象之间有无关系及其作用范围。（　　）

23. 回归系数 b 的符号与相关系数的符号，可以相同也可以不同。（　　）

24. 相关系数越大，则估计标准误差值越大，从而直线回归方程的精确性越低。

（　　）

25. 估计标准误差是以回归直线为中心反映各观察值与估计值平均数之间离差程度的大小。（　　）

26. 回归效果分析过程中，可决系数主要根据误差来源进行误差分解以判断回归效果。（　　）

27. 当回归系数大于零时，变量为正相关，回归系数小于零时，则负相关。

（　　）

28. 相关的两个变量，只能算出一个相关系数。（　　）

29. 计算回归方程时，要求因变量是随机的，而自变量不是随机的，是给定的数值。

（　　）

30. 负相关指的是两个变量的变化趋势相反，一个上升而另一个下降。（　　）

31. 相关系数 0.7 与-0.7 在表明相关密切程度是一样的。（　　）

32. 正相关是指自变量和因变量的数量变动方向都是上升的。（　　）

33. 正相关是指自变量和因变量的数量变动方向都是下降的。（　　）

34. 相关系数越接近于 1，回归方程的拟合度越好；相关系数越接近于-1，回归方程的拟合度越差。（　　）

35. 相关关系是指现象之间客观存在的一种十分严格的确定性的数量关系。

                                                                                     （　　）

36. 可用积差相关计算某校高三一班与二班学生身高的相关程度。　（　　）

37. 广州、北京、上海三城市 2022 年 2 月份每日气温之间的关系可用等级相关计算。

                                                                                     （　　）

38. 可用斯皮尔曼等级相关计算某班 45 名学生数学和语文成绩（百分制）的相关关系。　（　　）

39. 相关系数是两个变量之间相关程度的量化指标之一。　（　　）

40. 计算相关的两个变量必须有相同的单位。　（　　）

四、计算题

1. 某商业企业 2017—2021 年 5 年内商品销售额的年平均数为 421 万元，标准差为 30.07 万元；商业利润的年平均数为 113 万元，标准差为 15.41 万元；5 年内销售额与商业利润的乘积和为 240 170 万元，各年销售额的平方和为 890 725 万元，各年商业利润的平方和为 65 033 万元。试就以上资料计算：

（1）建立商业销售额与商业利润的回归方程；

（2）其他条件不变时，估计当商品销售额为 600 万元时，商业利润可能为多少万元。

2. 某企业上半年产品产量与单位成本资料如下表所示：

月　　份	产量/千件	单位成本/元
1	2	73
2	3	72
3	4	71
4	3	73
5	4	69
6	5	68

要求：

（1）计算相关系数，说明两个变量相关的密切程度；

（2）配合回归方程，指出产量每增加 1 000 件时，单位成本平均变动量；

（3）假定产量为 6 000 件时，单位成本为多少元？

3. 为研究产品销售额与销售利润之间的关系，某公司对所属 6 家企业进行了调查。设产品销售额为自变量 x（万元），销售利润为因变量 y（万元）。调查资料经初步整理和计算，结果如下：

$$\sum x = 225, \quad \sum x^2 = 9\ 823, \quad \sum y = 13, \quad \sum y^2 = 36.7, \quad \sum xy = 593$$

要求：

（1）计算销售额与销售利润之间的相关系数；

（2）配合销售利润对销售额建立直线回归方程。

4. 在其他条件不变的情况下，某种商品的需求量（y）与该商品的价格（x）有关。现对给定时期内的价格与需求量进行观察，得到如下表所示的一组数据。

价格 x/元	10	6	8	9	12	11	9	10	12	7
需求量 y/吨	60	72	70	56	55	57	57	53	54	70

要求：

（1）计算价格与需求量之间的简单相关系数，并说明相关方向和程度；

（2）拟合需求量对价格的回归直线，并解释回归系数的实际含义。

5. 某汽车生产商欲了解广告费用（万元）对销售量（辆）的影响。收集了过去 12 年的有关数据，通过分析得到：方程的截距为 363，回归系数为 1.42，回归平方和 SSR＝1 600，残差平方和 SSE＝450。要求：

（1）写出销售量 y 与广告费用 x 之间的线性回归方程；

（2）假如明年计划投入的广告费用为 25 万元，根据回归方程估计明年汽车销售量；

（3）计算判定系数 R^2，并解释它的意义。

6. 某公司欲了解广告费用 x 对某产品销售量 y 的影响，收集了 20 个地区的数据，并对 x、y 进行线性回归分析，得到方程的截距为 364，回归系数为 1.42，回归平方和 SSR＝1 602 708.6，残差平方和 SSE＝40 158.07。要求：

（1）写出广告费用 x 与销售量 y 之间的线性回归方程；

（2）假如广告费用投入 50 000 元，根据回归方程估计商品销售量；

（3）计算判定系数 R^2，并解释它的意义。

7. 某公司欲了解广告费用 x 对销售量 y 的影响，收集了 16 个地区的数据，并对 x、y 进行线性回归分析，得到方程的截距为 280，回归系数为 1.6，回归平方和 SSR＝1 503 000，残差平方和 SSE＝38 000。要求：

（1）写出广告费用 x 与销售量 y 之间的线性回归方程；

（2）假如广告费用投入 80 000 元，根据回归方程估计商品的销售量；

（3）计算判定系数 R^2，并解释它的意义。

8. 某调查公司研究出租司机每天收入（元）与行驶里程（公里）之间的关系。对 30 位出租车司机进行调查，并根据每天的收入 y、行驶里程 x 进行回归，得到方程的截距为 162，回归系数为 0.6，回归平方和 SSR＝2 600，残差平方和 SSE＝513。要求：

（1）写出每天的收入 y 与行驶里程 x 之间的线性回归方程；

（2）假如某司机某天行驶了 300 公里，根据回归方程估计他该天的收入；

（3）计算判定系数 R^2，并解释它的意义。

9. 某部门所属 20 个企业的可比产品成本降低率（%）和销售利润（万元）的调查资料整理如下（x 代表可比产品成本降低率，销售利润为 y）：$\sum x = 109.8$，$\sum x^2 = 690.16$，$\sum y = 961.3$，$\sum xy = 6\,529.5$。

要求：

（1）试建立销售利润依可比产品成本降低率变动的直线回归方程，预测可比产品成本降低率为 8% 时，销售利润为多少万元；

（2）解释回归方程中回归系数的经济含义。

10. 设销售收入 x 为自变量，销售成本 y 为因变量。现根据某百货公司 2021 年 12 个月的有关资料计算出以下数据（单位：万元）：

$$\sum (x - \bar{x})^2 = 425\,053.73,\ \bar{x} = 647.88$$

$$\sum (y - \bar{y})^2 = 262\,855.25,\ \bar{y} = 549.8$$

$$\sum (x - \bar{x})(y - \bar{y}) = 334\,229.09$$

要求：

（1）拟合简单线性回归方程，并对方程中回归系数的经济意义做出解释；

（2）计算可决系数；

（3）计算回归标准误差；

（4）对斜率进行显著性水平 5% 的显著性检验；

（5）假定 2022 年 1 月销售收入为 800 万元，预测其销售成本。

11. 用 Excel 建立的建筑面积 X 与建造总成本 Y 的回归结果如下表所示：

Summary output

回归统计

Multiple R	0.973 051
R Square	0.946 829
Adjusted R Square	0.941 512
标准误差	31.736
观测值	12

	Df	SS	MS	F
回归分析	1	179 348.9	179 348.9	178.071 5
残差	10	10 071.74	1 007.174	—
总计	11	189 420.7	—	—

	Coefficients	标准误差	t Stat	P-value
Intercept	1 845.475	19.264 46	95.796 88	3.76E-16
X Variable 1	64.184	4.809 828	-13.344 3	1.07E-07

根据上述分析表：

（1）确定建筑面积和建造总成本之间的相关系数；

（2）建立建筑总成本和建筑面积之间的线性回归方程；

（3）解释回归系数的经济意义；

（4）预测当建筑面积为 10 000 时建筑总成本；

（5）对回归系数进行显著性为 0.05 的检验；

（6）对回归拟合程度加以判断。

12. 若 X 表示在一家分店工作的销售人员数量，Y 表示这家分店的年销售额（千元），已经求出 Y 对 X 的回归方差的估计结果如下表所示：

预测量	系数	标准差	t 值
常数	80	11.333	7.06
X	50	5.482	9.12

方差分析如下表所示：

来源	平方和	自由度	方差
来自回归	6 828.6	1	6 828.6
来自残差	2 298.8	28	82.1
总离差平方和	9 127.4	29	—

（1）写出估计的回归方差；

（2）在研究中涉及多少家分店；

（3）对斜率系数做显著性检验（$\alpha = 0.05$）；

（4）预测该分店有 12 名销售员，则该分店年销售收入为多少？

13. 抽查 10 名学生课余学习统计学的时间与成绩之间的数据如下表所示：

学习时数/（小时·周）	考试成绩/分	学习时数/（小时·周）	考试成绩/分
2.0	40	4.5	90
2.5	60	5.0	93
3.0	66	5.5	95
3.5	70	6.0	96
4.0	80	6.5	98

计算：

（1）测定课余学习时间与考试成绩之间的相关系数；

（2）建立考试成绩与课余学习时间的线性回归方程；

（3）说明所建立的回归方程中参数的意义。

14. 某公司所属经理部的销售和流通费用率资料如下表所示：

销售额/万元	流通率/%	销售额/万元	流通率/%
4 以下	9.65	21～24	6.73
5～8	7.68	25～28	6.64
9～12	7.25	29～32	6.60
13～16	7.00	33～36	6.58
17～20	6.86		

计算：

（1）销售额与流通费用率之间的相关系数；

（2）建立流通费用率与销售额之间的回归方程，并测算估计标准误。

15. 一家汽车销售商的经理认为，汽车销售量与所投入的广告费用有关系，为研究两者的关系，这位经理搜集了 12 年的相关数据，如下表所示：

年份	销量/辆	费用/万元	年份	销量/辆	费用/万元
2009	1 000	357	2015	1 500	602
2010	1 100	385	2016	1 720	651
2011	1 250	420	2017	1 800	735
2012	1 280	406	2018	1 890	721
2013	1 360	490	2019	200	840
2014	1 480	525	2020	2 200	924

根据表中数据：

（1）判断汽车销售量和广告费用之间的关系，并分析两者之间的关系强度；

（2）分析这 12 年的数据能否反映汽车销售量和广告之间的总体相关关系；

（3）如果进行回归分析，你认为自变量是什么？因变量是什么？为什么？

16. 一家采矿企业开采一种金属矿石，其产品供应几家冶炼企业，由于市场竞争，冶炼厂从不同采矿厂购进该种金属矿石，使得该采矿厂的矿石需求发生波动。为研究价格变动对矿石的影响，采矿厂进行了市场调研，并取得了相应数据，如下表所示：

需求量/千吨	175	180	170	160	165	185	190
单价/元	70	60	50	80	70	50	40

根据表中数据资料：

（1）分析价格与需求量之间是否存在相关关系，如果存在，相关程度如何？

（2）分析如何根据价格和需求关系，建立预测需求量的回归模型？

（3）对回归方程进行显著性检验，说明价格与需求量之间的线性关系是否显著；

（4）以 95.45% 的置信水平预测该矿石在每吨 90 元时的需求量。

17. 某企业去年上半年某种产品产量与单位成本资料如下表所示：

月份	产量/万件	成本/元	月份	产量/万件	成本/元
1	2	73	4	3	73
2	3	72	5	4	69
3	4	71	6	5	68

要求：

（1）分析该产品产量与单位成本之间相关的密切程度；

（2）拟合回归方程，指出模型中参数 b 的经济意义；

（3）以 95% 的置信度，预测该产品产量为 60 000 件时的单位成本。

18. 随机了解 10 户居民家庭收入和食品支出的情况，设家庭收入为 x，月食品支出为 y，已知相关资料（单位：元）：$\sum x = 3\,410$，$\sum y = 2\,180$，$\sum x^2 = 1\,211\,900$，

$\sum xy = 764\,400$。要求：

（1）估计在家庭月收入为 380 元时的食品支出；

（2）说明预测分析模型中回归系数 b 的经济意义。

19. 根据某部门 8 个企业产品销售额和利润的资料，得到下列结果（单位：万元）：$\sum x = 4\,290$，$\sum y = 260.1$，$\sum xy = 189\,127$，$\sum x^2 = 2\,969\,700$，$\sum y^2 = 12\,189.11$。要求：

（1）分析产品销售额和利润额之间的线性关系；

（2）建立以利润额为因变量的回归模型；

（3）说明回归系数的经济意义；

（4）计算所建回归模型的估计标准误差。

20. 某地区年人均收入 x 和商品销售额资料为：$n = 9$，$\sum x = 546$，$\sum y = 260$，$\sum x^2 = 34\,362$，$\sum xy = 16\,918$。要求：

（1）建立直线回归方程，并解释回归系数的意义；

（2）估算人均收入 400 元时该商品的年销售额。

第三节　答案解析

一、单项选择题

1. A。【解析】相关关系普遍存在，函数关系是特殊的相关关系。

2. B。【解析】函数关系是因果关系但因果关系不一定存在函数关系。

3. B。【解析】收入和消费之间存在相关关系，但没有必然的函数关系，其余关系都可以用公式表示是确定的函数关系。

4. B。【解析】居民收入和储蓄具有相关性，但没有函数关系；电视和鸡蛋毫无关系。

5. C。【解析】负相关是一个增大另一个减小，变量朝反方向变化。

6. D。【解析】关系越紧密，相关系数绝对值越接近 1。

7. D。【解析】正相关是同增同减。

8. B。【解析】相关系数为负，说明是负相关，一个增大另一个减小。

9. C。【解析】x 和 y 是负相关，回归系数一定为负。

10. C。【解析】相关系数绝对值越大关系越紧密。

11. A。【解析】体重和举重是正相关。

12. B。【解析】相关系数绝对值越大关系越紧密。

13. D。【解析】回归系数和相关系数符号相同。

14. C。【解析】回归系数 b 表示自变量每增加 1 个单位，因变量的平均增量。

15. B。【解析】b 为负数，是负相关，随着 t 增大，y 减小。

16. B。【解析】函数依存关系有确定的自变量和因变量。

17. A。【解析】现象之间两种关系是函数关系和相关关系。

18. A。【解析】相关关系是对等的，两个变量都是随机的。

19. C。【解析】相关系数是测度变量之间紧密程度的指标。

20. C。【解析】相关系数取值范围在 $[-1, 1]$ 之间。

21. C。【解析】现象之间依存程度越低，相关系数越接近 0。

22. B。【解析】物价和需求量之间是负相关关系。

23. D。【解析】相关程度越高，相关系数绝对值越接近 1。

24. C。【解析】测定变量之间相关关系的主要方法是相关分析。

25. D。【解析】相关系数越接近 1，说明关系越紧密，属于完全相关关系。

26. C。【解析】相关关系是对称的，没有主次之分。

27. A。【解析】回归分析有自变量和因变量之分。

28. A。【解析】$r = \dfrac{s_{xy}^2}{s_x s_y}$ 得 $s_{xy}^2 = 144$，从而 $\beta = \dfrac{s_{xy}^2}{s_x^2}$。

29. B。【解析】回归方程自变量是确定的，因变量是随机观测的。

30. C。【解析】回归系数 a 是回归直线的截距，为 $x = 0$ 时 y 的初始值。

31. B。【解析】估计标准误差越小，回归代表性越好。

32. A。【解析】估计标准误差越小，相关系数绝对值越大。

33. C。【解析】相关系数大于 0 是正相关，回归系数应该为正。

34. B。【解析】一般来说，学习时间和考试成绩应该是正相关关系。

35. C。【解析】估计标准误差是依据因变量的回归变差计算的。

36. D。【解析】相关系数和回归系数应该同号。

37. B。【解析】回归分析需要确定自变量和因变量，相关分析不需要。

38. A。【解析】按相关方向分为正相关和负相关。

39. C。【解析】估计标准误差是反映回归线回归效果的代表性指标。

40. B。【解析】如果估计标准误差为 0，说明没有回归偏差。

41. C。【解析】相关关系要建立在定性的基础上。

42. D。【解析】$r = 0.8$ 说明是高度正向相关关系。

43. B。【解析】回归分析的前提是高度相关，一般先做相关分析再做回归分析。

44. B。【解析】可决系数越大说明回归效果越好。

45. A。【解析】日光照射和植物生长有因果关系但没有量的函数关系。

46. A。【解析】回归系数可能大于 0 可能小于 0 不能等于 0。

47. A。【解析】一元线性回归假设随机误差项服从正态分布。

48. A。【解析】价格和销量有相关关系但没有函数关系。

49. B。【解析】判定系数等于相关系数的平方。

50. C。【解析】相关系数 $r = \dfrac{s_{xy}^2}{s_x s_y}$，$s_x$ 和 s_y 都为正，r 的符号由 s_{xy}^2 决定。

51. C。【解析】最小平方法是指 $\sum (y - y_c)^2$ 最小。

52. D。【解析】观测值全部落在回归线上，就是完全相关关系。

53. C。【解析】$r=0$ 说明不存在线性相关关系。

54. A。【解析】相关系数检验采用 T 检验。

55. D。【解析】一元线性回归方程的检验采用 F 检验。

56. D。【解析】相关系数绝对值最大相关程度最高。

57. B。【解析】相关系数是研究两个不同现象之间的关联程度的。

58. D。【解析】根据常识，车速和耗油量应该是正相关关系，相关系数可能不一样，但是相关关系的方向性肯定不会变化。

59. D。【解析】删除两端数据方差会变小，但方差都变小的情况下无法判断整体变化情况。

60. D。【解析】两变量方差不相等和相关系数没有直接关系。

61. D。【解析】体重和脾气没有直接关系。

62. B。【解析】皮尔逊相关系数研究线性相关。

63. D。【解析】非线性问题线性化，变量范围的不合理都可能导致错误的相关系数结论。

64. D。【解析】相关系数的类型根据变量类型、分布特征、相关类型。

65. C。【解析】从量的关系可以分析，例如变量 x 由 x_1 和 x_2 组成，则平均值为 $\dfrac{x_1+x_2}{2}$，两个数的离差可以表示为 $x_1-\dfrac{x_1+x_2}{2}$ 和 $x_2-\dfrac{x_1+x_2}{2}$，互为相反数。

66. B。【解析】函数关系是定量依存关系。

67. C。【解析】协方差公式为 $\dfrac{\sum(x-\bar{x})(y-\bar{y})}{n-1}$。

68. A。【解析】回归分析通常采用最小二乘法。

69. D。【解析】两变量之间的关系可以用散点图表达。

70. B。【解析】相关程度越低，相关系数越靠近 0。

71. A。【解析】兄弟之间的身高可能存在关系但也不是完全的依存关系。

72. C。【解析】身高和体重是共变关系，也存在一定的相关性。

73. A。【解析】相关系数是协方差和两变量标准差乘积之比。

74. C。【解析】回归系数表示自变量每增加一个单位，因变量增加量。

75. C。【解析】a 错是基数错误，当 $x=0$ 时因变量为 180 不合理；b 错是因为成绩和时间应该是正相关关系。

76. B。【解析】回归分析中，自变量是给定取值，因变量是根据自变量随机观测值的数学期望。

77. B。【解析】$\sqrt{\dfrac{Sxy^2}{SxSy}}$ 是相关系数平方根，没有此表示法。

78. A。【解析】相关系数是无量纲的变量。

79. C。【解析】回归估计标准误差的单位和因变量单位相同。

80. C。【解析】相关分析建立在事物客观联系基础上。

81. D。【解析】判断相关程度用相关系数。

82. C。【解析】只有线性相关才能保证 x 按一定数额变化，y 也固定变化；非线性函数关系不是按固定值变化的。

83. C。【解析】复相关是研究多于两个以上变量之间的相关关系。

84. B。【解析】一般认为，相关系数绝对值大于 0.7 以上就是强相关。

85. B。【解析】由公式 $r = \dfrac{L_{xy}}{\sqrt{L_{xx}L_{yy}}}$ 计算可得。

86. C。【解析】由公式 $r = \dfrac{\sum (x - \bar{x})(y - \bar{y})}{\sqrt{\sum (x - \bar{x})^2}\sqrt{\sum (y - \bar{y})^2}}$ 计算可得。

87. D。【解析】可以通过可决系数等间接判断相关关系。

88. A。【解析】相关分析研究变量之间是否存在关系。

89. C。【解析】正相关是同增同减。

90. C。【解析】相关系数为 0 表示不存在线性相关关系。

91. B。【解析】团队协作和成果是相关关系，无法量化。

92. D。【解析】回归分析中自变量和因变量交换是两个完全不同的问题。

93. C。【解析】最简单的回归是一元线性回归。

94. C。【解析】函数关系有自变量和因变量，而且自变量和因变量严格依存。

95. B。【解析】回归系数和相关系数符号可判断相关方向性。

96. D。【解析】回归系数小于 0，相关系数小于 0。

97. C。【解析】相互依存关系对等，但是相关系数是无法确定的。

98. C。【解析】相关分析和回归分析是两个不同的问题。

99. B。【解析】消费和收入存在相关关系，但也不是绝对函数关系。

100. D。【解析】从图可以看出是正相关，而且相关关系比较紧密。

二、多项选择题

1. CD。【解析】判断现象之间相关与否主要还是依据客观事实，然后绘制相关图、计算相关系数。

2. ABCD。【解析】回归分析两个变量是不对称的，必须确定自变量和因变量。

3. BC。【解析】相关关系是函数关系的基础，函数关系是相关关系的特例。

4. AC。【解析】相关方向可用相关系数和回归系数的符号判断。

5. AC。【解析】收入和消费、广告支出和销售额都是正相关关系。

6. DE。【解析】相关系数表明现象之间的相关方向和相关程度。

7. ABCD。【解析】回归必须指明自变量和因变量。

8. AB。【解析】相关程度可以用相关系数、可决系数判断。

9. ACE。【解析】回归方程表示，固定成本为 78，产量每增加 1 单位，单位成本降低 2。

10. AC。【解析】估计标准误差代表回归效果。

11. BC。【解析】销售额越高，流通费用率越低。

12. AD。【解析】同一组数据只能计算一个相关系数，可以计算两个回归方程。

13. ABDE。【解析】相关系数在 [-1，1] 之间取值。

14. CD。【解析】相关关系从表现形式可分为线性相关和非线性相关。

15. AD。【解析】确定回归首先现象之间确实有关系，而且表现出较强依存性。

16. AC。【解析】完全相关关系相关系数可能为−1和1。

17. ADE。【解析】回归分析两个变量一个是自变量一个是因变量，一个随机变量一个确定变量。

18. ACD。【解析】回归分析是为了确定变量之间的变动关系，进行事物发展预测。

19. ABE。【解析】回归分析相关系数和回归系数同号，有了回归方程自变量和因变量可以相互推算。

20. AB。【解析】回归系数和相关系数具有同号性，相关系数为0不能进行回归分析。

21. ABDE。【解析】判断线性相关与否可以通过相关图、相关表、相关系数结合事物特性分析。

22. ABC。【解析】相关系数表明相关程度高低，和估计标准误差成反比；相关系数大小和回归系数大小无关。

23. ABCDE。【解析】一元线性回归基本假设：零均值、无自相关性、服从正态分布、独立性。

24. ABC。【解析】相关系数0.96说明是正相关、强相关。

25. AE。【解析】对线性回归方程的检验用F检验，对回归系数检验用t检验。

26. ABCD。【解析】根据常识，吃牛排和收入没有直接关系。

27. ABCDE。【解析】因果关系是引起与被引起关系，有逻辑上先后顺序。

28. ABDE。【解析】总体相关系数是常量，样本相关系数随着抽样变化而变化。

29. BDE。【解析】回归分析基本工作包括相关分析、回归分析、回归检验、回归预测。

30. ABDE。【解析】总体回归函数是固定的，样本回归函数是随机并可计算的，可用样本回归函数估计总体回归函数。

31. ABC。【解析】估计参数都服从正态分布，是总体回归系数的无偏估计量，具有有效性。

32. ABCDE。【解析】一元线性回归方程的检验包括经济学检验、统计学检验、计量学检验和预测检验，也应该接受实践检验。

33. ABCDE。【解析】误差可以用于评估回归效果，如 SSR/SST。

34. ABCDE。【解析】可决系数用于评估回归效果优劣，越大越好，是误差比。

35. BDE。【解析】一个回归方程可以得到一个可决系数，是一个随机变量，在数值上等于相关系数的平方。

36. ABE。【解析】回归系数检验是 t 检验，回归方程的检验是 F 检验。

37. CD。【解析】根据变量多少分为单相关和复相关。

38. CDE。【解析】根据关系紧密度将相关关系分为完全相关、不完全相关和完全不相关。

39. ABCD。【解析】相关关系是对称的，相关关系不能反映因果关系。

40. ABCD。【解析】由已知数据可知相关系数为 0.975 6，回归方程为 $y = 22 + 3.2x$。

三、判断题

1. 错。【解析】正相关是同增同减，可以上升可以下降。

2. 错。【解析】测定变量之间相关关系的方法有多种。

3. 错。【解析】相关系数取值介于 -1 到 1 之间。

4. 对。【解析】正相关可以是一个增加另一个增加也可以是一个减少另一个减少。

5. 错。【解析】相关系数可以判断现象之间的关系密切程度，回归系数不能。

6. 对。【解析】回归系数可以判断相关方向，回归系数为正说明是正相关，回归系数为负说明是负相关。

7. 对。【解析】相关关系观测变量都是随机的。

8. 对。【解析】回归分析是因果关系分析，必须确定自变量和因变量。

9. 错。【解析】回归分析自变量是可控变量，因变量是随机变量。

10. 对。【解析】对于没有确定因果关系的两变量，可以做 y 对 x 的函数回归，也可以做 x 对 y 的函数回归。

11. 错。【解析】只有在线性相关关系研究中才能用相关系数说明变量间相关关系的密切程度。

12. 对。【解析】自变量因变量选取不同表达的实际意义不一样。

13. 对。【解析】利用回归方程可以由自变量推算因变量，也可以由因变量推算自变量。

14. 对。【解析】估计标准误差是实际观测数据和回归估计数据之间差异的平均值。

15. 错。【解析】估计标准误差越小回归效果越好。

16. 错。【解析】估计标准误差越小越好，实用价值越大。

17. 错。【解析】相关系数绝对值越大相关关系越紧密。

18. 错。【解析】函数关系是完全确定性的依存关系。

19. 对。【解析】正相关是变量同增同减。

20. 对。【解析】相关系数为 0，说明是完全不相关。

21. 错。【解析】相关系数不能反映数量变动关系。

22. 对。【解析】相关研究是基于对事物认识的基础上进行的。

23. 错。【解析】回归系数符号和相关系数符号一定相同。

24. 错。【解析】相关系数越大，标准误差越小，估计精度越高。

25. 错。【解析】估计标准误差是以观察值为中心开展研究的。

26. 对。【解析】可决系数主要根据误差来源进行误差分解以判断回归效果优劣。

27. 对。【解析】回归系数的正负决定相关关系的方向性。

28. 对。【解析】相关关系是对称的，两个变量算出的相关系数是一样的。

29. 错。【解析】回归分析中自变量是确定的，因变量是随机的。

30. 对。【解析】负相关是朝相反方向变化的相关关系。

31. 对。【解析】相关系数绝对值相等说明相关密切程度一样。

32. 错。【解析】正相关可能同时上升可能同时下降。

33. 错。【解析】同时上升同时下降肯定是正相关，但正相关不一定是同时下降。

34. 错。【解析】相关系数绝对值越接近1，说明拟合程度越高。

35. 错。【解析】函数关系才是确定的数量依存关系。

36. 错。【解析】积差相关一般比较两个不同变量之间的相关关系。

37. 对。【解析】气温可以通过划定等级计算等级相关系数。

38. 错。【解析】斯皮尔曼等级相关用于解决名称数据和顺序数据相关的问题，适用于两列具有等级变量性质且具有线性关系的资料。

39. 对。【解析】相关系数是两个变量相关程度的量化，反映相关程度和方向。

40. 错。【解析】相关系数不一定需要相同的单位。

四、计算题

1. 【解析】（1）设销售额为 x，利润为 y，由已知条件得 $\bar{x} = 421$，$n = 5$，

$\dfrac{\sum (x - \bar{x})^2}{4} = 30.07^2$，$\bar{y} = 113$，$\dfrac{\sum (y - \bar{y})^2}{4} = 15.41^2$，$\sum xy = 240\,170$，$\sum x^2 = 890\,725$，$\sum y^2 = 65\,033$，

所以相关系数 $r = \dfrac{L_{xy}}{\sqrt{L_{xx}L_{yy}}} = \dfrac{n\sum xy - \sum x \sum y}{\sqrt{n\sum x^2 - (\sum x)^2}\sqrt{n\sum y^2 - (\sum y)^2}}$

$= \dfrac{5 \times 240\,170 - (421 \times 5) \times (113 \times 5)}{\sqrt{5 \times 890\,725 - (421 \times 5)^2}\sqrt{5 \times 65\,033 - (113 \times 5)^2}} = 0.994\,7$；

（2）首先计算回归系数：

$\beta = \dfrac{L_{xy}}{L_{xx}} = \dfrac{n\sum xy - \sum x \sum y}{n\sum x^2 - (\sum x)^2} = \dfrac{5 \times 240\,170 - (421 \times 5) \times (113 \times 5)}{5 \times 890\,725 - (421 \times 5)^2} = 0.51$，

$\alpha = \bar{y} - \beta\bar{x} = 113 - 0.51 \times 421 = -101.71$，

所以回归方程为 y=-101.71+0.51x，

当 x=600 时，y=-101.71+0.51×600=204.29（万元）。

2. 【解析】（1）相关系数 $\rho = -0.909\,1$；

（2）回归方程为 $y = 77.36 - 1.82x$，表明产量每增加 1 000 件，单位成本减少 1.82 元；

（3）当产量为 6 000 件时，单位成本为 66.44 元。

3. 【解析】（1）$\rho = \dfrac{n\sum xy - \sum x \sum y}{\sqrt{n\sum x^2 - (\sum x)^2}\sqrt{n\sum y^2 - (\sum y)^2}}$

$= \dfrac{6 \times 593 - 225 \times 13}{\sqrt{6 \times 9\,823 - 225^2}\sqrt{6 \times 36.7 - 13^2}} = 0.970\,3$；

（2）$b = \dfrac{n \sum xy - \sum x \sum y}{\sqrt{n \sum x^2 - (\sum x)^2}} = \dfrac{6 \times 593 - 225 \times 13}{\sqrt{6 \times 9\,823 - 225^2}} = 6.94$，

$a = \bar{y} - b\bar{x} = \dfrac{13}{6} - 6.94 \times \dfrac{225}{6} = -258.08$，回归方程为 $y = -258.08 + 6.94x$。

4. 【解析】（1）相关系数为 $-0.853\,6$，为负相关，相关程度较高；

（2）$y = 89.74 - 3.12x$，回归系数 -3.12 表示价格每增加 1 元，需求量将降低 3.12 吨。

5. 【解析】（1）销售量 y 与广告费用 x 之间的线性回归方程为 $\hat{y} = 363 + 1.42x$；

（2）假如明年计划投入的广告费用为 25 万元，根据回归方程估计明年汽车销售量为 398 辆；

（3）判定系数 $R^2 = \dfrac{\text{SSR}}{\text{SSR} + \text{SSE}} = \dfrac{1\,600}{1\,600 + 450} = 0.78$，它表示回归平方和 SSR 占平方和 SST 的比例为 78%，回归拟合程度较好。

6. 【解析】（1）销售量 y 与广告费用 x 之间的线性回归方程为 $\hat{y} = 364 + 1.42\hat{x}$；

（2）假如广告费用投入 50 000 元，根据回归方程估计商品销售量为 71 000；

（3）判定系数 $R^2 = 0.976$，它表示回归平方和 SSR 占总平方和 SST 的比例为 97.6%，回归拟合程度很好。

7. 【解析】（1）销售量 y 与广告费用 x 之间的线性回归方程为 $\hat{y} = 280 + 1.6x$；

（2）假如广告费用投入 80 000 元，根据回归方程估计商品销售量为 128 280；

（3）判定系数 $R^2 = 0.975$，它表示回归平方和 SSR 占平方和 SST 的比例为 97.5%，回归拟合程度很好。

8. 【解析】（1）每天的收入 y 与行驶里程 x 之间的线性回归方程为 $\hat{y} = 162 + 0.6\hat{x}$；

（2）假如某司机某天行驶了 300 公里，根据回归方程估计他该天的收入为 342 元；

（3）判定系数 $R^2 = \dfrac{2\,600}{2\,600 + 513} = 0.835$，它表示回归平方和 SSR 占平方和 SST 的比例为 83.5%，回归拟合程度较好。

9. 【解析】（1）配合直线回归方程

$b = \dfrac{n \sum xy - \sum x \sum y}{n \sum x^2 - (\sum x)^2} = \dfrac{20 \times 6\,529.5 - 109.8 \times 961.3}{20 \times 690.16 - 109.8^2} = \dfrac{130\,590 - 105\,551}{13\,803 - 12\,056}$

$= \dfrac{25\,039}{1\,747} = 14.33$

$a = \dfrac{\sum y}{n} - b\dfrac{\sum x}{n} = \dfrac{961.3}{20} - 14.33 \times \dfrac{109.8}{20} = 48.07 - 78.67 = -30.60$

$y_c = a + bx = -30.60 + 14.33x$

$x = 8$，$y_c = -30.60 + 14.33 \times 8 = 84.04$

（2）回归系数 b 的经济含义 $b = 14.33$，可变产品成本降低率增加 1%，销售利润平均增加 14.33 万元。

10.【解析】(1) $\beta = \dfrac{\sum (x-\bar{x})(y-\bar{y})}{\sum (x-\bar{x})^2} = \dfrac{334\ 229.09}{425\ 053.73} = 0.786$,

$\alpha = \bar{y} - \beta\bar{x} = 549.8 - 0.786 \times 647.88 = 40.566$,

线性回归方程为 $y = 40.566 + 0.786x$,表示销售固定成本为 4.566 万元,销售可变成本为 0.786 万元;

(2) $R^2 = \dfrac{\left[\sum (x-\bar{x})(y-\bar{y})\right]^2}{\sum (x-\bar{x})^2 \sum (y-\bar{y})^2} = \dfrac{334\ 229.09}{425\ 053.73 \times 262\ 855.25} = 0.999\ 8$;

(3) 由 $R^2 = 1 - \dfrac{\sum (y-\hat{y})^2}{\sum (y-\bar{y})^2}$ 得 $\sum (y-\hat{y})^2 = (1-R^2) \sum (y-\bar{y})^2$,代入数据得

$\sum (y-\hat{y})^2 = (1-0.999\ 8) \times 262\ 855.25 = 52.57$

$s_e = \sqrt{\dfrac{\sum (y-\hat{y})^2}{n-2}} = \sqrt{\dfrac{52.57}{12-2}} = 2.293$;

(4) $H_0: \beta = 0$, $H_1: \beta \neq 0$

统计量 $t = \dfrac{\beta}{Se(\beta)} = \dfrac{\beta}{Sy/\sqrt{\sum (x-\bar{x})^2}} = \dfrac{0.786}{2.293/\sqrt{425\ 053.73}} = 223.48$

查表得临界值为 $t_{0.025}(12-2) = 2.228\ 1$ 和 $-2.228\ 1$

因为 223.48 > 2.228 1,拒绝原假设,说明线性显著相关;

(5) 由回归方程得 $y = 40.566\ 6 + 0.786 \times 800 = 669.37$(万元)。

11.【解析】(1) R = 0.973 051;

(2) $y = 1\ 845.475 + 64.184x$;

(3) 截距表示固定成本为 1 845.475,斜率表示可变成本为 64.184;

(4) 当面积为 10 000 时,总成本 $y = 1\ 845.475 + 64.184 \times 10\ 000 = 643\ 685.475$;

(5) $H_0: \beta = 0$, $H_1: \beta \neq 0$;统计量 $t = -13.344\ 3$,

查表得临界值为 $t_{0.025}(12-2) = 2.228\ 1$ 和 $-2.228\ 1$,

因为 $-2.228\ 1 > -13.344\ 3$,拒绝原假设,说明线性显著相关;

(6) 因为 $R^2 = 0.946\ 829$,所以拟合度很好。

12.【解析】(1) 估计的回归方程为:$y = 80 + 50x$;

(2) 在研究中涉及分店数为 30;

(3) 假设 $H_0: \beta = 0$, $H_1: \beta \neq 0$;统计量 $t = 9.12$,

查表得临界值为 $t_{0.025}(30-2) = 2.048$,因为 9.12 > 2.048,拒绝原假设,说明线性相关关系显著;

(4) 当 $x = 12$ 时,销售收入为 680 千元。

13. 【解析】计算如下表所示：

学习时间/（小时·周）	考试成绩/分	$x-\bar{x}$	$y-\bar{y}$	$(x-\bar{x})^2$	$(y-\bar{y})^2$	$(x-\bar{x})\cdot(y-\bar{y})$	x^2	y^2	xy
2.00	40	−2.25	−38.80	5.06	1 505.44	87.30	4.00	1 600	80.00
2.50	60	−1.75	−18.80	3.06	353.44	32.90	6.25	3 600	150.00
3.00	66	−1.25	−12.80	1.56	163.84	16.00	9.00	4 356	198.00
3.50	70	−0.75	−8.80	0.56	77.44	6.60	12.25	4 900	245.00
4.00	80	−0.25	1.20	0.06	1.44	−0.30	16.00	6 400	320.00
4.50	90	0.25	11.20	0.06	125.44	2.80	20.25	8 100	405.00
5.00	93	0.75	14.20	0.56	201.64	10.65	25.00	8 649	465.00
5.50	95	1.25	16.20	1.56	262.44	20.25	30.25	9 025	522.50
6.00	96	1.75	17.20	3.06	295.84	30.10	36.00	9 216	576.00
6.50	98	2.25	19.20	5.06	368.64	43.20	42.25	9 604	637.00
42.50	788	–	–	20.63	3 355.60	249.50	201.25	65 450	3 598.50

$$r = \frac{\sum (x-\bar{x})(y-\bar{y})}{\sqrt{\sum (x-\bar{x})^2}\sqrt{\sum (y-\bar{y})^2}} = \frac{249.50}{\sqrt{20.63}\sqrt{3\,355.60}} = \frac{249.50}{263.11} = 0.948\,3$$

$$b = \frac{n\sum xy - \sum x\sum y}{n\sum x^2 - (\sum x)^2} = \frac{10\times 3\,598.50 - 42.50\times 788}{10\times 201.25 - (42.50)^2} = \frac{2\,495}{206.25} = 12.10$$

$$a = \frac{\sum y}{n} - b\frac{\sum x}{n} = \frac{788}{10} - 12.1\times\frac{42.5}{10} = 27.38$$

（1）课余学习时间与考试成绩之间的相关系数为 94.83%；

（2）考试成绩与课余学习时间的线性回归方程为：$y = 27.38 + 12.10x$；

（3）所建回归模型中的参数 a 说明，只在课堂听课的学习成绩只有 27.38 分；参数 b 说明，每增加 1 小时的学习时间，考试成绩可以提高 12.10 分。

14. 【解析】流通费用率与商品销售额的相关系数计算如下表所示：

按销售额分组/万元	销售额 x	流通费用率 y/%	$(y-\bar{y})$	$(x-\bar{x})$	$(y-\bar{y})^2$	$(x-\bar{x})^2$	$(x-\bar{x})(y-\bar{y})$	y^2	x^2	xy
4 以下	2	9.65	2.43	−16.00	5.90	256.00	−38.86	93.12	4.00	19.30
4~8	6	7.68	0.46	−12.00	0.21	144.00	−5.51	58.98	36.00	46.08
8~12	10	7.25	0.03	−8.00	0.00	64.00	−0.23	52.56	100.00	72.50
12~16	14	7.00	−0.22	−4.00	0.05	16.00	0.88	49.00	196.00	98.00
16~20	18	6.86	−0.36	0.00	0.13	0.00	0.00	47.06	324.00	123.48
20~24	22	6.73	−0.49	4.00	0.24	16.00	−1.96	45.29	484.00	148.06
24~28	26	6.64	−0.58	8.00	0.34	64.00	−4.65	44.09	676.00	172.64
28~32	30	6.60	−0.62	12.00	0.39	144.00	−7.45	43.56	900.00	198.00
32~36	34	6.58	−0.64	16.00	0.41	256.00	−10.26	43.30	1 156.00	223.72
合计	162	64.99	–	–	7.67	960	−68.04	476.97	3 876.00	1 101.78

$$r = \frac{\sum (x - \bar{x})(y - \bar{y})}{\sqrt{\sum (x - \bar{x})^2}\sqrt{\sum (y - \bar{y})^2}} = \frac{-68.04}{\sqrt{960}\sqrt{7.67}} = \frac{-68.04}{85.81} = -0.792\,9$$

$$b = \frac{n\sum xy - \sum x \sum y}{n\sum x^2 - (\sum x)^2} = \frac{9 \times 1\,101.78 - 162 \times 64.99}{9 \times 3\,876 - (162)^2} = \frac{-612.36}{8\,640} = -0.070\,9$$

$$a = \frac{\sum y}{n} - b\frac{\sum x}{n} = \frac{64.99}{9} - (-0.070\,9) \times \frac{162}{9} = 7.22 + 1.276\,2 = 8.496\,2$$

流通费用率的估计标准误计算如下表所示。

销售额分组	x	y	$\hat{y}$	$y - \hat{y}$	$(y - \hat{y})^2$
4 以下	2	9.65	8.35	1.30	1.678 6
4~8	6	7.68	8.07	-0.39	0.152 7
8~12	10	7.25	7.79	-0.54	0.288 6
12~16	14	7.00	7.50	-0.50	0.253 6
16~20	18	6.86	7.22	-0.36	0.129 6
20~24	22	6.73	6.94	-0.21	0.042 6
24~28	26	6.64	6.65	-0.01	0.000 2
28~32	30	6.60	6.37	0.23	0.053 3
32~36	34	6.58	6.09	0.49	0.244 4
合 计	162	64.99	64.98	—	2.843 6

$$s_e = \sqrt{\frac{\sum (y - \hat{y})^2}{n - m}} = \sqrt{\frac{2.850\,1}{9 - 2}} = 0.64$$

（1）销售额与流通费用率之间的积矩相关系数为 -79.29%；

（2）流通费用率与销售额之间的回归方程为：$y = 8.496\,2 - 0.070\,9x$，估计标准误为 0.64。

15.【解析】汽车销售量与广告费用的相关系数计算如下表所示。

年份	销售量 y/辆	广告费用 x/万元	$(x - \bar{x})$	$(y - \bar{y})$	$(x - \bar{x})^2$	$(y - \bar{y})^2$	$(x - \bar{x})(y - \bar{y})$
2009	1 000	357	-398.33	-231.00	158 669.44	53 361.00	92 015.00
2010	1 100	385	-298.33	-203.00	89 002.78	41 209.00	60 561.67
2011	1 250	420	-148.33	-168.00	22 002.78	28 224.00	24 920.00
2012	1 280	406	-118.33	-182.00	14 002.78	33 124.00	21 536.67
2013	1 360	490	-38.33	-98.00	1 469.44	9 604.00	3 756.67
2014	1 480	525	81.67	-63.00	6 669.44	3 969.00	-5 145.00
2015	1 500	602	101.67	14.00	10 336.11	196.00	1 423.33

年份	销售量 y /辆	广告费用 x /万元	$(x-\bar{x})$	$(y-\bar{y})$	$(x-\bar{x})^2$	$(y-\bar{y})^2$	$(x-\bar{x})(y-\bar{y})$
2016	1 720	651	321.67	63.00	103 469.44	3 969.00	20 265.00
2017	1 800	735	401.67	147.00	161 336.11	21 609.00	59 045.00
2018	1 890	721	491.67	133.00	241 736.11	17 689.00	65 391.67
2019	200	840	-1 198.33	252.00	1 436 002.78	63 504.00	-301 980.00
2011	2 200	924	801.67	336.00	642 669.44	112 896.00	269 360.00
合计	—	—			2 887 366.67	389 354.00	311 150.00

$$r = \frac{\sum(x-\bar{x})(y-\bar{y})}{\sqrt{\sum(x-\bar{x})^2}\sqrt{\sum(y-\bar{y})^2}} = \frac{311\,150}{\sqrt{2\,887\,366.67}\sqrt{389\,354}} = 0.293\,5$$

（1）汽车销售量与广告费用之间的相关系数为 29.35%，二者之间有一定的正相关性；

（2）这 12 年的数据基本能够反映汽车销售量与广告费用之间的总体相关关系，但 2019 年的数据需要剔除，可能存在什么特殊原因，需要进一步研究；

（3）如果进行回归分析，应当以广告费用为自变量较为合适，因为广告费用增加，直接影响广告的效果，进而影响汽车销售量。

16.【解析】矿石需求量与市场价格的相关系数计算如下表所示。

需求量 y /万吨	每吨价格 x /元	$(x-\bar{x})$	$(y-\bar{y})$	$(x-\bar{x})^2$	$(y-\bar{y})^2$	$(x-\bar{x})(y-\bar{y})$	x^2	y^2	xy
175	70	10	0	100	0	0	4 900	30 625	12 250
180	60	0	5	0	25	0	3 600	32 400	10 800
170	50	-10	-5	100	25	50	2 500	28 900	8 500
160	80	20	-15	400	225	-300	6 400	25 600	12 800
165	70	10	-10	100	100	-100	4 900	27 225	11 550
185	50	-10	10	100	100	-100	2 500	34 225	9 250
190	40	-20	15	400	225	-300	1 600	36 100	7 600
1 225	420	—	—	1 200	700	-750	26 400	215 075	72 750

$$r = \frac{\sum(x-\bar{x})(y-\bar{y})}{\sqrt{\sum(x-\bar{x})^2}\sqrt{\sum(y-\bar{y})^2}} = \frac{-750}{\sqrt{1\,200}\sqrt{700}} = -81.83$$

$$b = \frac{n\sum xy - \sum x \sum y}{n\sum x^2 - (\sum x)^2} = \frac{7 \times 72\,750 - 420 \times 1\,225}{7 \times 26\,400 - (420)^2} = \frac{-5\,250}{8\,400} = -0.625$$

$$a = \frac{\sum y}{n} - b\frac{\sum x}{n} = \frac{1\,225}{7} - (-0.625) \times \frac{420}{7} = 175 + 37.5 = 212.5$$

矿石需求量的估计标准误计算如下表所示。

序	x	y	$\hat{y}$	$y-\hat{y}$	$(y-\hat{y})^2$
1	70	175	168.75	6.25	39.06
2	60	180	175.00	5.00	25.00
3	50	170	181.25	−11.25	126.56
4	80	160	162.50	−2.50	6.25
5	70	165	168.75	−3.75	14.06
6	50	185	181.25	3.75	14.06
7	40	190	187.50	2.50	6.25
合计	420	1 225	1 225.00	—	231.25

$$s_y = \sqrt{\frac{\sum (y-\hat{y})^2}{n-m}} = \sqrt{\frac{231.25}{7-2}} = 6.8$$

$\hat{y} = a + bx = 212.5 + (-0.625 \times 90) = 156.25$

$156.25 - 2 \times 6.8 \leqslant 156.25 + 2 \times 6.8 = 142.65 \leqslant 169.85$

（1）矿石需求量与价格的积矩相关系数为 81.83%，两者之间表现为高度负相关；

（2）矿石需求量与价格的回归方程为：$y = 212.5 - 0.625x$；

（3）查相关系数检验表，$r = 0.754 < |-0.8183|$，表明矿石需求量与价格之间具有显著的线性相关性；

（4）估计标准误为 6.8 万吨，当置信水平为 95.45%. 矿石每吨价格为 90 元时，其需求量在 142.65 至 169.85 万吨之间。

17.【解析】产品产量与单位成本的相关系数计算如下表所示。

月	产量 x /万件	单位成本 y /元	$x-\bar{x}$	$y-\bar{y}$	$(x-\bar{x})^2$	$(y-\bar{y})^2$	$(x-\bar{x})(y-\bar{y})$	x^2	y^2	xy
1	2	73	−1.5	2.0	2.25	4.0	−3.0	4.0	5 329.0	146.0
2	3	72	−0.5	1.0	0.25	1.0	−0.5	9.0	5 184.0	216.0
3	4	71	0.5	0.0	0.25	0.0	0.0	16.0	5 041.0	284.0
4	3	73	−0.5	2.0	0.25	4.0	−1.0	9.0	5 329.0	219.0
5	4	69	0.5	−2.0	0.25	4.0	−1.0	16.0	4 761.0	276.0
6	5	68	1.5	−3.0	2.25	9.0	−4.5	25.0	4 624.0	340.0
合计	21	426	—		5.50	22.0	−10.0	79.0	30 268.0	1 481.0

$$r = \frac{\sum (x-\bar{x})(y-\bar{y})}{\sqrt{\sum (x-\bar{x})^2}\sqrt{\sum (y-\bar{y})^2}} = \frac{-10}{\sqrt{5.5}\sqrt{22}} = -0.9091$$

$$b = \frac{n \sum xy - \sum x \sum y}{n \sum x^2 - (\sum x)^2} = \frac{6 \times 1\,481 - 21 \times 426}{6 \times 79 - (21)^2} = \frac{-60}{33} = -1.82$$

$$a = \frac{\sum y}{n} - b \frac{\sum x}{n} = \frac{426}{6} - (-1.82) \times \frac{21}{6} = 71 + 6.37 = 77.37$$

单位成本的估计标准误计算如下表所示。

序	x	y	$\hat{y}$	$y - \hat{y}$	$(y - \hat{y})^2$
1	2	73	73.73	-0.73	0.532 9
2	3	72	71.91	0.09	0.008 1
3	4	71	70.09	0.91	0.828 1
4	3	73	71.91	1.09	1.188 1
5	4	69	70.09	-1.09	1.188 1
6	5	68	68.27	-0.27	0.072 9
合 计	21	426	426.00	—	3.818 2

$$s_y = \sqrt{\frac{\sum (y - \hat{y})^2}{n - m}} = \sqrt{\frac{3.818\,2}{6 - 2}} = 0.977\,0$$

$$\hat{y} = a + bx = 77.37 + (-1.82 \times 6) = 66.45$$

$$66.45 - 1.96 \times 0.977 \leqslant 66.45 + 1.96 \times 0.977 = 64.54 \leqslant 68.36$$

（1）该产品产量与单位成本之间的积矩相关系数为 -90.91%，表现为高度负相关；

（2）所构建的模型 $\hat{y} = a + bx = 77.37 - 1.82x$ 中，参数 b 的经济意义是产量每增加 1 万件，单位成本下降 1.82 元；

（3）估计标准误为 0.977 万元，以 95% 的置信度，预测该产品产量为 60 000 件时的单位成本在 64.54 至 68.36 元之间。

18.【解析】 $\sum x = 3\,410$ 　$\sum y = 2\,180$ 　$\sum x^2 = 1\,211\,900$ 　$\sum xy = 764\,400$

$$b = \frac{n \sum xy - \sum x \sum y}{n \sum x^2 - (\sum x)^2} = \frac{10 \times 764\,400 - 3\,410 \times 2\,180}{10 \times 1\,211\,900 - (3\,410)^2} = \frac{210\,200}{490\,900} = 0.428$$

$$a = \frac{\sum y}{n} - b \frac{\sum x}{n} = \frac{2\,180}{10} - 0.428 \times \frac{3\,410}{10} = 218 - 145.948 = 72.052$$

$$\hat{y} = 72.052 + 0.428x = 72.052 + 0.428 \times 380 = 234.692$$

（1）家庭月收入为 380 元时，月食品支出为 234.69 元；

（2）预测模型中回归系数 b 的经济意义：收入每增加 1 元，食品支出增加 0.43 元。

19. 【解析】

$$r = \frac{n \sum xy - \sum x \sum y}{\sqrt{n \sum x^2 - \left(\sum x\right)^2} \cdot \sqrt{n \sum y^2 - \left(\sum y\right)^2}}$$

$$= \frac{8 \times 189\ 127 - 4\ 290 \times 260.1}{\sqrt{8 \times 2\ 969\ 700 - 4\ 290^2} \cdot \sqrt{8 \times 12\ 189.11 - 260.1^2}}$$

$$= \frac{397\ 187}{400\ 173.216\ 3} = 0.992\ 5$$

$$\hat{y} = a + bx$$

$$b = \frac{n \sum xy - \sum x \sum y}{n \sum x^2 - \left(\sum x\right)^2} = \frac{8 \times 189\ 127 - 4\ 290 \times 260.1}{8 \times 2\ 969\ 700 - (4\ 290)^2} = \frac{394\ 187}{5\ 353\ 500} = 0.074$$

$$a = \frac{\sum y}{n} - b \frac{\sum x}{n} = \frac{260.1}{8} - 0.074 \times \frac{4\ 290}{8} = 32.512\ 5 - 39.682\ 5 = -7.170$$

$$\hat{y} = -7.170 + 0.074x$$

$$s_y = \sqrt{\frac{\sum (y - \hat{y})^2}{n - m}} \qquad \sum (y - \hat{y})^2 = L_{yy} - bL_{xy}$$

$$L_{yy} = \sum y^2 - \left(\sum y\right)^2 / n = 12\ 189.11 - 260.1^2 / 8 = 3\ 732.609$$

$$L_{xy} = \sum xy - \left(\sum x \sum y\right) / n = 189\ 127 - (4\ 290 \times 260.1)/8 = 49\ 648.375$$

$$\sum (y - \hat{y})^2 = L_{yy} - bL_{xy} = 3\ 732.609 - 0.074 \times 49\ 648.375 = 58.629$$

$$s_y = \sqrt{\frac{\sum (y - \hat{y})^2}{n - m}} = \sqrt{\frac{58.629}{8 - 3}} = 3.424$$

（1）$r = 99.25\%$，说明产品销售额与利润额之间有高度正相关关系；

（2）利润额为因变量的直线回归方程：$y = -7.170 + 0.074x$；

（3）回归系数 b 的经济意义：销售额每增加 1 万元，利润增加 0.07 万元；

（4）所建回归分析模型的估计标准误为 3.424 万元。

20. 【解析】设 $\hat{y} = a + bx$

$$b = \frac{n \sum xy - \sum x \sum y}{n \sum x^2 - \left(\sum x\right)^2} = \frac{9 \times 16\ 918 - 546 \times 260}{9 \times 34\ 362 - 546^2} = \frac{10\ 302}{11\ 142} = 0.925$$

$$a = \frac{\sum y}{n} - b \frac{\sum x}{n} = \frac{260}{9} - 0.925 \times \frac{546}{9} = -27.228$$

$$\hat{y} = -27.228 + 0.925x$$

$$\hat{y} = -27.228 + 0.925 \times 400 = 342.772$$

（1）所建直线回归方程 $\hat{y} = -27.228 + 0.925x$，回归系数 b 的含义为人均年收入每增加 1 元，销售额增加 0.925 万元；

（2）当人均年收入为 400 元时，预计该商品的年销售额可达到 342.772 万元。

第八章

时间序列分析与预测

第一节 知识结构

（1）时间序列是把反映现象发展水平的统计指标数值，按照时间先后顺序排列起来所形成的统计数列，又称动态数列。时间序列的基本要素包括现象所属的时间和反映现象发展水平的指标数值。

（2）时间序列分析的目的在于分析过去、认识规律和预测未来。

（3）时间序列分为绝对数时间序列、相对数时间序列和平均数时间序列。绝对数时间序列又分为时期数列和时点数列。

（4）时期序列由一系列时期指标形成，序列中每个指标数值都是反映一段时期内社会经济现象发展过程的总量或总和的绝对数；时点序列由一系列时点指标形成，序列中每个指标数值都是反映在某一时点上社会经济现象所达到的状态或水平的绝对数。

（5）时期序列和时点序列的区别：可加性、时间长短相关性和登记连续性。

（6）时间序列分析指标包括水平指标和速度指标。水平指标包括发展水平、增长水平、平均发展水平、平均增长水平；速度指标包括发展速度、增长速度、平均发展速度、平均增长速度。

（7）发展水平是时间序列中的每一项具体指标值，它反映社会经济现象在所属时间上的发展规模或水平；增长水平又称增长量，是报告期（研究时期）水平与基期（比较时期）水平之差，反映报告期比基期增长的水平，说明社会经济现象在一定时期内所增长的绝对数量；平均发展水平又叫序时平均数，是把时间序列中各期指标数值加以平均而求得的平均数，分为时点数列序时平均数和时期数列序时平均数。

（8）发展速度分为环比发展速度、定基发展速度、平均发展速度；增长速度也分为环比增长速度、定基增长速度、平均增长速度。

（9）时间序列的构成因素包括长期趋势、季节变动、循环变动和不规则变动。时间序列构成因素的组合模型包括乘法模型和加法模型。

（10）时间序列趋势变动分析方法包括移动平均法、指数平滑法、季节变动法和模型法。

（11）移动平均法是将时间数列的各项数值，按照一定的时间间隔 K 进行逐期移动，计算出一系列序时平均数，形成一个新的时间数列。新数列在一定程度上可以削弱不规则变动的影响，对原数列的波动起到一定的修匀作用，显示出原数列的长期趋势。

（12）指数平滑法是对过去的观察值加权平均进行预测的一种方法，是一种特殊的加权移动平均法。

第二节 习题集锦

一、单项选择题

1. 时间数列中所排列的指标数值（   ）。

    A. 只能是绝对数　　　　　　　　B. 只能是相对数

    C. 只能是平均数

    D. 可以是绝对数，也可以是相对数或平均数

2. 最基本的时间序列是（   ）。

    A. 时点数列　　　　　　　　　　B. 绝对数时间数列

    C. 相对数时间数列　　　　　　　D. 平均数时间数列

3. 动态数列的构成要素是（   ）。

    A. 变量和次数　　　　　　　　　B. 时间和指标值

    C. 时间和次数　　　　　　　　　D. 主词和宾词

4. 对时间数列进行动态分析的基础指标是（   ）。

    A. 发展水平　　　　　　　　　　B. 平均发展水平

    C. 发展速度　　　　　　　　　　D. 平均发展速度

5. 某企业年产值500万元，期末产品总库存20万台，这两个指标属于（   ）。

    A. 时期指标　　　　　　　　　　B. 时点指标

    C. 前者为时期指标，后者为时点指标

    D. 前者为时点指标，后者为时期指标

6. 下列数列中哪一个属于动态数列（   ）。

    A. 学生按学习成绩分组形成的数列

    B. 工业企业按地区分组形成的数列

    C. 职工按工资水平高低排列形成的数列

    D. 出口额按时间先后顺序排列形成的数列

7. 下列指标中，属于序时平均数的是（   ）。

    A. 某地区某年人口自然增长率

    B. 某地区某年平均人口增长量

C. 某地区"八五"期间年均人口递增率

D. 某地区人口死亡率

8. 某企业某产品销售额年年增加 10 万元，则该产品销售额的环比增长速度（　　）。

    A. 年年下降　　　　　　　　　　　B. 年年增长

    C. 年年保持不变　　　　　　　　　D. 无法做结论

9. 不同时间的指标数值能够相加的指标是（　　）。

    A. 时期指标　　　　　　　　　　　B. 时点指标

    C. 平均数　　　　　　　　　　　　D. 相对数

10. 具有可加性的时间数列是（　　）。

    A. 时点数列　　　　　　　　　　　B. 时期数列

    C. 相对指标动态数列　　　　　　　D. 平均指标动态数列

11. 平均发展速度是（　　）。

    A. 定基发展速度的算术平均数　　　B. 环比发展速度的算术平均数

    C. 环比发展速度的几何平均数　　　D. 增长速度加上 100%

12. 已知某企业 1 月、2 月、3 月、4 月的平均职工人数分别为 190 人、195 人、193 人和 201 人。则该企业一季度的平均职工人数的计算方法为（　　）。

    A. $\dfrac{190+195+193+201}{4}$　　　　　　B. $\dfrac{190+195+193}{3}$

    C. $\dfrac{190/2+195+193+201/2}{4-1}$　　　D. $\dfrac{190/2+195+193+201/2}{4}$

13. 某产品单位成本从 2010 年到 2021 年的平均发展速度为 98.5%，说明该产品单位成本（　　）。

    A. 平均每年降低 1.5%　　　　　　B. 平均每年增长 1.5%

    C. 2021 年是 2010 年的 98.5%　　　D. 2021 年比 2010 年降低 98.5%

14. 某种商品的销售量连续四年环比增长速度分别为 8%、10%、9%、12%，该商品销售量的年平均增长速度为（　　）。

    A. (8%+10%+9%+12%) /4

    B. [(108%×110%×109%×120%) −1] ÷4

    C. $\sqrt[3]{108\%×110\%×109\%×120\%}$ − 1

    D. $\sqrt[4]{108\%×110\%×109\%×120\%}$ − 1

15. 已知某地区 2015 年粮食产量比 2005 年增长了 1 倍，比 2010 年增长了 0.5 倍，那么 2010 年粮食产量比 2005 年增长了（　　）。

    A. 2 倍　　　　　　　　　　　　　B. 0.75 倍

    C. 0.5 倍　　　　　　　　　　　　D. 0.33 倍

16. 某企业利税总额 2018 年比 2013 年增长 1.1 倍，2021 年又比 2018 年增长 1.5 倍，则该企业利税总额这几年间共增长（　　）。

    A. (1.1+1.5) −1　　　　　　　　　B. (2.1×2.5) −1

    C. (2.1+1.5) −1　　　　　　　　　D. (1.1×1.5) −1

17. 某商品销售量去年比前年增长 10%，今年比去年增长 20%，则两年平均增长
（　　）。

  A. 14.14%   B. 30%

  C. 15%   D. 14.89%

18. 若各年环比增长速度保持不变，则各年增长量（　　）。

  A. 逐年增加   B. 逐年减少

  C. 年年保持不变   D. 无法判断

19. 已知各期环比增长速度为 2%、5%、8% 和 7%，则相应的定基增长速度的计算
方法为（　　）。

  A.（102%×105%×108%×107%）−100%

  B. 102%×105%×108%×107%

  C. 2%×5%×8%×7%

  D.（2%×5%×8%×7%）−100%

20. 下列等式中，不正确的是（　　）。

  A. 发展速度=增长速度+1

  B. 定基发展速度=相应各环比发展速度的连乘积

  C. 定基增长速度=相应各环比增长速度的连乘积

  D. 平均增长速度=平均发展速度−1

21. 间隔相等的不连续时点数列计算序时平均数的公式为（　　）。

A. $\bar{a} = \dfrac{\sum a}{n}$

B. $\bar{a} = \dfrac{\sum af}{\sum f}$

C. $\bar{a} = \dfrac{a_0/2 + a_1 + a_2 + \cdots + a_n/2}{n}$

D. $\bar{a} = \dfrac{\dfrac{a_0 + a_1}{2} \times f_1 + \dfrac{a_1 + a_2}{2} \times f_2 + \cdots + \dfrac{a_{n-1} + a_n}{2} \times f_n}{\sum f}$

22. 一段时间内累积增长量与增长速度之间存在下述关系（　　）。

  A. 累计增长量=定基增长速度×前一期水平

  B. 累计增长量=环比增长速度×前一期水平

  C. 累计增长量=定基增长速度×最初水平

  D. 累计增长量=环比增长速度×最初水平

23. 一时间数列有 20 年的数据，现用移动平均法对原时间数列进行修习。若用 4
年移动平均，修习后的时间数列有（　　）年的数据。

  A. 20   B. 16

  C. 14   D. 18

24. 假定被研究现象基本上按不变的发展速度递增发展，这说明影响该现象的发展

变化的基本因素是（　　）。

    A. 长期趋势   B. 季节变动

    C. 循环波动   D. 偶然因素

25. 根据近几年数据计算所得，某种商品 2 季度销售量季节比率为 1.6，表明该商品 2 季度销售（　　）。

    A. 处于旺季   B. 处于淡季

    C. 增长了 60%   D. 增长了 160%

26. 如果采用三项移动平均修匀时间数列，那么所得修匀数列比原数列首尾各少（　　）。

    A. 一项数值   B. 二项数值

    C. 三项数值   D. 四项数值

27. 要通过移动平均法消除季节变动，则移动平均项数 N（　　）。

    A. 应选择奇数   B. 应选择偶数

    C. 应和季节周期长度一致   D. 可任意取值

28. 下列选项中属于季节变动的是（　　）。

    A. 国内生产总值的变化   B. 股票价格的涨落

    C. 火车客运量的增减   D. 房地产价格的变化

29. 定基增长速度与环比增长速度的关系为（　　）。

    A. 定基增长速度等于相应的各个环比增长速度的算术和

    B. 定基增长速度等于相应的各个环比增长速度的连乘积

    C. 定基增长速度等于相应的各个环比增长速度加 1 后的连乘再减 1

    D. 定基增长速度等于相应的各个环比增长速度连乘积加 1

30. 以 1949 年为最初水平，2012 年为期末水平，计算钢产量的年平均发展速度时，需要开（　　）。

    A. 61 次方   B. 62 次方

    C. 63 次方   D. 64 次方

31. 定基发展速度和环比发展速度的关系是（　　）。

    A. 两个相邻时期的定基发展速度之商等于相应的环比发展速度

    B. 两个相邻时期的定基发展速度之差等于相应的环比发展速度

    C. 两个相邻时期的定基发展速度之和等于相应的环比发展速度

    D. 两个相邻时期的定基发展速度之积等于相应的环比发展速度

32. 增长 1% 的绝对值所用的计算公式是（　　）。

    A. 本期水平/100   B. 前期水平/100

    C.（本期水平−前期水平）/100   D. 本期水平×1%

33. 某农贸市场土豆价格 2 月份比 1 月份上升了 5%，3 月份比 2 月份下降了 2%，则 3 月份土豆价格与 1 月份相比（　　）。

    A. 提高 2.9%   B. 提高 3%

    C. 下降 3%   D. 下降 2%

34. 编制时间数列的基本原则是保证数列中各个指标数值的（　　）。

A. 连续性　　　　　　　　　　　　B. 一致性

C. 可加性　　　　　　　　　　　　D. 可比性

35. 用来作为比较基础时期的发展水平叫作（　　）。

A. 报告期水平　　　　　　　　　　B. 中间水平

C. 基期水平　　　　　　　　　　　D. 最末水平

36. 下列相对数时间数列中，属于两个时期数列对比构成的相对数时间数列是（　　）。

A. 百元产值利润率时间数列

B. 工业企业全员劳动生产率时间数列

C. 流动资金周转次数时间数列

D. 人均财政收入时间数列

37. 某企业某年利润额为 1 000 万元，下一年增加到 1 260 万元，则 1 260 万元是（　　）。

A. 发展水平　　　　　　　　　　　B. 逐期增长量

C. 累积增长量　　　　　　　　　　D. 平均增长量

38. "十二五"期间，某市生产总值平均递增 10%，2015 年实现 2 460.5 亿元，则 2010 年全市生产总值为（　　）。

A. 1 527.8 亿元　　　　　　　　　B. 1 640.3 亿元

C. 1 680.6 亿元　　　　　　　　　D. 1 757.5 亿元

39. 说明现象在较长时间内发展的总速度的指标是（　　）。

A. 环比发展速度　　　　　　　　　B. 平均发展速度

C. 定基发展速度　　　　　　　　　D. 定基增长速度

40. 对某公司历年利润额（万元）资料拟合的方程为 $y = 100 + 10t$，这意味着该公司利润额每年平均增加（　　）。

A. 110 万元　　　　　　　　　　　B. 10 万元

C. 100 万元　　　　　　　　　　　D. 10%

41. 增长 1% 水平值的表达式是（　　）。

A. 基期发展水平/1%　　　　　　　B. 基期发展水平/100

C. 报告期增长量/增长速度　　　　D. 报告期发展水平/100

42. 若报告期水平是基期水平的 8 倍，称为（　　）。

A. 发展速度为 700%　　　　　　　B. 翻了八番

C. 增长速度为 800%　　　　　　　D. 翻了三番

43. 时点数列计算序时平均数最常用的方法是（　　）。

A. 简单算术平均数　　　　　　　　B. 移动平均法

C. 加权算术平均数　　　　　　　　D. 首末折半法

44. 若时间数列呈现出长时间围绕水平线的周期变化，这种现象属于（　　）。

A. 无长期趋势、有循环变动　　　　B. 有长期趋势、有循环变动

C. 无长期趋势、无循环变动　　　　D. 有长期趋势、无循环变动

45. 银行年末存款余额时间数列属于（　　）。

A. 平均指标数列   B. 相对指标数列

C. 时点数列   D. 时期数列

46. 当一个时间数列是以年为时间单位排列时，则其中没有（ ）。

  A. 长期趋势   B. 不规则变动

  C. 循环变动   D. 季节变动

47. 某企业 2020 年的产值比 2016 年增长了 200%，则年平均增长速度为（ ）。

  A. 31.61%   B. 13.89%

  C. 29.73%   D. 50%

48. 2010 年某市年末人口为 120 万人，2020 年末达到 153 万人，则年平均增长量为（ ）万人。

  A. 3.3   B. 30

  C. 33   D. 3

49. 当时期数列分析的目的侧重于研究某现象在各时期发展水平的累计总和时，应采用（ ）计算平均发展速度。

  A. 算术平均法   B. 累积法

  C. 调和平均法   D. 几何平均法

50. 在测定长期趋势时，如果时间数列逐期增长量大体相等，则宜拟合（ ）。

  A. 曲线模型   B. 直线模型

  C. 指数曲线模型   D. 抛物线模型

51. 总量指标时间序列根据所反映的社会经济现象的性质不同，可分为（ ）。

  A. 时点指标和时期指标   B. 静态指标和动态指标

  C. 时期序列与时点序列   D. 定基序列与环比序列

52. 由某产品的年生产量和库存量所组成的两个时间序列，（ ）。

  A. 都是时期序列

  B. 前者是时期序列，后者是时点序列

  C. 都是时点序列

  D. 前者是时点序列，后者是时期序列

53. 时间序列中，指标数值的大小与其时间长短有关的是（ ）。

  A. 相对指标时间序列   B. 时点序列

  C. 平均指标时间序列   D. 时期序列

54. 若已知某网站 4 月份平均员工人数为 84 人，5 月份平均员工人数为 72 人，6 月份平均员工人数为 84 人，7 月份平均员工人数为 96 人，则二季度该网站的月平均员工人数为（ ）人。

  A. 80   B. 81

  C. 82   D. 84

55. 设（甲）代表时期序列；（乙）代表时点序列；（丙）代表加权算术平均数；（丁）代表"首末折半法"序时平均数。现已知 2010—2014 年某银行的年末存款余额，要求计算各年平均存款余额，则该序列属的类型和应采用的计算方法是（ ）。

  A. 甲，丙   B. 乙，丙

C. 甲，丁   D. 乙，丁

56. 已知某经济作物 6 年的产量分别是 20、15、22、25、27、35，那么其平均产量是（   ）。

     A. 20   B. 22

     C. 24   D. 25

57. 累计增长量等于相应的各个逐期增长量（   ）。

     A. 之差   B. 之商

     C. 之和   D. 之积

58. 时间数列与变量数列（   ）。

     A. 都是根据时间顺序排列的

     B. 都是根据变量值大小排列的

     C. 前者是根据时间顺序排列的，后者是根据变量值大小排列的

     D. 前者是根据变量值大小排列的，后者是根据时间顺序排列的

59. 时间数列中，数值大小与时间长短没有直接关系的是（   ）。

     A. 平均数时间数列   B. 时期数列

     C. 时点数列   D. 相对数时间数列

60. 发展速度属于（   ）。

     A. 比例相对数   B. 比较相对数

     C. 动态相对数   D. 强度相对数

61. 计算发展速度的分母是（   ）。

     A. 报告期水平   B. 基期水平

     C. 实际水平   D. 计划水平

62. 某地区某年 9 月末的人口数为 150 万人，10 月末的人口数为 150.2 万人，该地区 10 月的人口平均数为（   ）。

     A. 150 万人   B. 150.2 万人

     C. 150.1 万人   D. 无法确定

63. 由一个 9 项的时间数列可以计算的环比发展速度（   ）。

     A. 有 8 个   B. 有 9 个

     C. 有 10 个   D. 有 7 个

64. 采用几何平均法计算平均发展速度的依据是（   ）。

     A. 各年环比发展速度之积等于总速度

     B. 各年环比发展速度之和等于总速度

     C. 各年环比增长速度之积等于总速度

     D. 各年环比增长速度之和等于总速度

65. 某企业的产值 2015 年比 2010 年增长了 58.6%，则该企业 2011—2015 年间产值的平均发展速度为（   ）。

     A. $\sqrt[5]{58.6\%}$ B. $\sqrt[5]{158.6\%}$

     C. $\sqrt[6]{58.6\%}$ D. $\sqrt[6]{158.6\%}$

66. 根据牧区每个月初的牲畜存栏数计算全牧区半年的牲畜平均存栏数，采用的公

式是（　　）。

  A. 简单平均法   B. 几何平均法

  C. 加权序时平均法   D. 首末折半法

67. 时间序列在一年内重复出现的周期性波动称为（　　）。

  A. 长期趋势   B. 季节变动

  C. 循环变动   D. 随机变动

68. 时间数列中，每项指标数值可以相加的是（　　）。

  A. 绝对数时间数列   B. 时期数列

  C. 时点数列   D. 相对数或平均数时间数列

69. 下列选项中属于时点数列的是（　　）。

  A. 某厂各年工业产值

  B. 某厂各年劳动生产率

  C. 某厂各年生产工人占全部职工的比重

  D. 某厂各年年初职工人数

70. 发展速度与增长速度的关系是（　　）。

  A. 环比增长速度等于定基发展速度-1

  B. 环比增长速度等于环比发展速度-1

  C. 定基增长速度的连乘积等于定基发展速度

  D. 环比增长速度的连乘积等于环比发展速度

71. 年距增长速度是（　　）。

  A. 报告期水平/基期水平

  B.（报告期水平-基期水平）/基期水平

  C. 年距增长量/去年同期发展水平

  D. 环比增长量/前一时期水平

72. 几何平均法平均发展速度数值的大小（　　）。

  A. 不受最初水平和最末水平的影响

  B. 只受中间各期发展水平的影响

  C. 只受最初水平和最末水平的影响，不受中间各期发展水平的影响

  D. 既受最初水平和最末水平的影响，也受中间各期发展水平的影响

73. 某厂第一季度三个月某种产品的实际产量分别为 500 件、612 件、832 件，分别超计划 0%、2% 和 4%，则该厂第一季度平均超额完成计划的百分数为（　　）。

  A. 102%   B. 2%

  C. 2.3%   D. 102.3%

74. 时期数列中的每个指标数值是（　　）。

  A. 每隔一定时间统计一次   B. 连续不断统计而取得

  C. 间隔一月统计一次   D. 定期统计一次

75. 下列选项中属于时点现象的是（　　）。

  A. 某高校 2022 年招生完成率   B. 某地区日气温

  C. 某工厂生产量   D. 某人的工资收入

76. 一般平均数与序时平均数的共同之处是（　　　）。

    A. 两者都是反映现象的一般水平

    B. 都是反映同一总体的一般水平

    C. 共同反映同质总体在不同时间上的一般水平

    D. 都可以消除现象波动的影响

77. 某企业 2017 年产值比 2010 年增长了 2 倍，比 2015 年翻了一番，则 2015 年比 2010 年增长了（　　　）。

    A. 0.33   B. 0.5

    C. 0.75   D. 1

78. 某企业一、二、三、四月份各月的产值分别为 190 吨、214 吨、220 吨和 232 吨，则该企业第一季度平均产值为（　　　）。

    A. 215 吨   B. 208 吨

    C. 222 吨   D. 214 吨

79. 某企业工业总产值 2016 年至 2020 年的环比增长速度分别为 6.5%、7%、7.3%、7.5%、7.7%，则其平均增长速度为（　　　）。

    A. 7.2%   B. 107.09

    C. 7.09%   D. 107.3%

80. 时间数列中的平均发展速度（　　　）。

    A. 是各时期定基发展速度的序时平均数

    B. 是各时期环比发展速度的算术平均数

    C. 是各时期的环比发展速度的调和平均数

    D. 是各时期的环比发展速度的几何平均数

81. 已知某厂产品产量的环比发展速度，2016 年为 103.5%，2017 年为 104%，2019 年为 105%。2019 年的定基发展速度为 116.4%，则该厂 2018 年的环比发展速度为（　　　）。

    A. 110.9%   B. 113%

    C. 101%   D. 103%

82. 应用几何平均数计算平均发展速度主要是因为（　　　）。

    A. 各时期环比发展速度之和等于总速度

    B. 各时期环比发展速度之积等于总速度

    C. 几何平均法计算简便

    D. 是因为它和社会现象平均速度形成的客观过程一致

83. 用累计法推算平均发展速度，可使（　　　）。

    A. 推算的期末水平等于实际期末水平

    B. 推算的各期水平等于各期实际水平

    C. 推算的各期水平之和等于实际各期水平之和

    D. 推算的累计增长量等于实际的累计增长量

84. 如果某企业在"十四五"计划期间规定最末一年总产值要达到某一水平，则对于该种经济现象计算平均发展速度宜采用（　　　）。

A. 方程法   B. 几何平均法

C. 算术平均法   D. 方程法和几何平均法均可

85. 累计增长量等于（　　　）。

    A. 相应的各个逐期增长量之和

    B. 报告期水平减去前一期水平

    C. 相邻两个逐期增长量之差

    D. 最末水平比最初水平

86. 环比增长速度等于（　　　）。

    A. 报告期水平比前一期水平

    B. 相邻两个定基增长速度相除

    C. 逐期增长量除以前一期水平

    D. 环比发展速度加 1

87. 平均增长速度等于（　　　）。

    A. 定基增长速度开 n 次方   B. 平均发展速度减 1

    C. 定基发展速度开 n 次方

    D. 环比增长速度的连乘积开 n 次方

88. 时间数列中，两个不同时期发展水平之差叫作（　　　）。

    A. 发展速度   B. 增长速度

    C. 增长量   D. 平均增长量

89. 某地区历年人口出生数组成的数列是一个（　　　）。

    A. 时期数列   B. 时点数列

    C. 相对数时间数列   D. 平均数时间数列

90. 在用按月平均法测定季节比率时，各月季节比率之和理论上应等于（　　　）。

    A. 100%   B. 120%

    C. 0   D. 1 200%

91. 如果现象发展没有季节变动，则季节比率理论上应（　　　）。

    A. 等于 0   B. 等于 1

    C. 大于 1   D. 小于 1

92. 关于时间序列构成因素的组合模型说法正确的是（　　　）。

    A. 如果各因素相互影响可以使用加法模型

    B. 如果各因素彼此独立可以使用乘法模型

    C. 加法模型需要每种因素和时间序列变量具有相同计量单位

    D. 乘法模型需要每种因素和时间序列变量具有相同计量单位

93. 每天资料不同的连续时点序列序时平均数需要计算（　　　）。

    A. 算术平均数   B. 加权平均数

    C. 调和平均数   D. 几何平均数

94. 持续若干天资料相同的连续时点序列序时平均数需要计算（　　　）。

    A. 算术平均数   B. 加权平均数

    C. 调和平均数   D. 几何平均数

95. 现象在一段较长的时间内，由于普遍的、持续的、决定性的基本因素的作用，使发展水平沿着一个方向，逐渐向上或向下变动的趋势称为（　　）。

    A. 长期趋势　　　　　　　　　　B. 季节变动

    C. 循环变动　　　　　　　　　　D. 不规则波动

96. 现象在一年内随着季节的变化而发生的有规律的周期性变动称为（　　）。

    A. 长期趋势　　　　　　　　　　B. 季节变动

    C. 循环变动　　　　　　　　　　D. 不规则波动

97. 现象以若干年（或若干月、若干季）为周期所呈现出的波浪起伏形态的有规律的周而复始的变动称为（　　）。

    A. 长期趋势　　　　　　　　　　B. 季节变动

    C. 循环变动　　　　　　　　　　D. 不规则波动

98. 现象无规律可循的变动称为（　　）。

    A. 长期趋势　　　　　　　　　　B. 季节变动

    C. 循环变动　　　　　　　　　　D. 不规则波动

99. 由移动平均数组成的趋势值数列会较原数列的项数少，K 为奇数时，趋势值数列首尾各少的项数是（　　）项。

    A. K　　　　　　　　　　　　　B. $(K-1)/2$

    C. $K/2$　　　　　　　　　　　　D. $K/4$

100. 指数平滑法是对过去的观察值加权平均进行预测的一种方法，对距离预测期远的历史数据赋予的权值将（　　）。

    A. 较大　　　　　　　　　　　　B. 较小

    C. 相等　　　　　　　　　　　　D. 不确定

二、多项选择题

1. 在下列时间序列中，指标数值相加没有意义的有（　　）。

    A. 强度相对数时间序列　　　　　B. 平均数时间序列

    C. 时期数列　　　　　　　　　　D. 时点数列

    E. 相对数时间序列

2. 编制时间序列的原则有（　　）。

    A. 经济内容的一致性　　　　　　B. 计算方法的一致性

    C. 总体范围的一致性　　　　　　D. 时间的一致性

    E. 统计口径的一致性

3. 下列选项中表述正确的有（　　）。

    A. 环比发展速度的连乘之积等于相应时期的定期发展速度

    B. 环比增长速度的连乘之积等于相应时期的定期增长速度

    C. 逐期增长量的连加之和等于相应时期的累计增长量

    D. 逐期增长量的连乘之积等于相应时期的累计增长量

    E. 环比发展速度的累加等于定基发展速度

4. 增长 1%的绝对水平的计算公式有（   ）。

    A. 报告期发展水平×1%   B. 基期发展水平/100

    C. 增长量/（增长速度×100）   D. 报告期发展水平/100

    E. 累计增长量/基期水平

5. 某公司 2005 年的产值为 5 000 万元，2020 年的产值是 2005 年的 3 倍，则（   ）。

    A. 年平均发展速度是 107.11%   B. 年平均增长量是 666.67 万元

    C. 年均增长速度是 7.6%   D. 年均发展速度是 107.6%

    E. 累计发展速度是 300%

6. 对于时间数列，下列选项中说法正确的有（   ）。

    A. 数列是按数值大小顺序排列的   B. 数列是按时间顺序排列的

    C. 数列中的数值都有可加性   D. 数列是进行动态分析的基础

    E. 编制时应注意数值间的可比性

7. 时点数列的特点有（   ）。

    A. 数值大小与间隔长短有关   B. 数值大小与间隔长短无关

    C. 数值相加有实际意义   D. 数值相加没有实际意义

    E. 数值是连续登记得到的

8. 下列选项中说法正确的有（   ）。

    A. 平均增长速度大于平均发展速度   B. 平均增长速度小于平均发展速度

    C. 平均增长速度=平均发展速度−1   D. 平均发展速度=平均增长速度−1

    E. 平均发展速度×平均增长速度=1

9. 下列选项中计算增长速度的公式正确的有（   ）。

    A. 增长速度=增长量/基期水平

    B. 增长速度=增长量/报告期水平

    C. 增长速度=发展速度−100%

    D. 增长速度=（报告期水平−基期水平）/基期水平

    E. 增长速度=报告期水平/基期水平

10. 采用几何平均法计算平均发展速度的公式有（   ）。

    A. $\sqrt[n]{\dfrac{a_1}{a_0} \times \dfrac{a_2}{a_1} \cdots \times \dfrac{a_n}{a_{n-1}}}$ B. $\sqrt[n]{\dfrac{a_n}{a_0}}$

    C. $\sqrt[n]{\dfrac{a_n}{a_1}}$ D. $\sqrt[n]{R}$

    E. $\sum x/n$

11. 根据下表资料计算的下列数据正确的有（   ）。

时间	第一年	第二年	第三年	第四年	第五年
销售额/万元	1 000	1 100	1 300	1 350	1 400

    A. 第二年的环比增长速度=定基增长速度=10%

    B. 第三年的累计增长量=逐期增长量=200 万元

C. 第四年的定基发展速度为 135%

D. 第五年增长 1%绝对值为 14 万元

E. 第五年增长 1%绝对值为 13.5 万元

12. 下列选项中关系正确的有（　　　）。

　　A. 环比发展速度的连乘积等于相应的定基发展速度

　　B. 定基发展速度的连乘积等于相应的环比发展速度

　　C. 环比增长速度的连乘积等于相应的定基增长速度

　　D. 环比发展速度的连乘积等于相应的定基增长速度

　　E. 平均增长速度＝平均发展速度－1

13. 测定长期趋势的方法主要有（　　　）。

　　A. 时距扩大法　　　　　　　　　B. 方程法

　　C. 最小平方法　　　　　　　　　D. 移动平均法

　　E. 几何平均法

14. 关于季节变动的测定，下列选项中说法正确的是（　　　）。

　　A. 目的在于掌握事物变动的季节周期性

　　B. 常用的方法是按月（季）平均法

　　C. 需要计算季节比率

　　D. 按月计算的季节比率之和应等于 400%

　　E. 季节比率越大，说明事物的变动越处于淡季

15. 时间数列的可比性原则主要指（　　　）。

　　A. 时间长度要一致　　　　　　　B. 经济内容要一致

　　C. 计算方法要一致　　　　　　　D. 总体范围要一致

　　E. 计算价格和单位要一致

16. 时点指标所形成的时间序列中（　　　）。

　　A. 指标的各个数值可以相加

　　B. 指标的各个数值不能相加

　　C. 数列中各个数值加总起来没有实际意义

　　D. 数列中的资料是通过连续登记取得的

　　E. 各指标数值大小与间隔时间长短有直接关系

17. 下列选项中属于时期数列的有（　　　）。

　　A. 各年末人口数　　　　　　　　B. 各年出生的婴儿数

　　C. 各月商品库存量　　　　　　　D. 各月商品销售额

　　E. 某动物园的动物数

18. 根据掌握的资料不同，计算平均发展速度可选用的公式是（　　　）。

A. $\sqrt[n]{\dfrac{a_1}{a_0} \times \dfrac{a_2}{a_1} \cdots \times \dfrac{a_n}{a_{n-1}}}$　　　　　　B. $\sqrt[n]{\dfrac{a_n}{a_{n-1}}}$

C. $\sqrt[n]{\dfrac{a_n}{a_0}}$　　　　　　　　　　　D. $\sum \dfrac{a_n}{a_1} / n$

E. 平均发展速度＝平均增长速度＋1

19. 下列选项中哪些数列可采用公式 $\bar{x} = \dfrac{\sum x}{n}$ 计算其序时平均数（　　　　）。

    A. 时期数列　　　　　　　　　　B. 时点数列

    C. 连续不等的连续时点数列　　　D. 间隔不等的间断时点数列

    E. 间隔相等的间断时点数列

20. 时间数列中按其数列中所排列的指标性质的不同，可以分为（　　　　）。

    A. 时点数列　　　　　　　　　　B. 时期数列

    C. 绝对数时间数列　　　　　　　D. 平均数时间数列

    E. 相对数时间数列

21. 相对数时间数列可以是（　　　　）。

    A. 两个时期数列之比

    B. 两个时点数列之比

    C. 一个时期数列和一个时点数列之比

    D. 结构相对数构造的相对数时间数列

    E. 强度相对数时间序列

22. 时间数列的速度指标主要有（　　　　）。

    A. 定基发展速度和环比发展速度

    B. 定基增长速度和环比增长速度

    C. 各环比发展速度的序时平均数

    D. 各环比增长速度的序时平均数

    E. 平均增长速度

23. 时间数列中最基本的发展水平包括（　　　　）。

    A. 报告期水平和基期水平　　　　B. 中间水平

    C. 最初水平　　　　　　　　　　D. 最末水平

    E. 平均水平

24. 定基发展速度和环比发展速度之间的数量关系是（　　　　）。

    A. 对比的基础时期不同

    B. 所反映的经济内容不同

    C. 两者都属于速度指标

    D. 定基发展速度等于各环比发展速度之积

    E. 两相邻定基发展速度之比等于相应的环比发展速度

25. 构成时间序列的基本要素包括（　　　　）。

    A. 现象所属的时间　　　　　　　B. 反映现象发展水平的指标数值

    C. 时期数列　　　　　　　　　　D. 总量指标

    E. 平均指标

26. 时间序列的主要目的有（　　　　）。

    A. 描述动态变化　　　　　　　　B. 揭示变化规律

    C. 预测未来数量　　　　　　　　D. 确定序列类型

    E. 计算动态指标

27. 时间序列的构成因素包括（　　　）。

    A. 长期趋势　　　　　　　　　　　B. 主流因素

    C. 季节变动　　　　　　　　　　　D. 循环变动

    E. 不规则变动

28. 时间序列构成因素的组合模型包括（　　　）。

    A. 加法模型　　　　　　　　　　　B. 减法模型

    C. 乘法模型　　　　　　　　　　　D. 除法模型

    E. 指数模型

29. 下列选项中属于测定长期趋势的方法的有（　　　）。

    A. 移动平均法　　　　　　　　　　B. 指数平滑法

    C. 线性规划法　　　　　　　　　　D. 回归模型法

    E. 相关研究法

30. 时间序列的构成因素中可以解释的因素有（　　　）。

    A. 长期趋势　　　　　　　　　　　B. 主流因素

    C. 季节变动　　　　　　　　　　　D. 循环变动

    E. 不规则变动

31. 关于移动平均法下列选项中说法正确的是（　　　）。

    A. 对原序列有修匀或平滑的作用

    B. 时距项数 K 越大，对数列的修匀作用越强

    C. 平均时距项数 K 与季节变动长度一致才能消除季节变动

    D. 移动平均会使原序列失去部分信息，平均项数越大，失去的信息越多

    E. 不能完整地反映原数列的长期趋势

32. 已知某地 2010—2015 年原煤产量分别为（单位：万吨）6.2、6.22、6.66、7.15、7.89、8.72，则下列选项中描述正确的是（　　　）。

    A. 累计增长量为 2.52 万吨

    B. 定基发展速度为 140.65%

    C. 2015 年的环比增长速度为 10.52%

    D. 2014 年的定基发展速度是 127.26%

    E. 2013 年的定基增长速度是 7.42%

33. 关于指数平滑法下列选项中说法正确的有（　　　）。

    A. 平滑系数越小平滑作用越强

    B. 序列波动较大时可以选择较小的平滑系数

    C. 如果希望充分重视历史信息，平滑系数应选小一些

    D. 如果希望减小初始值的影响，平滑系数应选大一些

    E. 平滑系数一旦选定后不宜随意变动

34. 时间序列的速度指标有（　　　）。

    A. 发展速度　　　　　　　　　　　B. 增长速度

    C. 定基速度　　　　　　　　　　　D. 环比速度

    E. 平均速度

35. 区分时点数列和时期数列的标准有（　　　）。

    A. 是否可以相加   B. 是否连续登记

    C. 是否可以相乘   D. 是否可以求平均值

    E. 是否和时间长短有关系

36. 下列选项中属于不规则变动的有（　　　）。

    A. 自然灾害影响   B. 战争影响

    C. 寒暑假的影响   D. 冬季的影响

    E. 新冠肺炎疫情的影响

37. 下列选项中属于长期趋势的有（　　　）。

    A. 经济持续向好   B. 学习能力持续加强

    C. 经济收入越来越好   D. 新冠肺炎疫情时常反复

    E. 季节变化周而复始

38. 绝对数时间序列包括（　　　）。

    A. 时点序列   B. 时期序列

    C. 平均数序列   D. 总量指标序列

    E. 相对指标序列

39. 关于速度指标和水平指标之间的关系，下列选项中说法正确的是（　　　）。

    A. 没有直接关系

    B. 水平指标是速度指标计算的基础

    C. 速度指标是水平指标计算的基础

    D. 可以相互推算

    E. 不能相互推算

40. 关于指数平滑法，下列选项中描述正确的有（　　　）。

    A. 通过指数平滑值消除不规则变动，揭示现象基本趋势

    B. 合理估计趋势值要求剔除不规则随机误差，反映实质性变化

    C. 误差中属于现象实质性变化部分的比例由平滑系数决定

    D. 是一种特殊的加权移动平均法

    E. 权数由近到远按指数规律递减

三、判断题

1. 在各种动态数列中，指标值的大小都受到指标所反映的时间长短的制约。

                                                     （　　　）

2. 发展水平就是动态数列中的每一项具体指标数值，它只能表现为绝对数。

                                                     （　　　）

3. 若将 2010—2018 年年末国有企业固定资产净值按时间先后排列，此种动态数列是时点数列。   （　　　）

4. 定基发展速度等于相应各个环比发展速度的连乘积，所以定基增长速度也等于相应各个环比增长速度积。   （　　　）

5. 发展速度是以相对数形式表示的速度分析指标，增长量是以绝对数形式表示的

速度分析指标。 （　　）

6. 定基发展速度和环比发展速度之间的关系是两个相邻时期的定基发展速度之积等于相应的环比发展速度。 （　　）

7. 若逐期增长量每年相等，则其各年的环比发展速度是年年下降的。 （　　）

8. 若环比增长速度每年相等，则其逐期增长量也是年年相等。 （　　）

9. 某产品产量在一段时间内发展变化的速度，平均来说是增长的，因此该产品产量的环比增长速度也是年年上升的。 （　　）

10. 平均增长速度不是根据各个增长速度直接来求得，而是根据平均发展速度计算的。 （　　）

11. 累积增长量等于相应的各逐期增长量之和。 （　　）

12. 环比增长速度的连乘积等于定基增长速度。 （　　）

13. 某校历年毕业学生人数数列是时期数列。 （　　）

14. 总体的同质性是计算平均数和平均速度都应遵循的原则之一。 （　　）

15. 年距增减水平是反映本期发展水平较上期发展水平的增减绝对量。 （　　）

16. 若各期的增长量相等，则各期的增长速度也相等。 （　　）

17. 某企业产品产值同去年相比增加了 4 倍，即翻了两番。 （　　）

18. 动态数列的指标数值只有用绝对数表示。 （　　）

19. 增长 1% 的水平值就是增长量除以增长速度。 （　　）

20. 求解直线趋势方程最常用的方法是半数平均法。 （　　）

21. 在移动平均法中，移动平均的项数越多，修匀作用越弱。 （　　）

22. 相对指标或平均指标时间数列在空间上不具有直接可加性，但在时间上具有直接可加性。 （　　）

23. 任何时间数列都存在长期趋势，季节变动，循环变动和不规则变动这四个影响因素。 （　　）

24. 时间数列中的发展水平都是统计绝对数。 （　　）

25. 相对数时间数列中的数值相加没有实际意义。 （　　）

26. 由两个时期数列的对应项相对比而产生的新数列仍然是时期数列。 （　　）

27. 由于时点数列和时期数列都是绝对数时间数列，所以，它们的特点是相同的。 （　　）

28. 时期数列有连续时期数列和间断时期数列两种。 （　　）

29. 发展速度可以为负值。 （　　）

30. 只有增长速度大于 100% 才能说明事物的变动是增长的。 （　　）

31. 年距发展速度=年距增长速度+1。 （　　）

32. 平均增长速度可以直接根据环比增长速度来计算。 （　　）

33. 各时期环比增长速度的连乘积等于相应时期的定基增长速度。 （　　）

34. 各时期环比发展速度的连乘积等于相应时期的定基发展速度。 （　　）

35. 某产品 2013 年的产量是 2008 年的 135%，则 2009—2013 年的平均发展速度为 135%。 （　　）

36. 某企业生产某种产品，产量 2012 年比 2010 年增长了 8%，2013 年比 2010 年增

长了12%，则2013年比2012年增长了8%×12%。 （　　）

37. 某高校学生人数2011年比2010年增长2%，2012年比2011年增长5%，2013年比2012年8%，则2010年到2013年该校学生总的增长了15.67%。 （　　）

38. 在用按季平均法计算季节比率时，各季节比率之和应等于1 200%。 （　　）

39. 增长1%的绝对值＝基期水平/100。 （　　）

40. 相邻两个累计增长量之和等于相应时期的逐期增长量。 （　　）

四、计算题

1. 20世纪80年代是我国人口生育高峰，人口自然增长情况如下表所示：

年份	1986	1987	1988	1989	1990
比上年增加人口/万人	1 656	1 793	1 726	1 678	1 629

试计算我国在"七五"时期年平均增加人口数量。

2. 某商店某年各月末商品库存额资料如下表所示：

月份	1	2	3	4	5	6	8	11	12
库存额/万元	60	55	48	43	40	50	45	60	68

又知当年1月1日商品库存额为63万元。试计算上半年、下半年和全年的平均商品库存额。

3. 某工厂的工业总产值2018年比2017年增长7%，2019年比2018年增长10.5%，2020年比2019年增长7.8%，2021年比2020年增长14.6%。要求以2017年为基期计算2018年至2021年该厂工业总产值增长速度和平均增长速度。

4. 某地区2020年年底人口数为3 000万人，假定以后每年以9‰的增长率增长；又假定该地区2020年粮食产量为220亿斤，要求到2025年平均每人粮食达到850斤。试计算2025年的粮食产量应该达到多少斤？粮食产量每年平均增长速度如何？

5. 某地区粮食产量2015—2017年平均发展速度是1.03，2018—2019年平均发展速度是1.05，2020年比2019年增长6%。试求2015—2020年的平均发展速度。

6. 某地商品出口额2019年比2010年增长10%，2020年比2010增长25%。求该地商品出口额2020年比2019年环比增长速度。

7. 投资银行某笔投资的年利率按复利计算，25年的年利率分配有1年3%，有4年5%，有8年8%，有10年10%，有2年15%。求平均年利率。

8. 某化工企业近5年的化肥产量见下表：

年份	2015	2016	2017	2018	2019
化肥产量/万吨	400	420	445.2	484	544.5
环比增长速度%	—				
定基发展速度%	—				

试利用指标间关系将表中所缺数字填充完整。

9. 某企业 2014—2020 年某产品产量资料如下表所示：

年份	2014	2015	2016	2017	2018	2019	2020
产量/万吨	31	46	60	75	92	107	122

（1）该动态数列的变动趋势是否符合直线趋势？

（2）如果符合，请利用上述资料拟合直线趋势方程。

（3）试预测该企业 2021 年该产品产量是多少？

10. 根据动态指标的相互关系，确定某企业各年的产量水平及相关动态指标，完成下面表格。

年份	产值/万元	与上年相比			
		增长量	发展速度/%	增长速度/%	增长 1% 绝对值
2009	120	—	—	—	—
2010	128				
2011	138.24				
2012	146.53				
2013	151.53				

11. 某汽车制造厂 2013 年产量为 30 万辆。

（1）若规定 2014—2016 年年产量递增率不低于 6%，其后的年递增率不低于 5%，2018 年该厂汽车产量将达到多少？

（2）若规定 2023 年汽车产量在 2013 年基础上翻一番，而 2014 年的增长速度可望达到 7.8%，问以后 9 年应以怎样的速度增长才能达到预定目标？

（3）若规定 2023 年汽车产量在 2013 年基础上翻一番，并要求每年保持 7.4% 的增长速度，问能提前多少时间达到预定目标？

12. 某地区社会零售商品额 2008—2012 年（2007 年为基期）每年平均增长 10%，2013—2017 年每年平均增长 8.2%，2018—2023 年每年平均增长 6.8%。

试问：

（1）2023 年与 2007 年相比该地区社会商品零售额共增长多少？

（2）年平均增长速度为多少？

（3）若 2017 年社会商品零售额为 30 亿元，按此平均增长速度，2024 年的社会商品零售额应为多少？

13. 某地区国内生产总值在 2011—2013 年平均每年递增 12%，2014—2017 年平均每年递增 10%，2018—2020 年平均每年递增 8%。试计算：

（1）该地区国内生产总值在这 10 年间的发展总速度和平均发展速度；

（2）若 2020 年的国内生产总值为 500 亿元，以后平均每年增长 6%，到 2022 年可达到多少？

（3）若 2022 年的国内生产总值的计划任务为 570 亿元，一季度的计划比率为

105%，则 2022 年第一季度的计划任务应为多少？

14. 根据下表已有的数字资料，运用动态分析指标的相互关系，确定各年的发展水平及环比动态分析指标。

年份	2009	2010	2011	2012
工业增加值/万元	400			
逐期增长量/万元	—	40		
环比发展速度/%	—		112.5	
环比增长速度/%	—			14.0

15. 根据某厂"十二五"期间的工业增加值资料，计算各种动态分析指标，填入下表中相应的空格里。

年份		2013	2014	2015	2016	2017
增长量/万元	逐期	—				
	累积	—				
发展速度/%	环比	—				
	定基	—				
增长速度/%	环比	—				
	定基	—				
增长1%的绝对值		—				
平均发展速度/%						
平均增长速度/%						

16. 某公司对外贸易总额 2018 年较 2015 年增长 7.9%，2017 年较 2016 年增长 4.5%，2020 年又较 2018 年增长 20%，计算 2016—2020 年平均增长速度。

17. 2015 年和第十三个五年计划时期某地区工业总产值资料如下表所示：

年份	2015	2016	2017	2018	2016	2020
产值/万元	343.3	447.0	519.7	548.7	703.6	783.9

请计算各种动态指标。

18. 某地区连续五年水稻产量如下表所示。

年份	第一年	第二年	第三年	第四年	第五年
产量/万吨	320	332	340	356	380

试用最小二乘法拟合线性趋势方程，并据此方程预测该地区第八年水稻产量。

19. 已知某地区 2012 年自行车产量为 2 800 万辆，若今后每年以 15% 的速度递增，计算到 2020 年将达到多少辆？

20. 某地农贸市场某种商品交易量资料如下表所示：

时间	交易量/吨											
	1	2	3	4	5	6	7	8	9	10	11	12
2018	54	52	50	48	44	42	36	32	37	46	50	58
2019	58	54	58	54	48	44	38	36	42	54	56	64
2020	68	70	64	62	56	48	44	40	46	58	60	76

根据资料计算：

（1）按月平均法和趋势剔除法测定该商品交易量的季节变动；

（2）对两种方法测定的结果进行比较。

第三节　答案解析

一、单项选择题

1. D。【解析】时间序列可以是绝对数、相对数和平均数。

2. B。【解析】时间序列包括绝对数时间序列、相对数时间序列和平均数时间序列，最基本的是绝对数时间序列。

3. B。【解析】动态数列的基本要素是时间和指标值。

4. A。【解析】发展水平是最基本的动态分析指标。

5. C。【解析】年产值是时期指标，库存是时点指标。

6. D。【解析】动态数列的基本要素是必须要有时间。

7. B。【解析】序时平均数是发展水平均值，是绝对数平均值。

8. A。【解析】逐期增长量相等，环比增长速度下降，因为基数在不断增大。

9. A。【解析】时期指标具有可加性。平均数、相对数、时点指标都不能相加。

10. B。【解析】时期数列具有可加性。

11. C。【解析】平均发展速度是环比发展速度的几何平均数。

12. B。【解析】时点数列序时平均数采用两次平均法。

13. A。【解析】平均发展速度小于1，说明发展速度在减缓下降。

14. D。【解析】平均增长速度等于平均发展速度-1，平均发展速度等于环比发展速度的几何平均数。

15. D。【解析】设 2005 年是 1，2015 年是 2，2010 年就是 $2/1.5 = 1.33$。

16. B。【解析】设 2013 年是 1，2018 年是 2.1，2021 年是 2.1×2.5。

17. D。【解析】平均增长速度为 $\sqrt{1.1 \times 1.2} - 1 = 14.89\%$。

18. A。【解析】如果环比增长速度不变，各年增长量在逐步增加，因为基数在增大。

19. A。【解析】已知环比增长速度求定基增长速度的方法：首先环比增长速度+1变成环比发展速度，然后环比发展速度连乘变成定基发展速度，最后定基发展速度−1变成定基增长速度。

20. C。【解析】环比发展速度的连乘积等于定基发展速度。

21. C。【解析】间隔相等的不连续时点数列序时平均数采用首末折半法。

22. C。【解析】累计增长量等于定基增长速度乘以期初水平。

23. B。【解析】移动平均法会减少数据项，当项数为偶数项时，首末各减少 $K/2$ 项。

24. A。【解析】事物按照固定规律发展是长期趋势、稳定趋势。

25. A。【解析】季节比率大于1说明高于季节平均水平，高于一定水平就说明遇到旺季。

26. A。【解析】移动平均法会减少数据项，当项数为奇数项时，首末各减少 $(K−1)/2$ 项。

27. C。【解析】如果事物发展有季节因素，移动平均项数应该和季节周期一致。

28. C。【解析】火车客运量会随季节变动发生变化。

29. C。【解析】定基增长速度等于环比发展速度的连乘积减1。

30. C。【解析】该研究不包括1949年但包括2012年，总的时间为期末−期初，即 $2012−1949=63$。

31. A。【解析】相邻两期定基发展速度的商等于其环比发展速度。

32. B。【解析】增长1%的绝对值为期初水平除以100。

33. A。【解析】发展速度为 $1.05×0.98=1.029$。

34. D。【解析】编制时间序列需要数据具有可比性。

35. C。【解析】用来作为比较基础的是基期水平，研究时期水平称为报告期水平。

36. A。【解析】产值和利润具有可加性都是时期现象。

37. A。【解析】发展水平是事物在某时期或某时点的发展规模或发展水平。

38. A。【解析】已知期末水平和平均增长速度，期初水平等于期末水平除以定基发展速度，即 $y_0 = \dfrac{y_n}{\bar{x}^n}$。

39. C。【解析】定基发展速度也是发展总速度。

40. B。【解析】从回归系数可以看出，斜率为10，即每年增加10。

41. B。【解析】增长1%的绝对值等于期初水平/100。

42. D。【解析】报告期水平是基期水平的8倍，是在原来基础上翻了三番。

43. D。【解析】时点序列序时平均数常采用首末折半法计算。

44. B。【解析】呈现周期变化有循环变动，长期围绕水平线有长期趋势。

45. C。【解析】银行存款余额是时点现象。

46. D。【解析】以年为单位排列，最小周期大于季度，没有季节变动。

47. A。【解析】平均增长速度为 $\sqrt[4]{1+200\%}−1=31.61\%$。

48. A。【解析】平均增长量为 $\dfrac{153−120}{10}=3.3$（万人）。

49. B。【解析】平均发展速度可以采用累积法和几何平均法计算，已知累计总和适合用累积法，已知环比速度适合用几何平均法。

50. B。【解析】各期增长大致相等符合线性特征，非线性增长每期是不一样的。

51. C。【解析】总量指标分为时点指标和时期指标。

52. B。【解析】产量是时期序列，库存是时点序列。

53. D。【解析】时期序列一般时间越长指标值越大，和时间长短有关。

54. A。【解析】二季度平均人数为 $\dfrac{84 + 72 + 84}{3} = 80$（人）。

55. D。【解析】银行存款余额是时点现象，平均数计算方法是首末折半法。

56. C。【解析】产量是时期现象，采用简单算术平均值，平均产量为 $\dfrac{20 + 15 + 22 + 25 + 27 + 35}{6} = 24$。

57. C。【解析】各期逐期增长量之和等于累计增长量。

58. C。【解析】时间序列是按照时间排列的，变量数列是按变量值排列的。

59. C。【解析】时期数列和时间长短有关联关系，时点数列和时间长短没有直接关联关系。

60. C。【解析】发展速度也称为动态相对数、动态指数。

61. B。【解析】发展速度等于报告期水平除以基期水平。

62. C。【解析】人口是时点现象，其平均值等于简单算术平均值，即（期初水平+期末水平）/2。

63. A。【解析】相邻两期两两对比，9个数据有8个间隔。

64. A。【解析】已知环比发展速度计算平均发展速度采用几何平均法。

65. B。【解析】平均发展速度等于发展总速度的几何平均数。

66. D。【解析】间隔相等的时点序列序时平均数采用首末折半法。

67. B。【解析】在一年内的周期性波动是季节性变动，超过一年的周期性波动是循环变动。

68. B。【解析】时期序列可以相加。

69. D。【解析】职工人数是不断变化的，属于时点序列。

70. B。【解析】发展速度和增长速度之间存在加减1的关系。

71. C。【解析】年距增长速度是一年增长量除以去年同期水平。

72. C。【解析】几何平均法等于期末水平除以期初水平的几何平均数，不受中间水平的影响。

73. C。【解析】计划完成程度=实际完成量/计划完成量，采用调和平均法计算，即 $\dfrac{500 + 612 + 832}{\dfrac{500}{100\%} + \dfrac{612}{102\%} + \dfrac{832}{104\%}} = 102.3\%$，超额完成2.3%。

74. B。【解析】时期数列采取连续登记方式获取。

75. B。【解析】日气温是时点现象。

76. A。【解析】平均数都反映现象的一般性水平。

77. B。【解析】设 2010 年为 x，2017 年为 $3x$，2015 年为 $1.5x$。

78. B。【解析】产值为时期现象，采用简单算术平均值，即（190+214+220）/3 = 208（吨）。

79. A。【解析】平均增长速度为 $\sqrt[5]{1.065 \times 1.07 \times 1.073 \times 1.075 \times 1.077} - 1 = 7.2\%$。

80. D。【解析】平均发展速度是各时期环比发展速度的几何平均数。

81. D。【解析】设 2018 年的环比发展速度为 x，则有 $1.035 \times 1.04 \times 1.05 \times x = 1.164$，$x = 103\%$。

82. B。【解析】环比发展速度乘积等于总速度。

83. D。【解析】累计法中推算的累计增长量等于实际累计增长量。

84. B。【解析】计算期末水平一般可用几何平均法和累计法。

85. A。【解析】累计增长量等于逐期增长量之和。

86. C。【解析】逐期增长量除以期初水平定义为环比增长速度。

87. B。【解析】增长速度=发展速度−1，发展速度=增长速度+1。

88. C。【解析】增长量=报告期水平−基期水平。

89. A。【解析】人口出生数是时期数列，具有可加性、关联性、连续登记等特点。

90. D。【解析】季节比率每个月平均为 100%，12 个月应为 1 200%。

91. B。【解析】如果没有季节波动，每个季度（月）应该一样，都为 100%。

92. C。【解析】加法模型假设各因素相互独立，乘法模型假设各因素相互交叉影响；加法模型需要每个因素计量单位相同，乘法模型长期趋势计量单位和变量因素一致，其余因素采用百分数。

93. A。【解析】每天资料不同连续时点序时平均数采用算术平均数。

94. B。【解析】持续若干天资料相同的连续时点序时平均数采用加权平均数。

95. A。【解析】沿着某一方向稳定发展的趋势是长期趋势。

96. B。【解析】在一年内波动属于季节波动。

97. C。【解析】超过一年的周期性波动是循环波动。

98. D。【解析】无规律波动一般属于偶然因素，是不规则的变化。

99. B。【解析】移动平均法会导致项数减少，当 K 为奇数时首尾各减少 $(K-1)/2$，当 K 为偶数时首尾各减少 $K/2$。

100. B。【解析】时间越久远，信息价值越低，权重应越小。

二、多项选择题

1. ABDE。【解析】在各种时间序列中，只有时期序列指标数值才可以相加。

2. ABCDE。【解析】时间序列应保持一致性，具有可比性，要求在内容、计算方法、时间、空间、统计口径等方面高度一致。

3. AC。【解析】环比速度连乘积等于定基发展速度，逐期增长量之和等于定基增长量。

4. BC。【解析】计算增长 1% 的绝对水平可以用公式：上期发展水平/100 或者增长量/（增长速度×100）。

5. BCDE。【解析】2005 年产值为 5 000 万元，2020 年产值为 15 000 万元，定基发展速度为 300%，平均发展速度为 $\sqrt[15]{300\%}$ = 1.076，平均增长量为 10 000/15 = 666.67（万元）。

6. BDE。【解析】时间序列时按时间顺序排列的，是进行动态分析的基础，应该具有一致性和可比性。

7. BD。【解析】时点数列不具有可加性、和时间长短无关、无须连续登记。

8. BC。【解析】增长速度一定会小于发展速度，增长速度=发展速度−1。

9. ACD。【解析】增长速度=增长量/基期水平=（报告期水平−基期水平）/基期水平。

10. ABD。【解析】平均发展速度 = $\sqrt[n]{\dfrac{a_1}{a_0} \times \dfrac{a_2}{a_1} \cdots \times \dfrac{a_n}{a_{n-1}}} = \sqrt[n]{\dfrac{a_n}{a_0}} = \sqrt[n]{R}$。

11. ACE。【解析】首期环比速度等于定基速度，首期逐期增长等于定基增长量。

12. AE。【解析】环比增长速度和定基发展速度之间没有直接关系。

13. ACD。【解析】测定长期趋势可以用时距扩大法、最小平方法、移动平均法、指数平滑法等。

14. ABC。【解析】季节变动测定主要目的是掌握季节变动规律。

15. ABCDE。【解析】时间序列要求在各个方面都要一致可比。

16. BC。【解析】时点指标的特点是不能直接相加、和时间长短无关、采用间断登记方式获取资料。

17. BD。【解析】出生人数和销售额都具有可加性。

18. ACE。【解析】平均发展速度 = $\sqrt[n]{\dfrac{a_1}{a_0} \times \dfrac{a_2}{a_1} \cdots \times \dfrac{a_n}{a_{n-1}}} = \sqrt[n]{\dfrac{a_n}{a_0}} = \sqrt[n]{R}$。

19. AC。【解析】用简单算术平均法计算序时平均数适合于时期数列和连续不相等的连续时点数列。

20. CDE。【解析】时点序列和时期序列属于绝对数时间数列。

21. ABCDE。【解析】相对数时间序列可以是计划完成程度、动态相对数、比例相对数、结构相对数、强度相对数等。

22. ABE。【解析】速度指标有发展速度、增长速度、定基速度、环比速度等。

23. BCD。【解析】最基本的发展水平包括期初水平、期末水平、中间水平。

24. DE。【解析】定基发展速度和环比发展速度存在积商关系。A、B、C 选项是定性关系。

25. AB。【解析】时间序列基本要素是时间和指标值。

26. ABC。【解析】时间序列主要作用是描述过去、揭示规律、预测未来。

27. ACDE。【解析】时间序列构成因素有长期趋势、季节波动、循环变动和不规则变动。

28. AC。【解析】时间序列构成因素组合模型有加法和乘法模型。

29. ABD。【解析】测定长期趋势的方法有时距扩大法、移动平均法、指数平滑法、回归模型法等。

30. ACD。【解析】时间序列的不规则因素是不可以解释的。

31. ABCD。【解析】移动平均法主要作用是修匀和平滑，时距项数越多修匀作用越强但是信息丢失越多。

32. ABCDE。【解析】累计增长量 = 8.72 - 6.2 = 2.52，定基发展速度 = 8.72/6.2 = 140.65%，2015 年环比增长速度 = (8.72 - 7.89)/7.89 - 1 = 10.52%，2014 年定基发展速度为 7.89/6.2 = 127.26%，2013 年定基增长速度为 7.42%。

33. ABCD。【解析】α 越小平滑作用越强，α 越大平滑作用越弱。

34. ABCDE。【解析】速度指标包括发展速度、增长速度、定基速度、环比速度、平均速度等。

35. ABE。【解析】时点数列和时期数列的区分标准主要看有没有可加性、是否和时间长短相关、是否连续登记。

36. ABE。【解析】不规则变动是偶然因素造成的。

37. ABC。【解析】长期趋势是固定的稳定的规律，季节变化周而复始是季节波动。

38. AB。【解析】绝对数时间序列分为时点序列和时期序列。

39. BD。【解析】速度指标依据水平指标计算而得，可以相互换算。

40. ABCDE。【解析】指数平滑法可以在一定程度上消除偶然因素，属于特殊加权移动平均法，权一般按时间远近逐步增加。

三、判断题

1. 错。【解析】一般时期数列受时间长短影响。

2. 错。【解析】动态数列每一项具体值可以是发展水平也可以是相对指标。

3. 对。【解析】固定资产净值是时点数列。

4. 错。【解析】定基增长速度和环比增长速度没有直接关系，需要转换计算。

5. 错。【解析】增长量是水平指标。

6. 错。【解析】两个相邻时期的定基发展速度之商等于相应的环比发展速度。

7. 对。【解析】增长量相等，基数增大，环比速度逐年下降。

8. 错。【解析】环比增长速度相等，则逐期增长量逐步增大。

9. 错。【解析】平均增长不一定每一期增长。

10. 对。【解析】平均增长速度一般先计算平均发展速度。

11. 对。【解析】逐期增长量之和等于累积增长量。

12. 错。【解析】环比发展速度的连乘积等于定基发展速度。

13. 对。【解析】历年毕业学生人数是时期现象。

14. 对。【解析】必须同质内容才可以相加，从而计算平均数。

15. 错。【解析】年距增减水平是反映一个年度的增减绝对量。

16. 错。【解析】各期增长量相等，各期增长速度逐步下降。

17. 错。【解析】增加了 4 倍，是原来的 5 倍。

18. 错。【解析】动态数列指标数值可用绝对数、相对数、平均数表示。

19. 错。【解析】增长 1% 的水平值是期初水平/100。

20. 错。【解析】求解直线趋势方程最常用的方法是最小二乘法。

21. 错。【解析】移动平均项数越多，修匀作用越强。

22. 错。【解析】相对指标和平均指标都不具有可加性。

23. 错。【解析】时间序列的影响因素不是每个时间序列都存在。

24. 对。【解析】发展水平是总量指标，是绝对量。

25. 对。【解析】相对数基数不一样，不能直接相加。

26. 错。【解析】对应项对比后形成的是相对数序列。

27. 错。【解析】时点数列和时期数列是不一样的，具有不同特点。

28. 错。【解析】时点数列有连续时点和间断时点序列。

29. 错。【解析】发展速度=报告期水平/基期水平，水平是绝对量，不可能为负。

30. 错。【解析】发展速度大于100%说明在正向增长。

31. 对。【解析】所有的发展速度和对应的增长速度都存在加减1的关系。

32. 错。【解析】平均增长速度不能直接由环比增长速度计算但可以间接计算。

33. 错。【解析】各时期环比发展速度的连乘积等于定基发展速度。

34. 对。【解析】发展速度可以连乘，增长速度不能。

35. 错。【解析】2009—2013年总发展速度是135%。

36. 错。【解析】2013年比2012年增长了1.12/1.08−1。

37. 对。【解析】总增长为1.02×1.05×1.08−1=15.67%。

38. 错。【解析】按季度计算季节比率，季节比率之和等于400%。

39. 对。【解析】增长1%的绝对增长量为上一期水平/100。

40. 错。【解析】相邻两个累计增长量之差等于相应时期的逐期增长量。

四、计算题

1.【解析】该问题是时期数列，序时平均数为简单算术平均，即

$$\frac{1\ 656 + 1\ 793 + 1\ 726 + 1\ 678 + 1\ 629}{5} = 1\ 696.4\ （万人）。$$

2.【解析】该问题是属于时点数列问题，上半年是间断相等，下半年间断不相等，应该采用简单算术平均和加权平均分别计算。

（1）上半年的平均值采用首末折半法：$\dfrac{\dfrac{63}{2} + + 60 + 55 + 48 + 43 + 50 + \dfrac{50}{2}}{6} = $

52.08（万元）；

（2）下半年采用加权平均法计算：

$$\frac{\dfrac{50 + 45}{2} \times 2 + \dfrac{45 + 60}{2} \times 3 + \dfrac{60 + 68}{2} \times 1}{6} = 52.75\ （万元）；$$

（3）全年的可以采用加权法计算，也可以采用简便的综合计算：

$$\frac{52.08 \times 6 + 52.75 \times 6}{12} = 52.42\ （万元）。$$

3.【解析】

年份	指标			
	环比	环比发展速度	定基发展速度	定基增长速度
2017	−	−		
2018	7%	107.00%	107.00%	7.00%
2019	10.50%	110.50%	118.24%	18.24%
2020	7.80%	107.80%	127.46%	27.46%
2021	14.60%	114.60%	146.07%	46.07%

平均增长速度 $= \sqrt[4]{146.07\%} - 1 = 9.94\%$。

4.【解析】（1）2025 年人口数量为 $3\,000 \times (1 + 0.009)^5 = 3\,137.452$（万人）；

（2）2025 年粮食产量为 $3\,137.452 \times 850 = 2\,666\,834$（万斤）$= 266.683\,4$（亿斤）；

（3）每年平均增长速度 $\sqrt[5]{\dfrac{266.683\,4}{220}} - 1 = 3.92\%$。

5.【解析】首先计算 2020 年发展速度：$6\% + 1 = 106\%$；

2015—2020 年平均发展速度为 $\sqrt[6]{1.03^3 \times 1.05^2 \times 1.06} = 104.16\%$。

6.【解析】环比增长速度为 $\dfrac{1 + 25\%}{1 + 10\%} - 1 = 13.64\%$。

7.【解析】年平均利率为

$\sqrt[25]{1.03^1 \times 1.05^4 \times 1.08^8 \times 1.1^{10} \times 1.15^2} - 1 = 8.65\%$。

8.【解析】

年份	2015	2016	2017	2018	2019
化肥产量/万吨	400	420	445.2	484	544.5
环比增长速度%	—	5	6	8.72	12.5
定基发展速度%	—	105	111.3	121	136.13

9.【解析】（1）由散点图知，该动态数列的变动趋势符合直线趋势；

（2）计算过程如下表所示：

年份	年份变量 t	产量 y	t 平方	y 平方	ty
2014	−5	31	25	961	−155
2015	−3	46	9	2 116	−138
2016	−1	60	1	3 600	−60
2017	0	75	0	5 625	0
2018	1	92	1	8 464	92
2019	3	107	9	11 449	321
2020	5	122	25	14 884	610
合计	0	533	70	47 099	670

所以回归系数 $\beta = \dfrac{\sum yt}{\sum t^2} = \dfrac{670}{70} = 9.57$，$\alpha = \dfrac{\sum y}{n} = 533/7 = 76.14$

所以 $y = 76.14 + 9.57t$；

（3）2021 年根据时间变化规律 $t = 7$，$y = 76.14 + 9.57 \times 7 = 143.13$。

10.【解析】

年份	产值/万元	与上年相比			
		增长量	发展速度/%	增长速度/%	增长 1% 绝对值
2009	120	–	–	–	–
2010	128	8	106.67	6.67	1.2
2011	138.24	10.24	108	8	1.28
2012	146.53	8.29	106	6	1.38
2013	151.53	5	103.41	3.41	1.465

11.【解析】（1）2018 年产量将达到 $30 \times (1 + 6\%)^3 \times (1 + 5\%)^2 = 39.39285$（万辆）；

（2）增长速度可以表示为 $\sqrt[9]{\dfrac{2}{1 + 7.8\%}} - 1 = 7.11\%$；

（3）设 x 年可以翻一番，则有 $(1 + 7.4\%)^x = 2$，$x = 9.71$，所以可提前 0.29 年。

12.【解析】（1）共增长 $(1 + 10\%)^5 \times (1 + 8.2\%)^5 \times (1 + 6.8\%)^6 = 354.43\%$；

（2）年平均增长速度为 $\sqrt[16]{354.43\%} - 1 = 8.23\%$；

（3）2024 年社会商品零售额为 $30 \times (1 + 8.23\%)^7 = 52.19$（亿元）。

13.【解析】（1）发展总速度为

$(1 + 12\%)^3 \times (1 + 10\%)^4 \times (1 + 8\%)^3 = 354.43\% = 259.12\%$

平均发展速度为 $\sqrt[10]{259.12\%} = 109.99\%$；

（2）2022 年可以达到 $500 \times (1 + 6\%)^2 = 561.8$（亿元）；

（3）年度季度计划为 $570/4 = 142.5$，2022 年第一季度计划任务为 $142.5 \times 105\% = 149.63$（亿元）。

14.【解析】

年份	2009	2010	2011	2012
工业增加值/万元	400	440	495	564.3
逐期增长量/万元	—	40	55	69.3
环比发展速度/%	—	110	112.5	114
环比增长速度/%	—	10	12.5	14.0

15.【解析】

年份		2013	2014	2015	2016	2017
工业增加值		880	890	1 020	1 120	1 250
增长量/万元	逐期	—	10	130	100	130
	累积	—	10	140	240	370
发展速度/%	环比	—	101.14	114.61	109.80	111.61
	定基		101.14	115.91	127.27	142.05
增长速度/%	环比	—	1.14	14.61	9.80	11.61
	定基		1.14	15.91	27.27	42.05
增长1%的绝对值		—	8.8	8.9	10.2	11.2
平均发展速度/%				109.17		
平均增长速度/%				9.17		

16.【解析】2016—2020 年每年平均增长速度=5.3%。

17.【解析】工业总产值逐年各动态指标计算如下表所示。

	单位	年份					
		2015	2016	2017	2018	2016	2020
工业总产值	万元	343.3	447.0	519.7	548.7	703.6	783.9
累计增长量	万元	—	103.7	176.4	205.4	360.3	440.6
逐年增长量	万元	—	103.7	72.7	29.0	154.9	80.3
定基发展速度	%	—	130.21	151.38	159.83	204.95	228.34
环比发展速度	%	—	130.21	116.26	105.58	128.23	111.41
定基增长速度	%	—	30.21	51.38	59.83	104.95	128.34
环比增长速度	%	—	30.21	16.26	5.58	28.23	11.41

"十三五"时期工业总产值平均发展速度 = $\sqrt[5]{\dfrac{783.9}{343.3}}$ = 117.96%

各种指标的相互关系如下：

（1）增长速度=发展速度-1，如 2016 年工业总产值发展速度为 130.21%，同期增长速度=130.21%-100%=30.21%；

（2）定基发展速度=各年环比发展速度连乘积，如 2020 年工业总产值发展速度 228.34%=130.21%×116.2%×105.58%×128.23%×111.41%；

（3）累计增长量=各年逐期增长量之和，如 2020 年累计增长量 440.6=103.7+72.7+29.0+154.9+80.3；

（4）平均发展速度等于环比发展速度的连乘积再用其项数开方。如"十三五"期间工业总产值平均发展速度：

$$= \sqrt[5]{1.302\ 1 \times 1.162\ 1 \times 1.055\ 8 \times 1.282\ 3 \times 1.114\ 1} = 117.96\%;$$

（5）平均增长速度＝平均发展速度-1，如"十三五"期间平均增长速度17.96% = 117.96%-100%。

18. 【解析】$y_c = 345.6 + 14.4x$；$y_{2021} = 417.6$（万吨）。

19. 【解析】已知：$y_0 = 2\ 800$，$\bar{x} = 115\%$ 或 1.15，$n = 8$

$$\bar{x} = \sqrt[n]{\frac{y_n}{y_0}}, \quad y_n = y_0\,(\bar{x})^n$$

$y_n = 2\ 800 \times (1.15)^8 = 8\ 565.26$（万辆）。

20. 【解析】（1）用按月平均法测定该商品交易量的季节变动

单位：吨

年份	月份												合计
	1	2	3	4	5	6	7	8	9	10	11	12	
2018	54	52	50	48	44	42	36	32	37	46	50	58	549
2019	58	54	58	54	48	44	38	36	42	54	56	64	606
2020	68	70	64	62	56	48	44	40	46	58	60	76	692
三年平均	60	58.67	57.33	54.67	49.33	44.67	39.33	36	41.67	52.67	55.33	66	51.31
季节指数/%	116.94	114.34	111.73	106.55	96.14	87.06	76.65	70.16	81.21	102.65	107.83	128.63	1 200

其中，1 月份季节指数 = 60/51.31 = 116.94%，

2 月份季节指数 = 58.67/51.31 = 114.34%，

其余月份的季节指数以此类推。

（2）用趋势剔除法测定该商品交易量的季节变动

第一，将月度资料理成季度资料

单位：吨

年份	季度			
	1	2	3	4
2018	156	134	105	154
2019	170	146	116	174
2020	202	166	130	194

第二，用移动平均法测定长期趋势，并进行趋势剔除。

年份	季度	交易量 y/吨		正位平均 y_c	趋势剔除/% y/y_c
2018	1	156	–	–	–
	2	134	–	–	–
			137.25		
	3	105		139.000	75.54
			140.75		
	4	154		142.250	108.26
			143.75		
2019	1	170		145.125	117.14
			146.50		
	2	146		149.000	97.99
			151.50		
	3	116		155.500	74.60
			159.50		
	4	174		162.000	107.41
			164.50		
2020	1	202		166.250	121.50
			168.00		
	2	166		170.500	97.36
			173.00		
	3	130	–	–	–
	4	194	–	–	–

第三，计算季节比率

单位：吨

年份	季度				合计
	1	2	3	4	
2018	–	–	75.54	108.26	
2019	117.14	97.99	74.60	107.41	
2020	121.5	97.36	–	–	
季节比率/%	119.32	97.68	75.07	107.84	400

　　两种方法比较：两种方法计算的结果均显示第一、第四季度为旺季，第二、第三季度为淡季。其中，按月平均法没有考虑长期趋势的影响，趋势剔除法则考虑了长期趋势的影响。

第九章

统计指数

第一节　知识结构

（1）狭义的统计指数是指反映不能直接相加的复杂现象综合变动程度的相对数。广义的统计指数是指反映现象数量差异或变动程度的相对数，是一种专门的对比分析指标，具有相对数形式（%），不同时间、不同空间、实际与计划等的对比。

（2）统计指数的作用：反映复杂总体综合数量变动状况，分析因素变动影响程度和效果。

（3）统计指数的分类：按照对比内容分为质量指数和数量指数；按照范围分为个体指数、组指数和总指数；按照对比性质分为静态指数和动态指数；按照计算方法分为综合指数和平均指数。

（4）统计指数的性质：综合性、平均性、相对性、代表性。

（5）综合指数采取先综合、后对比的方式，编制综合指数的基本问题是"同度量"问题；平均指数采取先对比、后平均的方式，编制平均指数的基本问题是"合理加权"问题。

（6）综合指数一般将指标分为指数化指标和同度量指标，指数化指标是质量因素时用数量因素作为同度量因素，指数化指标是数量因素时用质量因素作为同度量因素。综合指数根据同度量因素固定的时期不同又分为拉氏指数和帕氏指数，拉氏指数将同度量因素固定在基期，帕氏指数将同度量因素固定在报告期。基本公式为：

①拉氏数量指数：$L_Q = \dfrac{\sum Q_1 P_0}{\sum Q_0 P_0}$；

②拉氏质量指数：$L_P = \dfrac{\sum P_1 Q_0}{\sum P_0 Q_0}$；

③帕氏数量指数：$P_Q = \dfrac{\sum Q_1 P_1}{\sum Q_0 P_1}$；

④帕氏质量指数：$P_P = \dfrac{\sum P_1 Q_1}{\sum P_0 Q_1}$。

（7）一般有实际意义的是拉氏数量指数和帕氏质量指数。

（8）平均指数的编制可以采用对商品个体指数通过以其价值量在全部商品价值总量中的比重为权数进行加权平均得到，有加权平均指数和调和平均指数。基本公式为：

①加权数量指数：$I_Q = \dfrac{\sum \dfrac{Q_1}{Q_0} PQ}{\sum PQ}$；

②加权质量指数：$I_P = \dfrac{\sum \dfrac{P_1}{P_0} PQ}{\sum PQ}$；

③调和数量指数：$I_Q = \dfrac{\sum PQ}{\sum \dfrac{PQ}{\dfrac{Q_1}{Q_0}}}$；

④调和质量指数：$I_P = \dfrac{\sum PQ}{\sum \dfrac{PQ}{\dfrac{P_1}{P_0}}}$。

【注】其中权重可以是基期价值总量也可以是报告价值总量，可以固定在基期，也可以固定在报告期。

（9）在同一资料下，以基期为权的加权算术平均指数与拉氏指数完全一样。在同一资料下，以报告期为权的加权调和平均指数与帕氏综合指数完全一样。

（10）广义指数体系类似于指标体系的概念，泛指由若干个内容上互相关联的统计指数所结成的体系，如市场物价指数体系、国民经济核算指数体系。狭义指数体系是指几个指数之间在一定的经济联系基础之上所结成的较为严密的数量关系式，其最为典型的表现形式就是：一个总值指数等于若干个（两个或两个以上）因素指数的乘积。

（11）利用指数体系可以进行"因素分析"，即分析现象的总变动中各因素的影响程度；还可以进行"指数推算"，即根据已知的指数推算未知的指数。

（12）因素分析是借助于指数体系来分析社会经济现象变动中各因素变动发生作用的影响程度，包括相对数分析和绝对数分析。相对数分析是把相互联系的指数组成乘积关系的指数体系，从指数计算结果本身指出现象总体总量指标或平均指标的变动有哪些因素变动作用的结果。绝对数分析是由指数体系中各个指数分子与分母指标之差所形成的绝对值上的因果关系，即原因指标指数中分子与分母之差的总和等于结果指标指数分子与分母之差。

第二节　试题集锦

一、单项选择题

1. 下列选项的指标中不属于统计指数的是（　　）。

　　A. 两期同一商品价格的比值

　　B. 两地区同一商品价格的比值

　　C. 某校实际招生人数和计划招生人数的比值

　　D. 某校理工科招生人数与招生总数的比值

2. 指出下列选项的表述中存在问题的一项，同度量因素是（　　）。

　　A. 综合指数中的固定媒介因素

　　B. 综合指数的权数

　　C. 综合指数中所要对比的指标因素

　　D. 综合指数编制中的核心问题

3. 下列选项中具有同度量性质的是（　　）。

　　A. 不同商品的销售量　　　　　　B. 不同商品的价格

　　C. 不同商品的销售额　　　　　　D. 不同产品的单位成本

4. 若居民在某月以相同的开支购买到的消费品比上月减少了 10%，则消费价格指数应为（　　）。

　　A. 110%　　　　　　　　　　　　B. 90%

　　C. 111%　　　　　　　　　　　　D. 100%

5. 若某种消费品价格平均下跌 20%，则居民以相同开支额购买到的该种消费品数量应比上期增加（　　）。

　　A. 20%　　　　　　　　　　　　B. 25%

　　C. 120%　　　　　　　　　　　　D. 125%

6. 据《中国统计年鉴》，我国 2003 年的居民消费价格指数为 101.2%，居民消费额为 52 679 亿元，上年的居民消费额为 48 882 亿元，则两年间我国居民实际消费水平的变动情况是（　　）。

　　A. 提高 107.77%　　　　　　　　B. 提高 7.77%

　　C. 提高 106.49%　　　　　　　　D. 提高 6.49%

7. 考查 10 种商品的价格变动，若涨价幅度最大的是 25%，降价幅度最大的也是 25%，则全部 10 种商品的价格总指数有可能是（　　）。

　　A. 25%　　　　　　　　　　　　B. −25%

　　C. 125%　　　　　　　　　　　　D. 120%

8. 统计指数通常表现为（　　）。

　　A. 百分数　　　　　　　　　　　B. 千分数

　　C. 比例数　　　　　　　　　　　D. 系数

9. 用综合指数或平均指数形式编制价格指数，其共性是（ ）。

    A. 指数化指标相同   B. 权数相同

    C. 都是简单指数   D. 都是加权指数

10. 关于指数作用的说法不正确的是（ ）。

    A. 综合反映现象的变动方向和程度

    B. 反映不同现象之间的联系

    C. 综合反映现象发展的相对规模和水平

    D. 可通过指数体系进行因素分析

11. 下列选项中指标，属于指数的是（ ）。

    A. 职工的平均货币工资   B. 农作物的平均亩产量

    C. 居民的人均居住面积   D. 人民币对美元的平均汇价

12. 下列选项中属于总指数的是（ ）。

    A. 两期同一商品价格的比值   B. 两地区同一商品价格的比值

    C. 两期同一商品销售量的比值   D. 股价指数

13. 在计算加权综合指数的时候，指数中分子和分母的权数必须是（ ）。

    A. 不同时期的   B. 同一时期的

    C. 基期的   D. 报告期的

14. 在编制价格指数时，其权数可以是（ ）。

    A. 商品销售额   B. 基期商品销售量

    C. 计算期商品销售量   D. 以上都可以

15. 如果价格降低后，原来的开支可以多购买10%的商品，则价格指数应为（ ）。

    A. 90%   B. 110%

    C. 91%   D. 无法判断

16. 作为指数分子分母的差额，公式 $\sum q_1 p_1 - \sum q_1 p_0$ 的经济意义是（ ）。

    A. 综合反映价格变动的绝对值

    B. 综合反映销售量变动的绝对值

    C. 反映价格变动影响销售额的绝对值

    D. 反映销售量变动影响销售额的绝对值

17. 作为指数分子分母的差额，公式 $\sum q_1 p_0 - \sum q_0 p_0$ 的经济意义是（ ）。

    A. 综合反映价格变动的绝对值

    B. 综合反映销售量变动的绝对值

    C. 反映价格变动影响销售额的绝对值

    D. 反映销售量变动影响销售额的绝对值

18. 某商店第三季度出售肉制品和奶制品的收入分别为15万元、25万元，第四季度的收入分别为20.4万元、30万元。第四季度与第三季度比较，肉制品价格提高2%，奶制品价格没有变化，则价格总指数是（ ）。

    A. 126%   B. 125%

    C. 99.6%   D. 100.8%

19. 价格加权平均指数的权数是（　　　）。

    A. 基期产值   B. 报告期产值

    C. 基期产量   D. 报告期产量

20. 编制综合数量指数（数量指标指数化）时，其同度量因素最好固定在（　　　）。

    A. 报告期   B. 基期

    C. 计划期   D. 任意时期

21. 产量指数 $\sum kp_0q_0 / \sum p_0q_0$ 中的 k 是（　　　）。

    A. 同度量因素   B. 数量指标的项数

    C. 产量个体指数   D. 价格个体指数

22. 某工业企业报告期产量比基期增长了 10%，生产费用增长了 8%，则其产品单位成本降低了（　　　）。

    A. 1.8%   B. 2%

    C. 20%   D. 18%

23. 狭义指数是反映（　　　）数量综合变动的方法。

    A. 有限总体   B. 无限总体

    C. 复杂总体   D. 简单总体

24. 在由三个指数所组成的指数体系中，两个因素指数的同度量因素通常（　　　）。

    A. 都固定在基期   B. 都固定在报告期

    C. 一个固定在基期，一个固定在报告期

    D. 采用基期和报告期的平均数

25. 某市 2013 年社会商品零售额为 120 亿元，2017 年为 220.8 亿元，这 4 年中物价上涨了 47.2%，则商品零售量指数为（　　　）。

    A. 170.8%   B. 86.8%

    C. 125%   D. 289.8%

26. 上证股票指数是（　　　）。

    A. 静态指数   B. 空间指数

    C. 质量指数   D. 数量指数

27. 如果产值增加 50%，职工人数增长 20%，则全员劳动生产率增长（　　　）。

    A. 25%   B. 30%

    C. 70%   D. 150%

28. 某商品价格发生变化，现有的 100 元只值原来的 90 元，则价格指数为（　　　）。

    A. 10%   B. 90%

    C. 110%   D. 111%

29. 在指数的概念中（　　　）。

    A. 简单指数是指个体指数，加权指数是指总指数

    B. 简单指数是指总指数，加权指数是指个体指数

C. 简单指数和加权指数都是指个体指数

D. 简单指数和加权指数都是指总指数

30. 指数按说明指标的性质不同分为（　　）。

A. 动态指数与静态指数　　　　B. 个体指数与总指数

C. 数量指标指数和质量指标指数　　D. 定基指数与环比指数

31. 数量指标指数和质量指标指数的划分依据是（　　）。

A. 所反映的对象范围不同　　　　B. 所比较的现象特征不同

C. 所采用的编制综合指数的方法不同

D. 指数化指标性质不同

32. 按照个体价格指数和报告期销售额计算的价格总指数是（　　）。

A. 综合指数　　　　　　　　B. 平均指标指数

C. 加权算术平均数指数　　　　D. 加权调和平均数指数

33. 统计指数划分为个体指数和总指数的依据是（　　）。

A. 反映的对象范围不同　　　　B. 指标性质不同

C. 采用的基期不同　　　　　　D. 编制指数的方法不同

34. 下列选项中指数属于数量指标指数的是（　　）。

A. 商品销售额指数　　　　　　B. 商品销售量指数

C. 商品价格指数　　　　　　　D. 劳动生产率水平指数

35. 用综合指数法编制总指数的关键问题是（　　）。

A. 确定被比对象　　　　　　B. 确定同度量因素及其固定时期

C. 确定对比基期　　　　　　D. 计算个体指数

36. 在编制数量指标指数时，（　　）。

A. 同度量因素是报告期的数量指标

B. 同度量因素是基期的数量指标

C. 同度量因素是报告期的质量指标

D. 同度量因素是基期的质量指标

37. 产量综合指数的同度量因素最好选择为（　　）。

A. 产量　　　　　　　　　　B. 销售单价

C. 单位产品成本　　　　　　D. 总成本额

38. 某企业生产三种产品，在掌握其基期、报告期生产费用和个体产量指数时，编制三种产品产量总指数应采用（　　）。

A. 调和平均数指数　　　　　　B. 加权平均数指数

C. 质量指标综合指数　　　　　D. 数量指标综合指数

39. 统计指标体系内各指标之间相互关联，因此（　　）。

A. 各指标之间一定存在数量上的平衡关系

B. 各指标之间一定存在数量上的推算关系

C. 各指标之间一定存在数量上的依存关系

D. 各指标一定在逻辑上或数量上相关

40. 之所以称为同度量因素，是因为（　　　）。

    A. 它可使得不同度量单位的现象总体转化为数量上可以加总

    B. 客观上体现它在实际经济现象或过程中的份额

    C. 是我们所要测定的那个因素

    D. 它必须固定在相同的时期

41. 某厂生产费用今年比去年增长 50%，产量增长 25%，则单位成本增长（　　　）。

    A. 20%   B. 2%

    C. 25%   D. 75%

42. 某百货公司今年同去年相比，商品零售额增长了 6%，各种商品的价格平均上涨了 11%，则商品销售量变动的百分比为（　　　）。

    A. -5%   B. 4.5%

    C. -4.5%   D. 17.7%

43. 设 p 表示商品的价格，q 表示商品的销售量，$\dfrac{\sum p_1 q_1}{\sum p_0 q_1}$ 说明了（　　　）。

    A. 在基期销售量条件下，价格综合变动的程度

    B. 在报告期销售量条件下，价格综合变动的程度

    C. 在基期价格水平下，销售量综合变动的程度

    D. 在报告期价格水平下，销售量综合变动的程度

44. 在物价上涨后，同样多的人民币少购买商品 3%，则物价指数为（　　　）。

    A. 97%   B. 103.09%

    C. 3.09%   D. 109.13%

45. 某种产品报告期与基期比较产量增长 26%，单位成本下降 32%，则生产费用支出总额为基期的（　　　）。

    A. 166.32%   B. 85.68%

    C. 185%   D. 54%

46. 若物价上涨，销售额持平，则销售量指数（　　　）。

    A. 为零   B. 降低

    C. 增长   D. 不变

47. 拉氏综合指数的同度量因素固定在（　　　）。

    A. 报告期   B. 基期

    C. 计划期   D. 特定期

48. 帕氏综合指数的同度量因素固定在（　　　）。

    A. 报告期   B. 基期

    C. 计划期   D. 特定期

49. 若今年比去年商品物价指数上涨 8%，则同样多的货币比去年要少购买（　　　）商品。

    A. 8%   B. 2%

    C. 7.4%   D. 6.8%

50. 编制总指数的两种形式是（　　）。

A. 数量指标指数和质量指标指数

B. 综合指数和平均数指数

C. 算术平均数指数和调和平均数指数

D. 定基指数和环比指数

51. 质量指标指数 $\sum p_1 q_1 / \sum p_0 q_1$ 变形为加权调和平均指数时的权数是（　　）。

A. $p_1 q_0$

B. $p_0 q_1$

C. $p_0 q_0$

D. $p_1 q_1$

52. 某公司报告期增加了很多新员工，为了准确反映全公司职工劳动效率的真实变化，需要编制劳动生产率的（　　）。

A. 职工人数指数

B. 固定构成指数

C. 结构变动影响指数

D. 总平均指标指数

53. 某企业三种不同产品的出厂价格分别比去年上涨了 5%、7% 和 12%，今年三种产品的销售额分别为 2 000 万元、2 600 万元和 400 万元，则出厂价格总水平上涨了（　　）。

A. 8%

B. 7.96%

C. 6.6%

D. 6.57%

54. 下列选项中指数是数量指标指数的有（　　）。

A. 农产品产量总指数

B. 居民消费价格指数

C. 农副产品收购价格指数

D. 股票价格指数

55. 我国商品零售价格指数的编制所采用的方法是（　　）。

A. 固定权数调和平均指数

B. 拉氏综合指数

C. 固定权数算术平均指数

D. 帕氏综合指数

56. 某地区商品零售总额比上年增长 20%，扣除价格因素，实际增长 11%，依此计算该地区物价指数为（　　）。

A. 9%

B. 8.1%

C. 108.1%

D. 109%

57. 在具有报告期实际商品流转额和几种商品价格的个体指数资料的条件下，要确定价格的平均变动，应该使用（　　）。

A. 可变构成指数

B. 综合指数

C. 加权算术平均指数

D. 加权调和平均指数

58. 数量指标指数和质量指标指数划分的依据是（　　）。

A. 说明现象的范围不同

B. 统计指标的内容不同

C. 指数采用的基期不同

D. 指数表现的形式不同

59. 某公司 2021 年的产量比 2020 年增长了 15.6%，总成本增长了 12%，则该厂 2021 年产品单位成本（　　）。

A. 减少 0.62%

B. 减少 3.11%

C. 增加 12.9%

D. 增加 1.75%

60. 某企业的职工工资水平今年比去年提高了 5%，职工人数增加了 2%，则该企业工资总额增长了（   ）。

    A. 11%　　　　　　　　　　　　B. 7.1%

    C. 7%　　　　　　　　　　　　　D. 10%

61. 统计指数按其所反映指数化指标的性质不同，分为（   ）。

    A. 个体指数和总指数　　　　　　B. 定基指数和环比指数

    C. 静态指数和动态指数　　　　　D. 综合指数和平均数指数

62. 职工平均工资增长 3.5%，工人人数增长了 15%，工资总额将增长（   ）。

    A. 18.5%　　　　　　　　　　　B. 11.1%

    C. −10%　　　　　　　　　　　D. −11.5%

63. 某商业企业销售额今年比去年增长了 50%，销售量增长了 25%，则销售价格增长（   ）。

    A. 25%　　　　　　　　　　　　B. 2%

    C. 75%　　　　　　　　　　　　D. 20%

64. 指数体系中同度量因素选择的首要标准是（   ）。

    A. 数学上等式关系的成立　　　　B. 经济意义上的合理

    C. 质量指标指数，采用报告期的数量指标作为同度量因素

    D. 数量指标指数，采用基期的质量指标作为同度量因素

65. 编制综合指数时，应固定的因素是（   ）。

    A. 指数化指标　　　　　　　　　B. 个体指数

    C. 同度量因素　　　　　　　　　D. 被测定的因素

66. 指出下列哪一个数量加权算术平均数指数，恒等于综合指数形式的拉氏数量指标指数（   ）。

    A. $\dfrac{K_q \, q_0 P_1}{q_0 P_1}$　　　　　　　　　　B. $\dfrac{K_q \, q_1 P_1}{q_1 P_1}$

    C. $\dfrac{K_q \, q_0 P_0}{q_0 P_0}$　　　　　　　　　　D. $\dfrac{K_q \, q_0 P_1}{q_0 P_1}$

67. 工业出产品价格指数 PPI 是（   ）。

    A. 空间指数　　　　　　　　　　B. 数量指数

    C. 定基指数　　　　　　　　　　D. 动态指数

68. CPI 是（   ）。

    A. 工业出产品价格指数　　　　　B. 居民消费价格指数

    C. 股票价格指数　　　　　　　　D. 农产品价格指数

69. 编制加权平均数量指数所采用的权重是（   ）。

    A. 质量指标　　　　　　　　　　B. 数量指标

    C. 基期价值量　　　　　　　　　D. 报告期价值量

70. 广义上的指数是指（   ）。

    A. 价格变动的相对数　　　　　　B. 物理变动的相对数

    C. 社会经济现象数量变动的相对数　D. 简单现象总体数量变动的相对数

71. 中央电视台播放的晨练指数是（　　　　）。
    A. 定基指数
    B. 环比指数
    C. 静态指数
    D. 质量指数

72. 人们通常所说的幸福指数是（　　　　）。
    A. 定基指数
    B. 个体指数
    C. 综合指数
    D. 数量指数

73. PPI 是（　　　　）。
    A. 生产者价格指数
    B. 消费者价格指数
    C. 居民消费指数
    D. 农产品价格指数

74. 环比指标指数和定基指标指数的划分依据是（　　　　）。
    A. 指数化指标的性质不同
    B. 所反映的对象范围不同
    C. 所比较的现象特征不同
    D. 选取的比较时期不同

75. 编制平均指数的两种形式是（　　　　）。
    A. 数量指标指数和质量指标指数
    B. 拉氏指数和帕氏指数
    C. 加权平均数指数和调和平均数指数
    D. 定基指数和环比指数

76. 某工厂编制生产量指标指数时，同度量因素一般使用（　　　　）。
    A. 报告期的数量指标
    B. 基数的数量指标
    C. 报告期的质量指标
    D. 基期的质量指标

77. 某企业编制成本指标指数时，同度量因素一般使用（　　　　）。
    A. 报告期的数量指标
    B. 基数的数量指标
    C. 报告期的质量指标
    D. 基期的质量指标

78. 综合指数是（　　　　）。
    A. 用非全面资料编制的指数
    B. 平均数指数的变形应用
    C. 总指数的基本形式
    D. 编制总指数的唯一方法

79. 已知某商场的商业销售量指数为 105%，由于销售量增加而增加的销售额为 10 万元，又知道销售价格指数为 110%，则由于价格上涨而增加的销售额为（　　　　）万元。
    A. 18
    B. 20
    C. 21
    D. 30

80. 某企业的职工工资水平比上年提高了 15%，职工人数增加了 25%，则企业工资总额增长了（　　　　）。
    A. 3%
    B. 10%
    C. 43.75%
    D. 143.1%

81. 某市 2015 年社会商业零售额为 12 000 万元，2019 年增至 15 600 万元，这四年物价上涨了 4%，则商业零售量指数为（　　　　）。
    A. 130%
    B. 104%
    C. 80%
    D. 125%

82. 某造纸厂 2019 年的产量比 2018 年增长了 13.6%，总成本增长了 12.9%，则该厂 2019 年产品单位成本（　　）。

    A. 减少 0.62%

    B. 减少 5.15%

    C. 增加 12.9%

    D. 增加 1.75%

83. 已知某工厂生产三种产品，在掌握其基期、报告期生产费用和个体产量指数时，编制三种产品的产量总指数应采用（　　）。

    A. 加权调和平均数指数

    B. 加权算术平均数指数

    C. 数量指标综合指数

    D. 固定加权算术平均数指数

84. 假设具有两工厂计算期和基期某产品的单位成本和产量资料，计算总平均成本的变动，应采用（　　）。

    A. 综合指数

    B. 可变构成指数

    C. 算术平均数指数

    D. 调和平均数指数

85. 反映个别事物动态变化的相对指标是（　　）。

    A. 总指数

    B. 综合指数

    C. 定基指数

    D. 个体指数

86. 说明现象总的规模和水平变动情况的统计指数是（　　）。

    A. 质量指标指数

    B. 平均指标指数

    C. 数量指标指数

    D. 环比指数

87. 某公司下属三个厂生产同一产品，要反映三个工厂产量报告期比基期的发展变动情况，三个工厂的产品产量（　　）。

    A. 能够直接加总

    B. 不能直接加总

    C. 必须用不变价格作同度量因素，才能相加

    D. 必须用现行价格作同度量因素，才能相加

88. 加权算术平均数指数，要成为综合指数的变形，其权数（　　）。

    A. 必须用 $q_1 p_1$

    B. 必须用 $q_0 p_0$

    C. 必须用 $q_0 p_1$

    D. 前三者都可以

89. 加权调和平均数指数，要成为综合指数的变形，其权数（　　）。

    A. 必须用 $q_1 p_1$

    B. 必须用 $q_0 p_0$

    C. 必须用 $q_0 p_1$

    D. 前三者都可以

90. 狭义上的指数是指（　　）。

    A. 反映价格变动的相对数

    B. 反映物量变动的相对数

    C. 个体指数

    D. 总指数

91. 某企业的产值，2019 年比 2018 年增长 21%，其原因可能是（　　）。

    A. 产品价格上升 9%，产量增加了 12%

    B. 产品价格上升 10%，产量增加了 11%

    C. 产品价格上升 10.5%，产量增加了 10.5%

    D. 产品价格上升 10%，产量增加了 10%

92. 如果 CPI 上涨 20%，则现在 1 元钱（　　）。

    A. 只值原来的 0.8 元

    B. 只值原来的 0.83 元

C. 与原来的 1 元等值　　　　　　　D. 无法和原来比较

93. 在掌握基期产值和几种产品个体指数资料的条件下，要计算产量总指数需采用（　　）。

　　A. 综合指数　　　　　　　　　　B. 加权算术平均数指数
　　C. 加权调和平均数指数　　　　　D. 可变构成指数

94. 在掌握报告期几种产品生产费用和成本个体指数资料的条件下，要计算产品成本的平均变动，应采用（　　）。

　　A. 综合指数　　　　　　　　　　B. 加权算术平均数指数
　　C. 加权调和平均数指数　　　　　D. 可变构成指数

95. 下列选项中属于静态指数的是（　　）。

　　A. 工业出产指数　　　　　　　　B. 居民消费价格指数
　　C. 空间价格指数　　　　　　　　D. 股价指数

96. "先综合，后对比"是编制（　　）的基本思路。

　　A. 总指数　　　　　　　　　　　B. 综合指数
　　C. 平均指数　　　　　　　　　　D. 平均指标指数

97. "先对比，后综合"是编制（　　）的基本思路。

　　A. 总指数　　　　　　　　　　　B. 综合指数
　　C. 平均指数　　　　　　　　　　D. 平均指标指数

98. 综合指数需要解决的问题是（　　）。

　　A. 权重的问题　　　　　　　　　B. 同度量的问题
　　C. 计算的问题　　　　　　　　　D. 比较的问题

99. 平均指数需要解决的问题是（　　）。

　　A. 权重的问题　　　　　　　　　B. 同度量的问题
　　C. 计算的问题　　　　　　　　　D. 比较的问题

100. 通常情况下，质量指数采用（　　）。

　　A. 帕氏指数
　　B. 拉氏指数
　　C. 既不用帕氏指数也不用拉氏指数
　　D. 既可以用帕氏指数也可以用拉氏指数

二、多项选择题

1. 用综合指数形式计算的商品销售价格指数，表明（　　）。

　　A. 商品销售价格的变动程度
　　B. 销售价格变动对销售额变动的影响
　　C. 商品销售品种的变动
　　D. 商品销售价格的变动方向
　　E. 商品销售品种的变动方向

2. 若以 q 表示出口数量，p 表示出口价格，则以下表述正确的是（　　）。

　　A. $\sum p_1 q_1 - \sum p_0 q_1$ 表示由于出口价格的变动而使出口额变动的绝对量

B. $\sum p_1 q_1 - \sum p_0 q_0$ 表示出口量的绝对变动量

C. $\sum p_1 q_1 - \sum p_0 q_0$ 表示由于出口量的变动而使出口额变动的绝对量

D. $\sum p_1 q_1 - \sum p_0 q_0$ 表示出口额的相对变动程度

E. $\sum p_1 q_1 - \sum p_0 q_1$ 表示由于出口价格的相对变动

3. 某农产品报告期的收购额为 120 万元，比基期增加了 20%，按基期收购价格计算的报告期假定收购额为 115 万元，则计算结论正确的有（　　）。

    A. 报告期收购额比基期增加了 15 万元

    B. 收购量增长了 15%

    C. 由于收购量的增加使收购额增加 15 万元

    D. 收购价格提高了 4.35%

    E. 报告期实际收购额比基期收购额增加了 15 万元

4. 指数的作用有（　　）。

    A. 综合反映现象的变动程度　　　　B. 研究现象的内部结构

    C. 据以进行因素分析　　　　　　　D. 反映现象的发展规律

    E. 研究现象长时期的综合变动趋势

5. 下列选项中，属于广义指数概念的有（　　）。

    A. 不同空间同类指标之比

    B. 同类指标实际与计划之比

    C. 同一总体的部分指标与总量指标之比

    D. 同一总体的部分指标与另一部分指标之比

    E. 拉氏指数和帕氏指数

6. 下列选项中属于质量指标指数的有（　　）。

    A. 产品产量总指数　　　　　　　　B. 销售量总指数

    C. 平均成本指数　　　　　　　　　D. 劳动生产率指数

    E. 销售额指数

7. 某企业甲产品报告期单位成本为基期的 120%，该指数是（　　）。

    A. 个体指数　　　　　　　　　　　B. 数量指标指数

    C. 质量指标指数　　　　　　　　　D. 动态指数

    E. 静态指数

8. 下列选项中属于质量指标指数的有（　　）。

    A. 商品零售量指数　　　　　　　　B. 商品零售额指数

    C. 商品零售价格指数　　　　　　　D. 职工劳动生产率指数

    E. 产品单位成本指数

9. 下列选项中属于数量指标指数的有（　　）。

    A. 工业生产指数　　　　　　　　　B. 劳动生产率指数

    C. 职工人数指数　　　　　　　　　D. 产品产量指数

    E. 产品单位成本指数

10. 编制综合指数的原则是（　　　　）。

A. 质量指标指数以报告期的数量指标作为同度量因素

B. 质量指标指数以基期的数量指标作为同度量因素

C. 数量指标指数以基期的数量指标作为同度量

D. 数量指标指数以基期质量指标作为同度因素

E. 数量指标指数以固定时期质量指标作为同度因素

11. 对某商店某时期商品销售额变动情况分析，其指数体系包括（　　　　）。

A. 销售量指数　　　　　　　　　　B. 销售价格指数

C. 总平均价格指数　　　　　　　　D. 销售额指数

E. 个体指数

12. 进行平均指标变动的因素分析应编制的指数有（　　　　）。

A. 算术平均数指数　　　　　　　　B. 调和平均数指数

C. 可变构成指数　　　　　　　　　D. 固定构成指数

E. 结构影响指数

13. 某企业 2019 年三种不同产品的实际产量为计划产量的 105%，这个指数属于（　　　　）。

A. 个体指数　　　　　　　　　　　B. 总指数

C. 数量指标指数　　　　　　　　　D. 质量指标指数

E. 静态指数

14. 加权算术平均指数属于（　　　　）。

A. 平均数指数　　　　　　　　　　B. 综合指数

C. 总指数　　　　　　　　　　　　D. 个体指数

E. 平均指标对比指数

15. 同度量因素的作用（　　　　）。

A. 平衡作用　　　　　　　　　　　B. 比较作用

C. 权数作用　　　　　　　　　　　D. 稳定作用

E. 同度量作用

16. 某农户小麦播种面积报告期是基期的 120%，这个指数属于（　　　　）。

A. 个体指数　　　　　　　　　　　B. 总指数

C. 数量指标指数　　　　　　　　　D. 质量指标指数

E. 动态指数

17. 下列选项中属于质量指数的有（　　　　）。

A. 克强指数　　　　　　　　　　　B. 商品销售量指数

C. 两山指数　　　　　　　　　　　D. 产品成本指数

E. 职工工人数指数

18. 指数的应用范畴包括（　　　　）。

A. 动态对比　　　　　　　　　　　B. 不同地区对比

C. 不同部门对比　　　　　　　　　D. 不同国家对比

E. 实际与计划对比

19. 指数体系中，指数之间的数量对等关系表现在（　　　）。

    A. 总量指数等于它的因素指数的乘积

    B. 总量指数等于它的因素指数的代数和

    C. 总量指数等于它的因素指数之间的比例

    D. 与总量指数对应的绝对增长量等于它的各因素指数引起的绝对增长额的代数和

    E. 与总量指数对应的绝对增长量等于它的各因素指数引起的绝对增长额的乘积

20. 若用某企业职工人数和劳动生产率分组资料进行分析，该企业总的劳动生产率的变动主要受到（　　　）变动的影响。

    A. 企业全部职工人数

    B. 企业劳动生产率

    C. 企业各类职工人数在全部职工人数中所占比重

    D. 企业各类工人劳动生产率

    E. 企业各类职工人数和相应劳动生产率两因素

21. 在各类指数中，可以编制指数体系的有（　　　）。

    A. 个体指数

    B. 综合指数

    C. 用综合指数变形权数加权的平均指标指数

    D. 用固定指数变形权数加权的平均指标指数

    E. 平均指标对比指数

22. 某市按不变价格计算的工业总产值，今年相当于去年的 124%，这个指数属于（　　　）。

    A. 数量指标指数   B. 总指数

    C. 质量指标指数   D. 综合指数

    E. 平均指标指数

23. 综合指数的特点包括（　　　）。

    A. 综合反映多种现象的平均变动程度

    B. 两个总量指标对比的动态相对数

    C. 固定一个或一个以上因素，反映另一个因素的变动

    D. 分子与分母是两个或两个以上因素的乘积之和

    E. 分子或分母中有一项假定指标

24. 已知某企业报告期生产费用为 2 850 万元，比基期增长 14%，又知 $\sum q_1 p_0 = 3\,000$ 万元，则（　　　）。

    A. 成本降低 5%

    B. 产量增加 20%

    C. 报告期生产费用比基期增加 350 万元

    D. 由于成本降低而节约的生产费用为 150 万元

    E. 由于产量增加而多支出的生产费用为 500 万元

25. 以 q 代表销售量，p 代表商品价格，那么 $\sum q_1 p_1 - \sum q_1 p_0$ 的意义包括（　　　）。

    A. 由于销售额本身变动而增减的绝对额

B. 由于物价的变动而增减的销售额

C. 由于销售量变动而增减的销售额

D. 由于物价变动，居民购买商品多支出或减少的货币量

E. 由于销售量变动，居民购买商品多支出或少支出的货币量

26. 根据三种产品基期和报告期的生产费用和产品单位成本个体指数资料编制的三种产品成本指数属于（　　）。

    A. 总指数　　　　　　　　　　　B. 综合指数

    C. 平均指数　　　　　　　　　　D. 个体指数

    E. 帕氏指数

27. 某产品 2020 年的生产费用为 20 万元，比 2019 年多支出 4 000 元，单位成本比 2019 年降低 2%，所以（　　）。

    A. 总生产费用指数为 102.04%　　B. 单位成本指数为 102%

    C. 产品产量指数为 104.12%　　　D. 总生产费用指数为 125%

    E. 产品产量指数为 106.04%

28. 某产品 2020 年的生产费用为 50 万元，比 2019 年多 2 万元，单位成本比 2019 年降低 5%，则（　　）。

    A. 总生产费用指数为 104.17%　　B. 生产费用增加 4.17%

    C. 单位成本指数为 95%　　　　　D. 产品产量指数为 109.65%

    E. 产品总指数为 101.47%

29. 某企业基期职工工资总额为 29 000 元，比报告期少 2 800 元，职工人数报告期比基期增长 3.22%。所以该企业的（　　）。

    A. 工资总额指数为 109.66%　　　B. 该企业平均工资下降

    C. 平均工资指数为 106.24%　　　D. 职工人数指数为 105.67%

    E. 由于职工人数增长而增加的工资总额为 24 650 元

30. 某企业基期产值为 100 万元，报告期比基期增加 14%，又知以基期价格计算的报告期固定产值为 112 万元，则经计算可知（　　）。

    A. 产量增加 12%　　　　　　　　B. 价格增加 12%

    C. 由于价格变化使产值增加 2 万元

    D. 由于产量变化使产值增加 12 万元

    E. 由于价格和产量变化导致产值增加 14 万元

31. 对某商品某时期商品销售额变动情况分析，其指数体系包括（　　）。

    A. 销售量指数　　　　　　　　　B. 销售价格指数

    C. 总平均价格指数　　　　　　　D. 销售额指数

    E. 综合指数

32. 拉氏指数的基本公式有（　　）。

    A. $\dfrac{\sum p_1 q_1}{\sum p_0 q_1}$　　　　　　　　B. $\dfrac{\sum p_0 q_1}{\sum p_0 q_0}$

C. $\dfrac{\sum p_1 q_0}{\sum p_0 q_0}$ D. $\dfrac{\sum p_1 q_1}{\sum p_1 q_0}$

E. $\dfrac{\sum p_1 q_1}{\sum p_0 q_0}$

33. 帕氏指数的基本公式有（　　　）。

A. $\dfrac{\sum p_1 q_1}{\sum p_0 q_1}$ B. $\dfrac{\sum p_0 q_1}{\sum p_0 q_0}$

C. $\dfrac{\sum p_1 q_0}{\sum p_0 q_0}$ D. $\dfrac{\sum p_1 q_1}{\sum p_1 q_0}$

E. $\dfrac{\sum p_1 q_1}{\sum p_0 q_0}$

34. 某经济指标报告期和基期数值之比可以称为（　　　）。

A. 动态相对数 B. 发展速度

C. 增长速度 D. 统计指数

D. 个体指数

35. 在编制综合指数时，其中的同度量因素（　　　）。

A. 和指数化指标相乘有意义且表现为价值量

B. 既有同度量作用又有权数作用

C. 必须固定在同一时期

D. 其时期可以不固定

E. 必须固定在报告期

36. 我国编制综合指数一般（　　　）。

A. 质量指标指数以报告期的数量指标作为同度量因素

B. 质量指标指数以基期的数量指标作为同度量因素

C. 数量指标指数以报告期的质量指标作为同度量因素

D. 数量指标指数以基期的质量指标作为同度量因素

E. 多采用行业个体指数

37. 按照所采用的基期不同将指数分为（　　　）。

A. 定基指数 B. 数量指标指数

C. 质量指标指数 D. 个体指数

E. 环比指数

38. 关于指数体系的作用，下列选项中说法正确的是（　　　）。

A. 对现象进行因素分析 B. 进行指数推算

C. 确定同度量因素时期 D. 确定变动因素

E. 确定因素变量相对量和绝对量

39. 按照所反映的时间状态不同，将指数分为（　　　）。
    A. 数量指标指数　　　　　　　　B. 综合指数
    C. 静态指数　　　　　　　　　　D. 动态指数
    E. 总指数
40. 下列选项中属于指数的有（　　　）。
    A. 某种商品销售量较上年增长 15%
    B. 某企业全部产品产量较上年增长 18%
    C. 甲企业职工平均工资较乙企业高 20%
    D. 甲集贸市场价格较乙集贸市场高 5%
    E. 中国国土面积比加拿大国土面积少 28 万平方公里

三、判断题

1. 在编制总指数时，虽将同度量因素加以固定，但同度量因素仍起权数作用。
（　　　）

2. 在编制总指数时，经常采用非全面统计资料仅仅是为了节约人力、物力和财力。
（　　　）

3. 拉氏数量指数并不是编制数量指标综合指数的唯一公式。（　　　）

4. 在由三个指数构成的指数体系中，两个因素指数的同度量因素指标是不同的。
（　　　）

5. 价格降低后，同样多的人民币可多购买商品 15%，则价格指数应为 85%。
（　　　）

6. 说明现象总的规模和水平变动情况的统计指数是质量指数。（　　　）

7. 有人认为，定基发展速度等于相应环比发展速度的连乘积，动态指数相当于发展速度，定基指数也总是等于环比指数的连乘积。（　　　）

8. 综合指数是根据全面资料计算的，平均指数是根据非全面资料计算的。（　　　）

9. 如果产值增长 50%，职工人数增长 20%，则全员劳动生产率将增长 70%。
（　　　）

10. 加权调和平均数要成为综合指数的变形，其权数必须是 $p_0 q_0$。（　　　）

11. 如果零售物价指数上涨 2%，商品销售量增长 5%，则商品销售额增长 10%。
（　　　）

12. 数量指标指数反映总体的总规模水平，质量指标指数反映总体的相对水平或平均水平。
（　　　）

13. 数量指标作为同度量因素，时期一般固定在基期。（　　　）

14. 广义指数就是各种相对数。（　　　）

15. 总指数能说明不可相加现象总变动的情况。（　　　）

16. 如果物价上涨 10%，则现在的 100 元只值原来的 90 元。（　　　）

17. 总指数分为质量指数和数量指数，而个体指数不能这样分。（　　　）

18. 在我国统计实践中，零售物价指数的编制是采用固定加权平均法。（　　　）

19. 在单位成本指数 $\dfrac{p_1 q_1}{p_0 q_0}$ 中，$p_1 q_1 - p_0 q_1$ 表示单位成本增减的绝对额。（　　　）

20. 综合指数中同度量因素的时期是可以选择的。 （　　）
21. 质量指标指数是反映总体内涵变动情况的相对数。 （　　）
22. 平均指数也是编制总指数的一种重要形式，有它的独立应用意义。 （　　）
23. 因素分析内容包括相对数和平均数分析。 （　　）
24. 因素分析的目的就是要测定现象总变动中因素的影响方向和影响程度。
（　　）
25. 对于多因素分析要使用连锁替代法。 （　　）
26. 工资总额增长 10%，平均工资下降 5%，则职工人数应增长 15%。 （　　）
27. 平均指标指数实际是综合指数的变形。 （　　）
28. 编制平均指数，实际上是计算个体指数的平均数。 （　　）
29. 编制综合指数的关键问题是同度量因素及其时期的选择。 （　　）
30. 综合指数可以同时研究几个因素的变动方向和变动程度。 （　　）
31. 若以 p 表示产品价格，q 表示产品产量，则 $\sum p_1 q_1 - \sum p_0 q_1$ 为因价格变动造成的产值变动。 （　　）
32. 在编制综合指数时，虽然将同度量因素加以固定，但同度量因素仍起权数作用。 （　　）
33. 综合指数一般用实际资料作为权数编制，平均指标指数只能用推算的比重权数进行加权平均。 （　　）
34. 编制综合指数的特点是先对比，后综合。 （　　）
35. 如果生活费用指数上涨了 15%，在现在 1 元钱只值原来的 0.85 元。 （　　）
36. 同度量因素可以固定，也可以不固定。 （　　）
37. 总指数的特点是综合性和平均性。 （　　）
38. 拉氏指数将同度量因素固定在基期。 （　　）
39. 帕氏指数将同度量因素固定在报告期。 （　　）
40. 指数因素分析实际上就是分析事物受哪些因素影响。 （　　）

四、计算题

1. 给出某市场上四种蔬菜的销售资料，如下表所示：

品种	销售量/千克		销售价格/(元·千克$^{-1}$)	
	基期	报告期	基期	报告期
白菜	550	560	1.60	1.80
黄瓜	224	250	2.00	1.90
萝卜	308	320	1.00	0.90
番茄	168	170	2.40	3.00
合计	1 250	1 300	—	—

（1）用拉氏指数编制四种蔬菜的销售量总指数和价格总指数；
（2）用帕氏指数编制四种蔬菜的销售量总指数和价格总指数。

2. 某企业共生产三种不同的产品，有关的产量、成本和销售价格资料如下表所示：

产品种类	计量单位	基期产量	计算期		
			产量	单位成本	销售价格
A	件	270	340	50	65
B	台	32	35	800	1 000
C	吨	190	150	330	400

（1）以单位产品成本为同度量因素，编制该企业的帕氏产量指数；

（2）以销售价格为同度量因素，编制该企业的帕氏产量指数。

3. 给出某市场上四种蔬菜的销售资料如下表所示：

品种	销售额/元		个体价格指数/%
	基期	报告期	
白菜	880	1 008	112.5
黄瓜	448	475	95
萝卜	308	288	90
番茄	403.2	510	125
合计	2 039.2	2 281	—

（1）用基期加权的算术平均指数公式编制四种蔬菜的价格总指数；

（2）用计算期加权的调和平均指数公式编制四种蔬菜的价格总指数。

4. 已知某地区 2013 年的农副产品收购总额为 360 亿元，2014 年比上年的收购总额增长 12%，农副产品收购价格总指数为 105%。2014 年与 2013 年对比：

（1）农民因交售农副产品共增加多少收入？

（2）农副产品收购量增加了百分之几，农民因此增加了多少收入？

（3）由于农副产品收购价提高了 5%，农民又增加了多少收入？

（4）验证以上三方面的分析结论是否保持协调一致。

5. 某商场商品销售情况统计如下表所示：

品名	单位	销售量		基期销售额/万元
		基期	报告期	
甲	台	2 500	3 000	1 200
乙	吨	1 800	2 000	90
丙	件	5 000	4 500	400

计算三种商品销售量总指数，并分析销售量的变动对销售额的影响。

6. 某商业企业三种商品的零售价格和销售量资料如下表所示：

产品	单位	商品销售额/万元		报告期销售量比基期增长百分比/%
		2018 年	2019 年	
甲	件	120	180	8
乙	箱	200	240	5
丙	千克	400	450	15

计算：

（1）销售额指数及销售额的绝对值增加额；

（2）销售量指数及由销售量变动而增加的销售额。

7. 某公司销售的三种商品的销售额及价格变动资料如下表所示：

商品名称	商品销售额/万元		价格增长（+）或下降（−）/%
	基期	报告期	
A	200	250	3
B	100	100	−2
C	50	60	0

求三种商品的价格总指数以及由于价格变动而影响的商品销售额。

8. 某厂产品产量及出厂价格资料如下表所示：

产品名称	单位	产 量		出厂价格/元	
		基期	报告期	基期	报告期
甲	吨	600	500	110	100
乙	台	1 000	1 200	50	60
丙	件	4 000	4 100	20	20

试对该厂总产值变动进行因素分析。

9. 某企业三种产品产值和产量动态资料如下表所示：

产品名称	总产值/万元		报告期比基期产量增长/%
	基期	报告期	
A	400	4 260	74
B	848	1 135	10
C	700	1 432	40

试计算三种产品的产量总指数，以及由于产量增加使企业所增加的产值。

10. 某企业资料如下表所示：

| 产品名称 | 总产值/万元 | | 报告期比基期价格增长/% |
	基期	报告期	
A	1 450	1 680	12
B	2 200	2 760	15
C	3 500	3 780	5

计算：

（1）出厂价格指数和由于价格变化而增加的总产值；

（2）总产值指数和产品产量指数；

（3）从相对数和绝对数两方面简要分析总产值变动所受的因素影响。

11. 根据下表资料分别计算总成本指数、单位成本指数和产量指数，并进行因素分析。

| 产品名称 | 单位 | 单位成本/百元 | | 产量 | |
		基期	报告期	基期	报告期
A	只	10	8	3 000	5 000
B	台	8	6	4 500	7 000
C	件	6	5.4	10 000	20 000

12. 某企业生产 A、B、C 三种产品，其产品产量和产品成本如下表所示，要求分别计算拉氏成本综合指数和帕氏成本综合指数。

| 产品 | 计量单位 | 产量 | | 单位成本/万元 | |
		基期	报告期	基期	报告期
A	件	20	24	8	6
B	吨	8	11	10	8
C	台	4	6	20	17

13. 某企业生产三种产品的产量和出厂价格情况如下表所示，要求计算具有实际意义的产量综合指数和出厂价格综合指数。

| 产品 | 计量单位 | 产量 | | 出厂价格/元 | |
		基期	报告期	基期	报告期
A	件	1 000	1 150	100	100
B	千克	2 000	2 100	55	50
C	台	400	500	200	250

14. 已知某企业生产三种产品的产量和价格情况如下表所示，计算并分析工业总产值的总变动及其变动原因。

产品	计量单位	产量		出厂价格/元	
		基期	报告期	基期	报告期
A	万吨	350	380	540	554
B	万台	78	70	420	405
C	万件	2 350	2 480	32	42

15. 某企业生产三种产品，其产量与出厂价格资料如下表所示：

产品名称	计量单位	出产价格/元		产量/吨	
		基期	报告期	基期	报告期
A	吨	100	120	2 000	2 400
B	件	50	60	1 000	1 300
C	台	2 000	2 400	50	150

计算：

(1) 产量综合指数；

(2) 由于产量增加而增加的产值。

16. 某厂生产三种产品的有关资料如下表所示，试以 2010 年不变价格为权数，分别计算各年的产品产量指数。

商品名称	单位	产量			2010 年不变价格/元
		2011 年	2012 年	2013 年	
甲	件	1 000	900	1 100	50
乙	台	120	125	140	3 500
丙	箱	200	220	240	300

17. 报告期和基期购买等量的商品，报告期比基期多支付 50% 的货币，请计算并分析物价变动情况。

18. 甲、乙、丙三种产品产量及出厂价格情况如下表所示，计算产量指数和价格指数。

产品	单位	产量		出厂价格/元	
		上年	本年	上年	本年
甲	件	100	100	500	600
乙	台	20	25	3 000	3 000
丙	米	1 000	2 000	6	5

19. 某厂成本资料如下表所示：

产品	单位	单位成本/元		产品产量	
		上年	本年	上年	本年
甲	件	10	9	1 000	1 100
乙	台	9	9	400	500
丙	米	8	7	700	800

计算：

（1）成本个体指数和产量个体指数；

（2）综合成本指数；

（3）总生产费用指数。

20. 某厂所有产品的生产费用今年为 12.9 万元，比上年多 0.9 万元，单位产品成本平均比上年降低 3%。试计算：

（1）生产费用总指数；

（2）由于成本降低而节约的生产费用。

第三节　答案解析

一、单项选择题

1. D。【解析】比例相对数不是统计指数，比较相对数是统计指数。

2. C。【解析】同度量因素是引进的作为权数的媒介指标因素。

3. C。【解析】销售额都可以用价值表示，可以同度量。

4. C。【解析】相同的开支相当于总指数为 1，消费品减少 10% 表示数量指数为 90%，价格指数为 $1/90\% = 111\%$。

5. B。【解析】相同的开支相当于总指数为 1，消费品价格下跌 20% 表示价格指数为 80%，数量指数为 $1/80\% = 125\%$。

6. D。【解析】总指数为 $52\,679/48\,882 = 107.77\%$，价格指数为 101.2%，数量指数为 $107.77\%/101.2\% = 106.49\%$。

7. D。【解析】因为最大涨幅和最大降幅都是 25%，指数应介于 75%~125% 之间。

8. A。【解析】统计指数是相对数，用百分数表示。

9. A。【解析】综合指数和平均指数选取的权不一样，但是指数化指标相同。

10. C。【解析】指数是相对数，不能反映规模和水平。

11. D。【解析】人民币对美元汇价是同类现象的对比。

12. D。【解析】总指数是多种不能直接加总的事物对比。

13. B。【解析】综合指数的权必须固定在同一时期。

14. D。【解析】价格指数指数化指标是价格，如果编制综合指数同度量因素应为销量，可以是基期或报告期，如果编制平均指数可用销售额作为权。

15. C。【解析】总指数为1，销量指数为110%，价格指数为1/1.1＝90.9%。

16. C。【解析】公式 $\sum q_1 p_1 - \sum q_1 p_0$ 表示数量不变价格变动带来的绝对增量。

17. D。【解析】公式 $\sum q_1 p_0 - \sum q_0 p_0$ 表示价格不变数量变动带来的绝对增量。

18. D。【解析】如下表所示，则价格指数为（20.4＋30）/（20.4/1.02＋30）＝100.8%。

	P0	P1	Q0	Q1
肉	x	$1.02x$	$15/x$	$20.4/1.02x$
奶	y	y	$25/y$	$30/y$

19. B。【解析】价格调和加权平均指数的权是报告期产值。

20. B。【解析】编制数量指数，质量指标作为同度量因素，一般固定在基期。

21. C。【解析】加权指数是以个体指数作为变量的。

22. A。【解析】费用＝单位成本×产量，从而成本指数＝1.08/1.1＝98.18%。

23. C。【解析】一般所说指数是反映复杂总体数量综合变动情况的指标。

24. C。【解析】因素指数同度量因素一个固定在基期，另一个固定在报告期。

25. C。【解析】总指数为220.8/120＝184%，物价指数为147.2%，数量指数为184%/147.2%＝125%。

26. C。【解析】股票指数是质量指数、动态指数。

27. A。【解析】总指数为150%，数量指数为120%，质量指数为150%/120%＝125%。

28. D。【解析】现在100只值原来90意味着数量指数为1，价格指数为100/90＝111.11%。

29. A。【解析】一般个体指数是简单指数，综合指数是总指数。

30. A。【解析】根据性质将指数分为动态指数和静态指数。

31. B。【解析】数量和质量指数划分依据是事物特征。

32. D。【解析】价格综合指数相当于以报告期销售额为权的调和平均指数。

33. A。【解析】根据范围将指数分为个体指数、组指数和总指数。

34. B。【解析】销售额指数是总指数，价格指数、生产率指数反映质量，属于质量指数。

35. B。【解析】综合指数关键问题是确定同度量因素及固定在哪个时期。

36. D。【解析】数量指数采用质量指标作为同度量因素并固定在基期。

37. B。【解析】数量指数一般选质量指标作为同度量因素，虽然成本和单价都是质量因素，但是一般产量和价格对应。

38. B。【解析】已知个体指数和销售额时，编制产量指数一般选用基期销售额作为权计算加权平均指数。

39. B。【解析】指数指标体系可以相互推算。

40. A。【解析】同度量因素是指引入该因素后原来不能直接加总的现象变成可以直接加总。

41. A。【解析】总成本等于产量和单位成本乘积，单位成本指数 = 1.5/1.25 = 120%。

42. C。【解析】总指数为 1.06，价格指数为 1.11，数量指数为 1.06/1.11 = 0.955 0，下降 4.5%。

43. B。【解析】$\dfrac{\sum p_1 q_1}{\sum p_0 q_1}$ 是价格指数，反映了价格综合变动情况。

44. B。【解析】总量指数为 1，数量指数为 97%，物价指数为 1/0.97 = 103.09%。

45. B。【解析】产量指数为 126%，成本指数为 68%，生产费用指数为 1.26×0.68 = 85.68%。

46. B。【解析】销售额持平，物价上涨，销售额下降。

47. B。【解析】拉氏指数同度量因素固定在基期。

48. A。【解析】帕氏指数同度量因素固定在报告期。

49. C。【解析】物价指数为 108%，总指数为 1，数量指数为 1/1.08 = 92.59%。

50. B。【解析】总指数编制方法有综合指数法和平均指数法。

51. D。【解析】加权调和平均数的权是报告期销售额。

52. C。【解析】劳动生产率指数需要反映结构变动。

53. D。【解析】个体价格指数分别为 1.05、1.07 和 1.12，采用报告期销售额作为权的调和平均指数可计算价格指数，即 $\dfrac{2\,000 + 2\,600 + 400}{\dfrac{2\,000}{1.05} + \dfrac{2\,600}{1.07} + \dfrac{400}{1.12}}$。

54. A。【解析】产量指数是数量指数。

55. C。【解析】我国商品零售额指数采用固定加权平均法编制。

56. C。【解析】总指数为 120%，数量指数为 111%，物价指数为 108.11%。

57. D。【解析】价格指数等于以报告期销售额为权的加权调和平均指数。

58. B。【解析】根据内容不同将指数分为质量指数和数量指数。

59. B。【解析】总指数为 1.12，数量指数为 1.156，成本指数为 0.968 9。

60. B。【解析】总指数等于质量指数乘以数量指数，即 1.05×1.02 = 1.071。

61. C。【解析】按照性质不同指数分为静态指数和动态指数。

62. B。【解析】质量指数为 1.035，数量指数为 1.15，总指数为 1.035×1.15 = 1.11。

63. D。【解析】价格指数 = 1.5/1.25 = 1.2。

64. B。【解析】同度量因素首先得遵循经济意义。

65. C。【解析】编制综合指数应固定同度量因素。

66. C。【解析】$\dfrac{K_q q_0 P_0}{q_0 P_0} = \dfrac{q_1 P_0}{q_0 P_0}$。

67. D。【解析】PPI 是动态指数、质量指数。

68. B。【解析】CPI 是消费价格指数。

69. C。【解析】加权平均指数采用基期价值量作为权重。

70. C。【解析】广义的指数是社会经济现象变动的相对数。

71. D。【解析】晨练指数是一个质量指数，反映锻炼适宜程度。

72. C。【解析】幸福指数是一个人全方位衡量指数，属于综合指数。

73. A。【解析】PPI 是生产者价格指数。

74. D。【解析】环比指数和定基指数主要是选取的比较基期不同。

75. C。【解析】平均指数有加权平均指数和调和平均指数两种形式。

76. D。【解析】编制数量指数一般将同度量因素固定在基期。

77. A。【解析】编制质量指数一般将同度量因素固定在报告期。

78. C。【解析】综合指数是总指数的基本形式，平均指数是综合指数的变形。

79. C。【解析】设 $\sum p_0 q_0 = x$，$\sum p_1 q_1 = y$，则根据题意有 $\dfrac{\sum p_1 q_1}{\sum p_0 q_0} = 1.05 \times 1.1 =$

1.155，$\dfrac{\sum p_1 q_1}{\sum p_0 q_1} = \dfrac{y}{x + 10} = 1.1$，$\dfrac{\sum p_0 q_1}{\sum p_0 q_0} = \dfrac{x = 10}{x} = 1.05$，从而得 $x = 200$，$y = 231$，所

以 $\sum p_1 q_1 - \sum p_0 q_1 = 21$。

80. C。【解析】质量指数为 1.15，数量指数为 1.25，总指数为 $1.15 \times 1.25 = 1.437\,5$。

81. D。【解析】物价指数为 104%，总指数为 $15\,600 / 12\,000 = 130\%$，数量指数为 $1.30 / 1.04 = 125\%$。

82. A。【解析】总指数为 112.9%，数量指数为 113.6%，成本指数为 $112.9\% / 113.6\% = 99.38\%$。

83. B。【解析】已知个体产量指数和费用，产量指数可用基期费用作为权计算加权平均指数。

84. A。【解析】已知不同时期成本和产量资料，可用综合指数法。

85. D。【解析】反映个别事物相对变化的指标是个体指数。

86. C。【解析】说明规模和水平是量的变化，属于数量指标指数。

87. C。【解析】需要用不变价格同质化才能直接比较。

88. B。【解析】加权算术平均数以基期销售额作为权。

89. A。【解析】调和平均指数以报告期销售额为权。

90. D。【解析】狭义上的指数是指综合指数。

91. D。【解析】从数据来看，价格指数和数量指数都为 1.1，总指数为 121%。

92. B。【解析】物价指数为 120%，数量指数不变，总指数为 120%，现在 1 元相当于原来的 $1/1.2 = 0.83$（元）。

93. B。【解析】已知个体指数和基期销售额，可用加权平均指数计算数量指数。

94. C。【解析】已知报告期费用和个体指数，可用调和平均指数计算成本指数。

95. C。【解析】空间指数是静态指数。

96. B。【解析】综合指数基本思路是先综合后对比。

97. C。【解析】平均指数基本思路是先对比后综合。

98. B。【解析】综合指数需要解决同度量的问题。

99. A。【解析】平均指数需要解决的问题是如何赋权。

100. A。【解析】通常采用帕氏质量指数和拉氏数量指数。

二、多项选择题

1. ABD。【解析】商品价格指数反映商品销售价格变动程度和方向，也可以表明销售价格变动对销售额变动的影响。

2. AB。【解析】$\sum p_1q_1 - \sum p_0q_1$ 表示价格变动造成的产值变动，$\sum p_0q_1 - \sum p_0q_0$ 表示数量变动带来的产值变动，$\sum p_1q_1 - \sum p_0q_0$ 表示出口额的绝对变动程度。

3. BCD。【解析】由题意知报告期收购额为 $p_1q_1 = 120$，基期收购额为 $p_0q_0 = 100$，$p_0q_1 = 115$，因此价格指数为 $120/115 = 104.35\%$，数量指数为 $115/100 = 115\%$，价格变动增加了5，数量变动增加了15。

4. ACE。【解析】指数的作用包括反映现象的变动程度，进行因素分析，研究现象长期综合变动趋势。

5. AB。【解析】广义指数是同类现象的比较，包括空间指数、计划完成程度等。

6. CD。【解析】产量指数、销量指数都是数量指数，销售额指数是总指数。

7. ACD。【解析】个体成本指数是动态质量指数。

8. CDE。【解析】价格指数、成本指数、生产率指数都是质量指数。

9. ACD。【解析】工业生产指数、职工人数指数、产品产量指数都是数量指数。

10. AD。【解析】质量指数同度量因素固定在报告期，数量指数同度量因素固定在基期。

11. ABD。【解析】销售额变动分析包括总指数、数量指数和质量指数。

12. CDE。【解析】平均指标指数因素分析包括平均数指数、固定构成指数和结构影响指数。

13. BDE。【解析】这是计划完成程度指数。计划完成程度是静态指数、质量指数。

14. AC。【解析】加权算数平均指数属于平均数指数和总指数。

15. CE。【解析】同度量因素起媒介作用和权数作用。

16. ACE。【解析】不同时期的播种面积是个体数量指数。

17. ACD。【解析】销量、人数指数都是数量指数。

18. ABCDE。【解析】指数可用于动态对比、区域对比、部门对比、国别对比、实际与计划对比等。

19. AD。【解析】指数数量对等关系表现在总指数等于其他指数乘积，总的增长量等于各因素增长量之和。

20. CD。【解析】劳动生产率受到各类工种劳动生产率和各类工种人数权重影响。

21. ABCE。【解析】个体指数、综合指数、平均指数都可以编制指数体系。

22. ABD。【解析】工业总产值只是一个总量，表示一个规模或者水平，是全部工业类型的综合。

23. ABCDE。【解析】综合指数反映多个现象的综合变动。

24. ABCDE。【解析】已知条件是 $\sum q_1p_1 = 2\,850$，$\sum q_1p_0 = 3\,000$，$\sum q_0p_0 = 2\,850/1.14 = 2\,500$，因此有数量指数为 $3\,000/2\,500 = 120\%$，价格指数为 $1.14/1.2 = 0.95$，$\sum q_1p_1 - \sum q_1p_0 = -150$，$\sum q_1p_1 - \sum q_0p_0 = 350$。

25. BD。【解析】$\sum q_1p_1 - \sum q_1p_0$ 表示价格变动带来的绝对影响。

26. AC。【解析】已知费用和个体指数可以计算平均总指数。

27. AC。【解析】已知条件是 $\sum q_1p_1 = 20$，$\sum q_0p_0 = 19.6$，成本指数为 0.98，总指数为 20/19.6 = 102.04%，产量指数为 102.04%/0.98 = 104.12%。

28. ABCD。【解析】已知条件是 $\sum q_1p_1 = 50$，$\sum q_0p_0 = 48$，成本指数为 0.95，则总指数为 50/48 = 104.17%，数量指数为 104.17%/0.95 = 109.65%。

29. AC。【解析】已知 $\sum q_1p_1 = 31\ 800$，$\sum q_0p_0 = 29\ 000$，数量指数为 103.22%，则总指数为 31 800/29 000 = 109.66%，质量指数为 109.66%/1.032 2 = 106.24%。

30. ACDE。【解析】已知 $\sum q_1p_1 = 114$，$\sum q_0p_0 = 100$，$\sum q_1p_0 = 112$，则总指数为 114%，数量指数为 112%，价格指数为 101.79%。

31. ABD。【解析】商品销售额变动指数体系包括总指数、销量指数和价格指数。

32. BC。【解析】拉氏指数是把同度量因素固定在基期。

33. AD。【解析】帕氏指数是把同度量因素固定在报告期。

34. ABDE。【解析】报告期和基期水平对比值是动态相对数、发展速度、个体指数。

35. ABC。【解析】同度量因素和指数化因素相乘后表现为价值，必须固定后才能判断指数化因素的变动情况。

36. AD。【解析】质量指数以报告期数量指标作为权，数量指数以基期质量指标作为权。

37. AE。【解析】按基期不同将指数分为定基指数和环比指数。

38. ABE。【解析】指数体系可用于对现象进行因素分析、指数推算、计算变动因素的相对变化和绝对变化。

39. CD。【解析】根据时间不同分为静态指数和动态指数。

40. ABCD。【解析】指数是相对数，不是绝对数。

三、判断题

1. 对。【解析】同度量因素不仅有媒介作用还有权数作用。

2. 错。【解析】采用非全面统计资料不仅可以节约人力、物力和财力，也是统计推断的需要。

3. 对。【解析】编制数量指数可以用拉氏指数也可以用平均指数。

4. 对。【解析】两个同度量因素指标一个是质量因素另一个是数量因素。

5. 错。【解析】价格指数应为 1/1.15 = 86.95%。

6. 错。【解析】说明现象总规模和水平变动情况的统计指数是总指数。

7. 错。【解析】定基发展速度和环比发展速度具有连乘关系不代表定基指数和环比指数也具有连乘关系。指数是局部综合化表现。

8. 对。【解析】如果已知每个因素资料，则可以计算综合指数和平均指数；如果已知销售额和个体指数，则只能用平均指数。

9. 错。【解析】全员劳动生产率指数为 150%/120% = 125%。

10. 错。【解析】加权调和平均数要成为综合指数权数为 p_1q_1。

11. 错。【解析】总指数为 1.02×1.05 = 1.071。

12. 错。【解析】数量指标指数反映量的变化，质量指标指数反映事物质的变化。

13. 错。【解析】数量指标作为同度量因素一般固定在报告期。

14. 错。【解析】同类事物的对比都可以看成是广义的指数。

15. 对。【解析】总指数反映总额变化情况。

16. 错。【解析】价格指数为 1.1，数量不变的情况下，总额指数为 1.1，现在的 100 元相当于原来的 100/1.1 = 90.91（元）。

17. 错。【解析】无论是个体指数还是总指数都有质量指数和数量指数。

18. 对。【解析】居民消费价格指数、零售物价指数采用固定加权平均法。

19. 错。【解析】$p_1q_1 - p_0q_1$ 表示数量不变的情况下，成本变动带来的绝对影响。

20. 错。【解析】同度量时期可以采用报告期也可以采用基期，但是有实际意义的是确定的，不能选择。

21. 对。【解析】质量指标指数反映事物质的变化情况。

22. 对。【解析】平均指数和综合指数都是总指数的重要形式。

23. 错。【解析】因素分析包括相对数分析和绝对数分析。

24. 对。【解析】因素分析就是研究每个因素对总体的影响，包括影响大小和影响方向。

25. 对。【解析】多因素分析采用的方法是连锁替换法。

26. 错。【解析】职工人数指数为 110%/95% = 115.79%。

27. 对。【解析】平均指标指数和综合指数可以变换。

28. 错。【解析】个体指数的平均数是固定加权平均指数的方法。

29. 对。【解析】综合指数的核心问题是同度量。

30. 对。【解析】指数因素分析就是分析多个因素的变动方向和变动程度。

31. 对。【解析】$\sum p_1q_1 - \sum p_0q_1$ 表示数量没变，价格变动造成的产值变动。

32. 对。【解析】同度量因素同时起权数和同度量作用。

33. 错。【解析】无论综合指数还是平均指数都需要实际资料计算。

34. 错。【解析】综合指数是先综合后对比。

35. 错。【解析】如果价格指数为 1.15，数量不变的情况下，总指数为 1.15，现在 1 元相当于原来 1/1.15 = 0.869 6（元）。

36. 错。【解析】同度量因素必须固定才能确定指数化因素的变动情况。

37. 对。【解析】总指数具有综合性、平均性、代表性等特点。

38. 对。【解析】拉氏指数将同度量因素固定在基期。

39. 对。【解析】帕氏指数将同度量因素固定在报告期。

40. 错。【解析】指数因素分析是分析各个指数化因素的变动程度和变动方向。

四、计算题

1.【解析】有关数据计算如下表：

品种	销售量/千克		销售价格/元·千克$^{-1}$		p_0q_0	p_1q_1	p_0q_1	p_1q_0
	基期 q_0	报告期 q_1	基期 p_0	报告期 p_1				
白菜	550	560	1.6	1.8	880	1 008	896	990
黄瓜	224	250	2	1.9	448	475	500	425.6
萝卜	308	320	1	0.9	308	288	320	277.2
番茄	168	170	2.4	3	403.2	510	408	504
合计	1 250	1 300	—	—	2 039.2	2 281	2 124	2 196.8

（1）

$$L_p = \frac{\sum p_1 q_0}{\sum p_0 q_0} = \frac{2\,196.8}{2\,039.2} = 107.73\%, \quad L_q = \frac{\sum p_0 q_1}{\sum p_0 q_0} = \frac{2\,124}{2\,039.2} = 108.49\%;$$

（2）

$$P_p = \frac{\sum p_1 q_1}{\sum p_0 q_1} = \frac{2\,281}{2\,124} = 107.39\%, \quad L_q = \frac{\sum p_1 q_1}{\sum p_1 q_0} = \frac{2\,281}{2\,196.8} = 103.83\%。$$

2.【解析】相关计算数据如下表所示：

种类	单位	基期产量 q_0	计算期			q_1p_1	q_1c_1	q_0c_1	q_0p_1
			产量 q_1	单位成本 c_1	销售价格 p_1				
A	件	270	340	50	65	22 100	17 000	13 500	17 550
B	台	32	35	800	1 000	35 000	28 000	25 600	32 000
C	吨	190	150	330	400	60 000	49 500	62 700	76 000
合计						117 100	94 500	101 800	125 550

（1）$L_q = \dfrac{\sum c_1 q_1}{\sum c_1 q_0} = \dfrac{94\,500}{101\,800} = 92.83\%;$

（2）$L_q = \dfrac{\sum p_1 q_1}{\sum p_1 q_0} = \dfrac{117\,100}{125\,550} = 93.27\%。$

3.【解析】

（1）基期加权算术平均指数

$$I_p = \frac{\sum i_p p_0 q_0}{\sum p_0 q_0} = \frac{880 \times 1.125 + 448 \times 0.95 + 308 \times 0.9 + 403.2 \times 1.25}{2\,039.2}$$

$$= 107.73\%;$$

（2）报告期加权调和平均指数

$$I_p = \frac{\sum p_1 q_1}{\sum \dfrac{p_1 q_1}{i_p}} = \frac{2\,281}{\dfrac{1\,008}{1.125} + \dfrac{475}{0.95} + \dfrac{288}{0.9} + \dfrac{510}{1.25}} = 107.39\%。$$

4.【解析】（1）农民因交售农副产品共增加的收入为 $360 \times 12\% = 43.2$；

（2）由 $V = P_p \times L_q$ 得 $L_q = 112\%/105\% = 106.67\%$，所以收购量增加了 6.67%，由

$$P_p = \frac{\sum p_1 q_1}{\sum p_0 q_1} = 1.05$$ 得 $$\sum p_0 q_1 = \frac{\sum p_1 q_1}{1.05} = \frac{360 \times 1.12}{1.05} = 384,$$ 所以收购量增加导致的收

入为 $\sum p_0 q_1 - \sum p_0 q_0 = 384 - 360 = 24$；

（3）由于价格提高 5%，农民增加的收入为

$$\sum p_1 q_1 - \sum p_0 q_1 = 360 \times 1.12 - 384 = 19.2;$$

（4）是一致的，因为 $19.2 + 24 = 43.2$。

5.【解析】三种商品销售量总指数为：

$$\frac{\sum p_0 q_1}{\sum p_0 q_0} = \frac{3\,000 \times \dfrac{1\,200}{2\,500} + 2\,000 \times \dfrac{90}{1\,800} + 4\,500 \times \dfrac{400}{5\,000}}{1\,200 + 90 + 400} = 112.43\%,$$

因为销售量增长，销售额增长了 12.43%，销售收入增长了 $\sum p_0 q_1 - \sum p_0 q_0 = 210$（万元）。

6.【解析】（1）销售额总指数为 $\dfrac{\sum p_1 q_1}{\sum p_0 q_0} = \dfrac{180 + 240 + 450}{120 + 200 + 400} = 120.83\%$，销售额的

绝对值增加额为 $\sum p_1 q_1 - \sum p_0 q_0 = 150$；

（2）销售量指数为 $\dfrac{\sum \dfrac{q_1}{q_0} \times p_0 q_0}{\sum p_0 q_0} = \dfrac{1.08 \times 120 + 1.05 \times 200 + 1.15 \times 400}{120 + 200 + 400} =$

111.06%，因为销售量变动而增加的销售额为 $\sum \dfrac{q_1}{q_0} \times p_0 q_0 - \sum p_0 q_0 = 79.6$。

7.【解析】三种商品价格总指数为

$$\frac{\sum p_1 q_1}{\sum \dfrac{p_1 q_1}{\dfrac{p_1}{p_0}}} = \frac{250 + 100 + 60}{\dfrac{250}{1.03} + \dfrac{100}{0.98} + \dfrac{60}{1}} = \frac{410}{404.76} = 101.29\%,$$

由于价格变动而影响的销售额为 $\sum p_1 q_1 - \sum \dfrac{p_1 q_1}{\dfrac{p_1}{p_0}} = 5.24$。

8.【解析】（1）总产值指数为

$$\frac{\sum p_1 q_1}{\sum p_0 q_0} = \frac{100 \times 500 + 60 \times 1\,200 + 20 \times 4\,100}{110 \times 600 + 50 \times 1\,000 + 20 \times 4\,000} = \frac{204\,000}{196\,000} = 104.08\%,$$ 总的产值变

动绝对量为 $204\,000 - 196\,000 = 8\,000$；

（2）价格指数为 $\dfrac{\sum p_1 q_1}{\sum p_0 q_1} = \dfrac{100 \times 500 + 60 \times 1\,200 + 20 \times 4\,100}{110 \times 500 + 50 \times 1\,200 + 20 \times 4\,100} = \dfrac{204\,000}{197\,000} =$

103.55%，因为价格变动而引起的绝对变化为 204 000－197 000＝7 000；

（3）数量指数为 $\dfrac{\sum p_0 q_1}{\sum p_0 q_0} = \dfrac{110 \times 500 + 50 \times 1\,200 + 20 \times 4\,100}{110 \times 600 + 50 \times 1\,000 + 20 \times 4\,000} = \dfrac{197\,000}{196\,000} =$

100.51%，因为数量变动而引起的绝对变化为 197 000－196 000＝1 000；

（4）总指数和因素指数之间的相对关系，104.08%＝103.55%×100.51%，总变动量和因素变动量之间的绝对关系为 8 000＝7 000＋1 000。

9.【解析】产量指数为 $\dfrac{\sum p_0 q_0 \times \dfrac{q_1}{q_0}}{\sum p_0 q_0} = \dfrac{400 \times 1.74 + 848 \times 1.1 + 700 \times 1.4}{400 + 848 + 700} =$

$\dfrac{2\,608.8}{1\,948} = 133.92\%$，因为产量增加使企业增加的产值为 2 608.8－1 948＝660.8（万元）。

10.【解析】（1）价格指数为 $\dfrac{\sum p_1 q_1}{\sum \dfrac{p_1 q_1}{\dfrac{p_1}{p_0}}} = \dfrac{1\,680 + 2\,760 + 3\,780}{\dfrac{1\,680}{1.12} + \dfrac{2\,760}{1.15} + \dfrac{3\,780}{1.05}} = \dfrac{8\,220}{7\,500} = 109.6\%$，

因为价格变化而增加的总产值为 8 220－7 500＝720（万元）；

（2）总产值指数为 $\dfrac{\sum p_1 q_1}{\sum p_0 q_0} = \dfrac{1\,680 + 2\,760 + 3\,780}{1\,450 + 2\,200 + 3\,500} = \dfrac{8\,220}{7\,150} = 114.97\%$，产品产量

指数为 $\dfrac{\sum p_0 q_1}{\sum p_0 q_0} = \dfrac{\sum \dfrac{p_1 q_1}{\dfrac{p_1}{p_0}}}{\sum p_0 q_0} = \dfrac{\dfrac{1\,680}{1.12} + \dfrac{2\,760}{1.15} + \dfrac{3\,780}{1.05}}{1\,450 + 2\,200 + 3\,500} = \dfrac{7\,500}{7\,150} = 104.90\%$；

（3）因为产量增加而增加的产值为 7 500－7 150＝350（万元）；总产值增加为 8 220－7 150＝1 070（万元）＝350＋720（万元），相对数方面总产值指数等于价格指数和数量指数的乘积，即 114.97%＝107.90%×109.60%。

11.【解析】（1）总成本指数为 $\dfrac{\sum z_1 q_1}{\sum z_0 q_0} = \dfrac{8 \times 5\,000 + 6 \times 7\,000 + 5.4 \times 20\,000}{10 \times 3\,000 + 8 \times 4\,500 + 6 \times 10\,000} =$

$\dfrac{190\,000}{126\,000} = 150.8\%$，成本增加了 19 000－126 000＝64 000；

（2）成本指数为 $\dfrac{\sum z_1 q_1}{\sum z_0 q_1} = \dfrac{8 \times 5\,000 + 6 \times 7\,000 + 5.4 \times 20\,000}{10 \times 5\,000 + 8 \times 7\,000 + 6 \times 20\,000} = \dfrac{190\,000}{226\,000} =$

84.1%，因为成本下降节约成本开支为 190 000－226 000＝－36 000；

（3）产量指数为 $\dfrac{\sum z_0 q_1}{\sum z_0 q_0} = \dfrac{10 \times 5\ 000 + 8 \times 7\ 000 + 6 \times 20\ 000}{10 \times 3\ 000 + 8 \times 4\ 500 + 6 \times 10\ 000} = \dfrac{226\ 000}{126\ 000} =$

179.4%，因为产量增加而增加的成本为 226 000−126 000 = 100 000；

（4）总成本指数等于各因素指数的乘积，即 150.8% = 84.1% × 179.4%；总成本增加绝对值等于各因素增加之和，即 64 000 = 100 000 + （−36 000）。

12.【解析】

（1）$L_Z = \dfrac{\sum z_1 q_0}{\sum z_0 q_0} = \dfrac{6 \times 20 + 8 \times 8 + 17 \times 4}{8 \times 20 + 10 \times 8 + 20 \times 4} = \dfrac{252}{320} = 78.75\%$；

（2）$P_Z = \dfrac{\sum z_1 q_1}{\sum z_0 q_1} = \dfrac{6 \times 24 + 8 \times 11 + 17 \times 6}{8 \times 24 + 10 \times 11 + 20 \times 6} = \dfrac{334}{422} = 79.15\%$。

13.【解析】

（1）产量指数为 $K_Q = \dfrac{\sum q_1 p_0}{\sum q_0 p_0} = \dfrac{1\ 150 \times 100 + 2\ 100 \times 55 + 500 \times 200}{1\ 000 \times 100 + 2\ 000 \times 55 + 400 \times 200} =$

113.97%；

（2）价格综合为 $K_P = \dfrac{\sum q_1 p_1}{\sum q_1 p_0} = \dfrac{1\ 150 \times 100 + 2\ 100 \times 50 + 500 \times 250}{1\ 150 \times 100 + 2\ 100 \times 55 + 500 \times 200} =$

104.39%。

14.【解析】

（1）工业总产值的总体变动相对数 $K_{PQ} = \dfrac{\sum p_1 q_1}{\sum p_0 q_0} = \dfrac{343\ 030}{296\ 960} = 115.5\%$，其绝对差额

为 $\sum p_1 q_1 - \sum p_0 q_0 = 343\ 030 - 296\ 960 = 46\ 070$；

（2）产品产量的变动相对数 $K_Q = \dfrac{\sum q_1 p_0}{\sum q_0 p_0} = \dfrac{313\ 960}{296\ 960} = 105.7\%$，其绝对差额为

$\sum q_1 p_0 - \sum q_0 p_0 = 313\ 960 - 296\ 960 = 17\ 000$；

（3）出厂价格的变动相对数 $K_P = \dfrac{\sum q_1 p_1}{\sum q_1 p_0} = \dfrac{343\ 030}{313\ 960} = 109.3\%$，其绝对差额为

$\sum q_1 p_1 - \sum q_1 p_0 = 343\ 030 - 313\ 960 = 29\ 070$；

（4）两因素影响的结果分析，相对数有 $K_{PQ} = K_P \times K_Q$，绝对差额有

$\sum p_1 q_1 - \sum p_0 q_0 = \left(\sum q_1 p_1 - \sum q_1 p_0 \right) + \left(\sum q_1 p_0 - \sum q_0 p_0 \right)$。

15.【解析】

（1）产量综合指数为 $\dfrac{\sum Q_1 P_0}{\sum Q_0 P_0} = \dfrac{2\ 400 \times 100 + 1\ 300 \times 50 + 150 \times 2\ 000}{2\ 000 \times 100 + 1\ 000 \times 50 + 50 \times 2\ 000} =$

172.86%；

（2）由于产量增加而增加的产值为 $\sum Q_1 P_0 - \sum Q_0 P_0 = 255\,000$（元）。

16.【解析】设 2010 年不变价格为 p_{10}，各年产量分别为 q_{11}，q_{12}，q_{13}，则各年的产量指数为：

（1）2012 年：$K_{12/11} = \dfrac{\sum p_{10}q_{12}}{\sum p_{10}q_{11}} = \dfrac{50 \times 900 + 3\,500 \times 125 + 300 \times 220}{50 \times 1\,000 + 3\,500 \times 120 + 300 \times 200} = 103.49\%$；

（2）2013 年：$K_{13/12} = \dfrac{\sum p_{10}q_{13}}{\sum p_{10}q_{12}} = \dfrac{50 \times 1\,100 + 3\,500 \times 140 + 300 \times 240}{50 \times 900 + 3\,500 \times 125 + 300 \times 220} = 112.49\%$；

（3）总指数：$K_{13/11} = \dfrac{\sum p_{10}q_{13}}{\sum p_{10}q_{11}} = \dfrac{50 \times 1\,100 + 3\,500 \times 140 + 300 \times 240}{50 \times 1\,000 + 3\,500 \times 120 + 300 \times 200} = 116.42\%$。

17.【解析】物价上涨了，物价指数为 150%，即报告期比基期物价提高了 50%。

18.【解析】（1）个体指数：

	产量指数/%	出厂价格指数/%
甲	100.0	120.0
乙	125.0	100.0
丙	200.0	83.3

（2）综合指数：
产　　量　　　118.1%，
出厂价格　　　105.8%。

19.【解析】（1）成本、产量的个体指数：

产品名称	成本个体指数/%	产量个体指数/%
甲	90.0	110.0
乙	100.0	125.0
丙	87.5	114.3

（2）综合成本指数 = 91.3%；

（3）总生产费用指数

$$\overline{K_{ZQ}} = \frac{\sum Z_1 Q_1}{\sum Z_0 Q_0} = \frac{20\,000}{19\,200} = 104.2\%。$$

20.【解析】（1）生产费用总指数 $= \dfrac{12.9}{12.9 - 0.9} \times 100\% = 107.5\%$；

（2）单位成本降低而总生产费用节约了 3\,990 元。